中国制度背景下的上市公司
独立董事研究

全 怡 著

中国财经出版传媒集团

经济科学出版社
Economic Science Press

图书在版编目（CIP）数据

中国制度背景下的上市公司独立董事研究／全怡著．
—北京：经济科学出版社，2016.12
ISBN 978 - 7 - 5141 - 7555 - 4

Ⅰ.①中…　Ⅱ.①全…　Ⅲ.①上市公司 - 董事 - 研究 -
中国　Ⅳ.①F279.246

中国版本图书馆 CIP 数据核字（2016）第 304163 号

责任编辑：白留杰
责任校对：刘　昕
责任印制：李　鹏

中国制度背景下的上市公司独立董事研究

全　怡　著

经济科学出版社出版、发行　新华书店经销
社址：北京市海淀区阜成路甲 28 号　邮编：100142
教材分社电话：010 - 88191354　发行部电话：010 - 88191522
网址：www.esp.com.cn
电子邮箱：bailiujie518@126.com
天猫网店：经济科学出版社旗舰店
网址：http://jjkxcbs.tmall.com
北京密兴印刷有限公司印装
710×1000　16 开　12.5 印张　220000 字
2016 年 12 月第 1 版　2016 年 12 月第 1 次印刷
ISBN 978 - 7 - 5141 - 7555 - 4　定价：39.00 元
（图书出现印装问题，本社负责调换。电话：010 - 88191510）
（版权所有　侵权必究　举报电话：010 - 88191586
电子邮箱：dbts@esp.com.cn）

前　言

　　董事会由于把提供资本的股东和使用这些资本创造价值的经理人联结起来，因而被认为是市场经济中公司治理机制的核心（Hermalin，Weisbach，1998），为公司的权益资本和管理雇佣契约提供了治理上的安全措施（于东智，2003）。企业营运过程中产生的道德风险和"内部人"控制是现代公司治理结构需要解决的核心问题（娄芳，原红旗，2002）。为了防止控股股东及管理层的利益侵占行为，20世纪30年代独立董事制度在美国应运而生。上市公司独立董事是指不在公司担任除董事外的其他职务，并与其所受聘的上市公司及其主要股东不存在可能妨碍其进行独立客观判断的关系的董事。作为成熟市场国家标准的公司治理机制，这一制度在西方国家发挥的积极作用已经得到越来越多学者的证实。然而，理论界对我国董事会独立性的公司治理效应并未形成一致认识（郑志刚，吕秀华，2009），甚至出现相互矛盾的研究结论。

　　人员构成是影响董事会运作效率的重要因素之一。在考察独立董事治理绩效之前，我们首先需要了解独立董事这一群体的个人特征。在对独立董事制度的起源与发展、独立董事制度在中国的实施、独立董事的界定以及独立董事的相关研究等问题进行简单概述后（第1章）。第2章从职业背景、籍贯、工作地点、教育水平、第一学历和年龄等方面逐一对独立董事的个体特征进行了描述。对我国A股市场2002～2013年独立董事人员构成的统计结果显示：从职业背景来看，来自高校、党校、研究院等事业单位的学者构成了独立董事群体的最重要组成部分，约占43.30%。从籍贯来看，独立董事主要集中在经济或教育发展水平较高的地区。其中，人数最多的四大省份依次为浙江、江苏、山东和湖南。从工作地点来看，北京、上海和广东是上市公司选拔独立董事最重要的三大区域。独立董事全职工作地点的地区分布一方面反映了地区间经济发展的差异；另一方面则凸显了北京的经济政治中心地位以及广东、上海在资本市场中的优势。从教育水平来看，有61.71%的独立董事具有硕士研究生及以上文凭。从第一学历来看，来自上海财经大学、北京大学、中国人民大学、中南财经政法大学和清华大学的独立董事人次最多。从年龄来看，独立董事主要集中在 40～69 周岁。

在第 3 章中，以我国沪深两市 A 股上市公司为样本，首先使用独立董事兼职个数（横向经验）和任职年限（纵向经验）度量了独立董事的任职经验，然后从企业违规的视角检验了任职经验是否有助于独立董事更好地发挥监督职能。研究结果显示：（1）在抑制上市公司违规方面，具有较高任职经验的独立董事的确发挥了更好的公司治理作用；同时，独立董事的这一监督作用遵循"反木桶原理"。（2）而上市公司所在地的法治化水平进一步强化了资深独立董事的这一监督作用。（3）细化任职经验的结果表明，独立董事的同行业和大规模公司任职经验在抑制企业违规中发挥了更好的监督作用。本章研究不仅丰富了独立董事个人特征和企业违规的相关文献，同时也为上市公司选聘独立董事提供了一定的借鉴。

独立董事与任职公司之间的空间距离直接影响着独立董事履行相关职责所要花费的时间。而履行相关职责耗费的时间和精力构成了独立董事所有成本的最重要组成部分（谭劲松等，2006）。可以说，我国独立董事与任职公司之间这种空间距离上的差异性为我们研究独立董事精力分配提供了良好的基础。

第 4 章，使用"独立董事亲自出席董事会会议的比例"和"当任职公司面临困境时，独立董事继续留在董事会的意愿"衡量其对任职公司的精力投入，我们从声誉和距离的视角对以下问题进行了探讨：同时任职多家公司的独立董事如何在不同公司之间分配自己有限的时间和精力？而投入时间和精力的差异是否又会对独立董事的公司治理绩效产生影响？研究发现：（1）同时任职多家公司的独立董事在精力分配上存在偏好，独立董事对声誉相对高、空间距离相对近、交通时间成本相对低和交通更便利的公司投入了更多的精力，表现为更多的亲自出席了以上任职公司的董事会会议。（2）当任职公司距离较远时，独立董事差别化对待不同声誉公司的现象更为明显。（3）同时任职多家公司的独立董事也更可能在任期未满时由于会计业绩恶化而离开声誉相对低、距离相对远的公司。（4）独立董事投入精力的不同会带来治理绩效上的差异。具体表现为，将所在公司视为相对高声誉公司的独立董事比例越大，则总经理超额薪酬越低、薪酬业绩敏感性越高；将所在公司视为相对近距离公司的独立董事比例越大，总经理超额薪酬越低。本章研究提供了多席位独立董事差别化对待不同公司的经验证据，不仅从理论上丰富了关于独立董事行为特征和治理绩效的研究，同时也从实务上为上市公司选聘独立董事提供了依据。

　　与其他国家相比，我国独立董事在人员构成上呈现出明显的特征：韩国有20%的外部董事来自学术界（Francis et al.，2015）；而我国相应的这一比例高达43.3%。美国在1998～2011年标准普尔指数选取的公司中，董事会成员至少有一名教授的比例约占40%，教授平均约占14.3%（Francis et al.，2015）；而我国在2002～2014年所有A股主板上市公司中，独立董事成员至少有一名学者的比例高达78.4%，学者平均约占55.7%。可以说，独立董事的最大比例由学者构成，形成了我国独有的公司治理特征。独立董事制度起源于西方，国内现有关于独立董事的研究更多也是借鉴西方，对我国特有元素的考虑较少。目前，国外有关独立董事学术背景的研究正在陆续展开。如 Audretsch 和 Lehmann（2006）、Jiang 和 Murphy（2007）、White 等（2014）和 Francis 等（2015）。国内的这一研究相对空白。诚如钱穆先生所言，"中国政与学合，西方政与学分，此亦中西文化相异一大端"①。针对西方学者型独立董事的研究结论或许并不适用于中国，对中国的解释力度可能也相对有限。这或许也是在我国独立董事治理效应的问题上并未形成一致认识的原因之一。

　　针对我国独立董事在人员构成上的这一独特性，第5章首先从专业背景、籍贯、任职高校、职称、教育水平、第一学历和年龄等方面逐一对学者型独立董事的个体特征进行了描述。从专业背景来看，学者型独立董事更多地集中在会计、经济管理和法学等专业。其中，从事会计学专业研究的学者型独立董事约占30.50%，这与《指导意见》对独立董事中至少包括一名会计专业人士的要求相吻合。从籍贯来看，学者型独立董事主要集中在经济或教育发展水平较高的地区。其中，人数最多的四大省份依次为浙江、江苏、山东和湖南。从任职高校来看，来自中国人民大学、上海财经大学、清华大学、北京大学和厦门大学的学者型独立董事最多。从学术职称来看，有87.02%的学者型独立董事具有教授头衔，表现出较强的专业知识技能。从教育水平来看，有59.29%的学者型独立董事具有博士研究生学历，表现出较强的学习能力。从第一学历来看，来自上海财经大学、厦门大学、中国人民大学、中南财经政法大学和北京大学的学者型独立董事人次最多。从年龄来看，学者型独立董事主要集中在40～59周岁，略年轻于其他背景的独立董事。

　　其次，从供给和需求的角度对上市公司聘请学者担任独立董事的影响因素进行了分析。结果显示：从供给的角度来看，当地高校数量（教职工或专任

---

　　①　引自钱穆《晚学盲言》第十八章"政与学"，第265页。

教师人数）越多，则上市公司聘请学者担任独立董事的概率越大；从需求的角度来看，上市公司的业务复杂度越高、行业竞争越激烈、成长能力越强，则聘请学者担任独立董事的概率越大。同时，进一步考察了不同规模和不同产权性质下，上市公司聘请学者担任独立董事的决策差异。

最后，对学者型独立董事因任职公司信息披露违规而遭受监管处罚后的声誉惩罚与溢出效应进行了探讨。研究发现市场对学者型独立董事的违规行为作出了更加严厉的惩罚。具体表现为：当任职公司出现信息披露违规，独立董事由于未能尽到勤勉尽责义务而遭受证监会或交易所处罚时，市场对有学者型独立董事被罚的公司作出了更为负面的反应；同时，与非学者型独立董事相比，在处罚宣告日前后短窗口内，学者型独立董事任职的其他上市公司也出现了更大的股价跌幅。学者型独立董事遭受处罚在一定程度上对同一高校其他学者的聘请行为产生了影响，表现出负面溢出效应。本章研究反映了个体声誉对组织的"双刃"效应，知名学者出任独立董事在给公众带来多一份信赖的同时，也会由于自己的失当行为导致任职公司遭受更大的惩罚。

独立董事制度在中国的适用性颇受争议，何种群体更能胜任独立董事也是理论和实务界从未停止的探索。在这一问题上，现有文献大都以兼职公司（即担任独立董事的上市公司）为切入点，探讨不同独立董事在公司治理中的差异。然而，管理者才能是一种稀缺资源，独立董事在兼职公司投入的时间会挤占其在全职公司的工作时间（Conyon，Read，2006）。独立董事身份会给独立董事的全职工作带来何种影响，现有文献少有涉及。

在第6章中，以我国2002~2012年A股上市公司为样本，尝试探讨了证券分析师的独立董事身份对其预测行为的影响。研究发现：被聘为上市公司独立董事的证券分析师主要来自明星分析师；与其他跟踪聘任上市公司的非独立董事分析师相比，独立董事分析师对聘任上市公司发布了显著乐观的预测评级和盈余，但与独立董事分析师跟踪的非聘任上市公司相比，其并没有对聘任上市公司发布显著乐观的预测评级和盈余。由此可见，上市公司倾向于聘任更拥护自己的"乐观型"分析师，而非更了解自己的"准确型"分析师。而在担任独立董事后，分析师的预测及时性并未发生显著变化，预测频率有所提高，但预测准确性反而下降，表现得更为乐观。此外，我们进一步对上市公司聘任分析师担任独立董事的动机进行考察后发现，聘任分析师担任独立董事的上市公司获得了更多的股权再融资机会。以上研究一方面从分析师（独立董事背景的分析师）的角度，论证了独立董事身份对分析师向资本市场传递高质量信息的负面影响；另一方面从独立董事（分析师背景的独立董事）的角度，论证了分析师背景的独立董事在有效配置市场资源中的负面作用。从而在一定程度上厘清了分析师担任独立董事对其独立性和客观性产生影响的路径，为证券业协会明确禁止证券分析师担任上市公司独立董事提供了一定的理论支持。

　　本书研究得到国家自然科学基金青年项目"中国上市公司学者型独立董事的治理效应：理论分析与经验证据"（项目号"71602191"）的资助。

全　怡

2016 年 11 月

目　　录

第1章　独立董事概述 ·································· （ 1 ）

1.1　独立董事制度的起源与发展 ····················· （ 1 ）

1.2　独立董事制度在中国的实施 ····················· （ 2 ）

1.3　独立董事的界定 ······························· （ 4 ）

1.4　独立董事的相关研究 ··························· （ 5 ）

第2章　独立董事的个人特征描述 ···················· （ 7 ）

2.1　职业背景 ···································· （ 7 ）

2.2　籍贯 ·· （ 8 ）

2.3　工作地点 ···································· （ 9 ）

2.4　教育水平 ···································· （ 11 ）

2.5　第一学历 ···································· （ 11 ）

2.6　年龄 ·· （ 13 ）

2.7　本章小结 ···································· （ 14 ）

第3章　独立董事的任职经验 ························ （ 15 ）

3.1　制度背景与文献回顾 ··························· （ 16 ）

　　3.1.1　制度背景 ····························· （ 16 ）

　　3.1.2　文献回顾 ····························· （ 18 ）

3.2　理论分析与假设提出 ··························· （ 20 ）

3.3　研究设计 ···································· （ 22 ）

　　3.3.1　研究样本与数据来源 ····················· （ 22 ）

　　3.3.2　模型设定与变量定义 ····················· （ 22 ）

　　3.3.3　样本描述性特征 ······················· （ 25 ）

3.4　实证结果分析 ································ （ 28 ）

    3.4.1 变量描述性统计 ……………………………………（28）

    3.4.2 单变量检验 …………………………………………（29）

    3.4.3 相关系数检验 ………………………………………（30）

    3.4.4 资深独立董事的特征分析 …………………………（32）

    3.4.5 多元回归分析 ………………………………………（33）

    3.4.6 稳健性检验 …………………………………………（41）

  3.5 本章小结 …………………………………………………（42）

第4章 独立董事的精力分配 ………………………………（43）

  4.1 制度背景与文献回顾 ……………………………………（45）

    4.1.1 制度背景 ……………………………………………（45）

    4.1.2 文献回顾 ……………………………………………（47）

  4.2 理论分析与假设提出 ……………………………………（49）

  4.3 研究设计 …………………………………………………（51）

    4.3.1 研究样本与数据来源 ………………………………（51）

    4.3.2 模型设定与变量定义 ………………………………（52）

  4.4 实证结果分析 ……………………………………………（56）

    4.4.1 变量描述性统计 ……………………………………（56）

    4.4.2 独立董事与任职公司距离分布 ……………………（59）

    4.4.3 相关系数检验 ………………………………………（60）

    4.4.4 多元回归分析 ………………………………………（63）

    4.4.5 稳健性检验 …………………………………………（74）

  4.5 进一步分析与研究 ………………………………………（75）

    4.5.1 按距离分组下的相对声誉与独立董事精力投入 …（75）

    4.5.2 按年龄分组下的相对声誉（相对距离）与独立董事精力

        投入 ………………………………………………（75）

    4.5.3 多席位独立董事与独立董事意见 …………………（83）

  4.6 本章小结 …………………………………………………（86）

第5章 独立董事的学术任职背景研究 …………………（87）

  5.1 学者型独立董事的个人特征描述 ………………………（88）

    5.1.1 专业背景 ……………………………………………（88）

    5.1.2 籍贯 …………………………………………………（89）

5.1.3　任职高校 ⋯⋯⋯⋯⋯⋯⋯⋯⋯⋯⋯⋯⋯⋯⋯⋯（90）

5.1.4　职称 ⋯⋯⋯⋯⋯⋯⋯⋯⋯⋯⋯⋯⋯⋯⋯⋯⋯⋯（91）

5.1.5　教育水平 ⋯⋯⋯⋯⋯⋯⋯⋯⋯⋯⋯⋯⋯⋯⋯⋯⋯（93）

5.1.6　第一学历 ⋯⋯⋯⋯⋯⋯⋯⋯⋯⋯⋯⋯⋯⋯⋯⋯⋯（93）

5.1.7　年龄 ⋯⋯⋯⋯⋯⋯⋯⋯⋯⋯⋯⋯⋯⋯⋯⋯⋯⋯⋯（95）

5.2　上市公司聘请学者担任独立董事的影响因素研究 ⋯⋯⋯（96）

5.2.1　理论分析与假设提出 ⋯⋯⋯⋯⋯⋯⋯⋯⋯⋯⋯⋯（97）

5.2.2　研究设计 ⋯⋯⋯⋯⋯⋯⋯⋯⋯⋯⋯⋯⋯⋯⋯⋯（100）

5.2.3　实证结果与分析 ⋯⋯⋯⋯⋯⋯⋯⋯⋯⋯⋯⋯⋯（103）

5.2.4　稳健性测试 ⋯⋯⋯⋯⋯⋯⋯⋯⋯⋯⋯⋯⋯⋯⋯（116）

5.3　学者型独立董事违规的声誉惩罚与溢出效应 ⋯⋯⋯⋯（120）

5.3.1　理论分析与假设提出 ⋯⋯⋯⋯⋯⋯⋯⋯⋯⋯⋯（121）

5.3.2　研究设计 ⋯⋯⋯⋯⋯⋯⋯⋯⋯⋯⋯⋯⋯⋯⋯⋯（124）

5.3.3　实证结果分析 ⋯⋯⋯⋯⋯⋯⋯⋯⋯⋯⋯⋯⋯⋯（125）

5.3.4　结论与总结 ⋯⋯⋯⋯⋯⋯⋯⋯⋯⋯⋯⋯⋯⋯⋯（141）

5.4　本章小结 ⋯⋯⋯⋯⋯⋯⋯⋯⋯⋯⋯⋯⋯⋯⋯⋯⋯⋯（141）

第6章　独立董事的分析师任职背景研究 ⋯⋯⋯⋯⋯⋯（143）

6.1　理论分析与研究假设 ⋯⋯⋯⋯⋯⋯⋯⋯⋯⋯⋯⋯⋯⋯（144）

6.1.1　分析师独立董事的来源研究 ⋯⋯⋯⋯⋯⋯⋯⋯（144）

6.1.2　独立董事分析师的预测质量研究 ⋯⋯⋯⋯⋯⋯（145）

6.2　研究设计 ⋯⋯⋯⋯⋯⋯⋯⋯⋯⋯⋯⋯⋯⋯⋯⋯⋯⋯⋯（146）

6.2.1　研究样本与数据来源 ⋯⋯⋯⋯⋯⋯⋯⋯⋯⋯⋯（146）

6.2.2　模型设定与变量定义 ⋯⋯⋯⋯⋯⋯⋯⋯⋯⋯⋯（147）

6.3　实证结果与分析 ⋯⋯⋯⋯⋯⋯⋯⋯⋯⋯⋯⋯⋯⋯⋯⋯（148）

6.3.1　独立董事分析师概况描述 ⋯⋯⋯⋯⋯⋯⋯⋯⋯（148）

6.3.2　检验样本说明 ⋯⋯⋯⋯⋯⋯⋯⋯⋯⋯⋯⋯⋯⋯（149）

6.3.3　描述性统计分析 ⋯⋯⋯⋯⋯⋯⋯⋯⋯⋯⋯⋯⋯（150）

6.3.4　多元回归分析 ⋯⋯⋯⋯⋯⋯⋯⋯⋯⋯⋯⋯⋯⋯（151）

6.4　进一步的研究 ⋯⋯⋯⋯⋯⋯⋯⋯⋯⋯⋯⋯⋯⋯⋯⋯⋯（158）

6.5　本章小结 ⋯⋯⋯⋯⋯⋯⋯⋯⋯⋯⋯⋯⋯⋯⋯⋯⋯⋯⋯（161）

第7章 研究总结与展望 ···（164）

7.1 主要结论 ···（164）

7.2 未来研究方向与展望 ···································（167）

附录 ···（169）

参考文献 ···（174）

第1章 独立董事概述

1.1 独立董事制度的起源与发展

独立董事制度的出现，源于早期公司治理安排的失败，特别是董事会职能的失效。董事会一般肩负着向经理层提供建议和咨询以及监督经理层的职责。早期的英美公司法上，股东将经营管理权授予董事会，董事会拥有从任免公司总裁到战略决策在内的广泛权力。然而，现实中董事会的权力行使与功能发挥被大打折扣，董事会仅仅成为"公司圣诞树上的装饰品"——没有任何实际目的的、装饰性的、华而不实的、举止文雅的小玩意（Myles，1986）。公司经营活动只是在董事会的"指导"下进行，公司日常事务乃至重大决策均由首席执行官或相应高级管理人员决定。CEO 在实施有关公司重大决策前，可能也会让董事会审查，但如果 CEO 决意要采取这些行动，董事会几乎无一例外地加以默认，即便实际上许多甚至所有的董事对此持保留态度（Hamilton，1989）。随着"董事会中心主义"向"经理人中心主义"转变，董事会已沦为一个顾问机关，与公司法规定其为政策制定者及股东和公众权利守护人的形象大相径庭。

20 世纪六七十年代以后，西方国家，尤其是美国各大公众公司的股权越来越分散，董事会逐渐被以 CEO 为首的经理人员操纵，以至于对以 CEO 为首的经理人员的监督已严重缺乏效率。类似情形在其他市场经济国家也在上演，导致人们开始从理论上普遍怀疑现有制度安排下的董事会运作的独立性、公正性、透明性和客观性，并引发了对董事会职能、结构和效率的深入研究。Tricker（1984）指出，在董事会中引进独立非执行董事可以增加董事会的客观性和独立性。Fama（1980）同样认为，一个股东占多数的董事会并不是最佳董事会结构，其解决的办法就是引入非执行董事，以降低经理们串通的可能性。在理论研究成果与现实需求的双重推动下，美国立法机构及中介组织自20 世纪 70 年代以来加速了以法律和"软法"推进独立董事制度的进程，独立董事的设立最终得以完成。其后，许多国家纷纷进行公司治理机制改革，改革的重点和核心就是调整董事会的结构，增加非执行董事的比例（李建伟，2004）。

1.2 独立董事制度在中国的实施

独立董事最早在我国出现是为了满足企业境外上市的需求。1993 年，青岛啤酒（600600）发行 H 股，并按照香港证券市场的有关规定设立了两名独立董事，成为我国境内第一家引进独立董事的公司。在我国法律法规中最早出现独立董事是在 1997 年①。1997 年 12 月 16 日，中国证券监督管理委员会制定的《上市公司章程指引》第 112 条指出：公司根据需要，可以设独立董事②。由于以上规定属于选择性条款，并不要求上市公司强制实行，因此，这一引导性规定并没有促使太多的上市公司主动聘请独立董事。数据统计结果显示，在 2000 年之前，A 股主板市场仅有不到 8% 的上市公司聘请了独立董事。其中，1999 年有 34 家上市公司至少聘请了一名独立董事，占所有上市公司的3.66%；2000 年有 84 家上市公司至少聘请了一名独立董事，占所有上市公司的 7.89%。

1999 年 3 月 29 日，国家经贸委以及证监会联合发布了《关于进一步促进境外上市公司规范化运作和深化改革的意见》，要求 H 股公司应有两名以上的独立董事。在此之后，一些 A、B 股上市公司开始试行独立董事制度。2000 年1 月 9 日，我国证监会出台《上市公司治理规则》，第 49 条明确提出上市公司应按照有关规定建立独立董事制度。独立董事应独立于所受聘的公司及其主要股东，不得在上市公司担任除独立董事外的其他任何职务。第 50 条规定独立董事对公司及全体股东负有诚信及勤勉义务。在 2000 年 4 月召开的全国企业改革与管理工作会议上，国家经贸委明确提出，今后要在大型公司制企业中逐步建立独立董事制度。2000 年 10 月 19 日深圳证券交易所公布《创业企业股票发行上市审核规则》（征求意见稿）第 12 条明确规定，要求创业板上市公司必须建立独立董事制度，在董事会中引入两名独立董事。2000 年 11 月 20日，上海证券交易所制定了《上海证券交易所上市公司治理指引》草案。第

---

① 引自《上市公司独立董事履职情况报告》，中国上市公司协会，2013 年 11 月。

② 此条款为选择性条款，公司可以根据实际需要，在章程中制订独立董事的职责。

14 条规定上市公司至少应拥有两名独立董事,且独立董事至少应占董事总人数的 20%。当公司董事长有控股公司股东的法定代表人兼任时,独立董事占董事总人数的比例应为 30%。

2001 年 1 月 15 日,时任证监会主席的周小川在《全国证券期货监管工作会议》上强调 2001 年要重点抓好的九项工作之一就是在 A 股公司中推行独立董事制度。为进一步完善上市公司治理结构,促进上市公司规范运作,2001 年 8 月 16 日,中国证券监督管理委员会发布《关于在上市公司建立独立董事制度的指导意见》(以下简称《指导意见》)。《指导意见》要求,各境内上市公司应当按照本指导意见的要求修改公司章程,聘任适当人员担任独立董事,其中至少包括一名会计专业人士(会计专业人士是指具有高级职称或注册会计师资格的人士)。在 2002 年 6 月 30 日前,董事会成员中应当至少包括 2 名独立董事;在 2003 年 6 月 30 日前,上市公司董事会成员中应当至少包括 1/3 独立董事。《指导意见》发布当年,聘请独立董事的上市公司比例有所提高,达到 30.61%;到 2002 年,这一比例超过 97.43% 并趋于稳定。《指导意见》的颁布,从而标志着我国上市公司独立董事制度的正式建立。

然而,由于我国特殊的治理环境,自独立董事制度引入以来,关于独立董事的争议就一直不绝于耳。其中质疑最多的即为独立董事的来源问题。如高校领导、证券分析师、退休官员等群体是否适合担任上市公司独立董事?为了进一步规范证券市场运作,我国监管部门也在紧锣密鼓地出台相应的监管政策。2008 年 9 月 3 日,中纪委、教育部、监察部联合发布了《关于加强高等学校反腐倡廉建设的意见》,其中明文规定,"学校党政领导班子成员应集中精力做好本职工作,除因工作需要、经批准在学校设立的高校资产管理公司兼职外,一律不得在校内外其他经济实体中兼职"。"反腐倡廉"文件的下发引来了一阵高校领导请辞公司独立董事的风潮。

为了进一步规范证券公司、证券投资咨询机构发布证券研究报告行为,保护投资者合法权益,2012 年 6 月 19 日,依据《中国证券业协会章程》和《发布证券研究报告暂行规定》的有关要求,证监会发布了《发布证券研究报告执业规范》,明确规定:"证券公司、证券投资咨询机构应当明确要求证券分析师不得在公司内部部门或外部机构兼任有损其独立性与客观性的其他职务,包括担任上市公司的独立董事"。

为贯彻落实中央关于从严管理干部的要求,加强干部队伍建设和反腐倡廉建设,根据《中华人民共和国公务员法》、《中国共产党党员领导干部廉洁从政若干准则》和有关文件规定精神。2013 年 10 月 19 日，经中共中央批准，由中央组织部印发的《关于进一步规范党政领导干部在企业兼职（任职）问题的意见》要求限期对党政领导干部违规在企业兼职（任职）的现象进行清理。《意见》下发后，中组部对党政领导干部在企业兼职进行了集中规范清理。截至 2014 年 7 月，全国共清理党政领导干部在企业兼职 40700 多人次，其中省部级干部 229 人次。

1.3 独立董事的界定

独立董事肩负着完善公司治理的重任，关于独立董事的任职条件和要求，相关法律法规也做了详细规定。中国证监会《关于在上市公司建立独立董事制度的指导意见》（以下简称《指导意见》）对我国独立董事的任职资格、选举的程序、享有的权利和应尽的义务等事项作出了明确规定。《指导意见》指出，上市公司独立董事是指不在公司担任除董事外的其他职务，并与其所受聘的上市公司及其主要股东不存在可能妨碍其进行独立客观判断的关系的董事。《指导意见》不仅规定了独立董事行使职权时应当具备的任职条件，同时也明确强调以下七类人员不得担任独立董事：（1）在上市公司或者其附属企业任职的人员及其直系亲属、主要社会关系（直系亲属是指配偶、父母、子女等；主要社会关系是指兄弟姐妹、岳父母、儿媳女婿、兄弟姐妹的配偶、配偶的兄弟姐妹等）；（2）直接或间接持有上市公司已发行股份 1% 以上或者在上市公司前十名股东中的自然人股东及其直系亲属；（3）直接或间接持有上市公司已发行股份 5% 以上的股东单位或者在上市公司前五名股东单位任职的人员及其直系亲属；（4）最近一年内曾经具有前三项所列举情形的人员；（5）为上市公司或者其附属企业提供财务、法律、咨询等服务的人员；（6）公司章程规定的其他人员；（7）中国证监会认定的其他人员。

与独立董事（independent director）较为相关的另外两个概念是"非执行董事"（non-executive director）和"外部董事"（outside director），三者之间存在一定的联系和差异。如果一位董事在就任董事的公司中不同时担任执行职务，那么这位董事就被称作非执行董事，非执行董事在英国被广泛地接受。外部董事是指当前不被公司全职雇佣的董事，即除董事身份以外，他与公司之间既没有职业上的关系，也没有业务上的关系；他不是公司经营班子的成员，也不是以上成员的亲属，也非公司的前雇员（Gilson，1990；Denis，Sarin，

1999）。外部董事较多在美国使用。需要指出的是，非执行董事和外部董事并不一定具备独立性。例如，一名总经理在退休时被任命为非执行董事，他之前的经历会影响他的独立性；同理，作为一名股东董事或股东代表董事的外部董事也不能保证一定是客观独立的。因此，非执行董事的外延是最大的，外部董事次之，独立董事最小。换言之，独立董事是外部董事、非执行董事的一种，但并非所有的外部董事、非执行董事都是独立董事。

独立董事最核心的属性即为独立性。尽管我国证监会对独立董事的任职条件和要求进行了详细、具体的界定，但仍然无法保证上市公司聘请的独立董事具有完全的独立性。独立董事丧失独立性不仅是我国监管部门禁止高校领导、证券分析师、退休官员等群体担任独立董事的根本出发点，同时也是独立董事制度在我国出现功能异化的本质原因。

1.4 独立董事的相关研究

引入独立董事制度，提高公司透明度，是监管机构改善公司治理结构的重要举措。独立董事能否履行应有职责，现有文献从"独立董事比例"（Brickley，James，1987；Weisbach，1988；Byrd，Hichman，1992；Cotter et al.，1997；周建波和孙菊生，2003；于东智，2003；叶康涛等，2007；方军雄，2009；郑志刚等，2012；杨典，2013 等）、"独立董事辞职行为"（支晓强，童盼，2005；谭劲松等，2006；唐清泉等，2006；周繁等，2008；吴冬梅，刘运国，2012；戴亦一等，2014；邓晓飞等，2016 等）、"独立董事出席会议"（Schwartz-Ziv，Weisbach，2013；Masulis，Mobbs，2014 等）、"独立董事投票行为"（Kesner et al.，1986；Wade etal.，1990；唐雪松等，2010；叶康涛等，2011；赵子夜，2014；陈睿等，2015 等）、"独立董事网络"（陈运森，谢德仁，2011；谢德仁，陈运森，2012；万良勇等，2014 等），和"独立董事背景"（Agrawal，Knoeber，2001；Agrawal，Chadha，2005；王跃堂等，2006；Francis et al.，2009；Fahlenbrach et al.，2010；Krishnan et al.，2011；Litov et al.，2013；罗进辉，2014；孙亮，刘春，2014 等）等多个方面进行了考察。对独立董事行为和个体特征的每一次细化都为我们进一步深入了解独立董事履职提供了依据。

监管部门对独立董事至少包括一名会计专业人士的要求激发了学者对独立董事背景研究的首次尝试。后期研究人员从财务背景、管理背景、政治关联背景、技术背景、法律背景、商业银行背景、券商背景、学术背景等多个角度进行了考察。如董事会中具有财会背景独立董事的上市公司盈余质量更好（De-Fond et al. , 2005；Agrawal, Chadha, 2005；吴清华，王平心，2007；胡奕明，唐松莲，2008；Krishnan, Visvanathan, 2008；Dhaliwal et al. , 2010）；首次任命 CEO 背景的独立董事会带来正的市场反应（Fahlenbrach et al. , 2010）；政治关联背景的外部董事通过游说政策部门，提高了公司获取相关利益的能力（Agrawal, Knoeber, 2001），具有政治背景董事会成员的公司上市发行价格也更高（Francis et al. , 2009）；独立董事的专业技术背景对公司创新和研发产出效率有着积极影响（胡元木，2012；Balsmeier et al. , 2014）；法律背景的独立董事有助于提高财务报告质量（Krishnan et al. , 2011）、降低公司诉讼风险（Litov et al. , 2013）；商业银行背景的独立董事可以显著增加公司的债务总额（Booth, Deli, 1999；Güner et al. , 2008；刘浩等，2012）；伴随着投资银行家进入董事会，公司发行了更多的债券（Güner et al. , 2008）；独立董事的学术背景有助于进入和吸收外部知识溢出，从而提高公司竞争优势（Audretsch, Lehmann, 2006）。

第 2 章　独立董事的个人特征描述

2001 年 8 月 16 日，中国证券监督管理委员会发布了《关于在上市公司建立独立董事制度的指导意见》（以下简称《指导意见》）。《指导意见》规定，各境内上市公司应当按照本指导意见的要求修改公司章程，聘任适当人员担任独立董事，其中至少包括一名会计专业人士，会计专业人士是指具有高级职称或注册会计师资格的人士，这是《指导意见》对上市公司聘请独立董事专业背景的要求。也就是说，在满足《指导意见》要求的前提下，上市公司可以根据自身需求，自主决定所聘独立董事的职业背景。那么，具有何种特征的群体在担任着我国上市公司的独立董事呢？本章接下来将从职业背景、籍贯、工作地点、教育水平、第一学历以及年龄等维度对独立董事的个人特征进行描述。

2.1　职业背景

表 2-1 统计了自 2002 年证监会强制境内上市公司聘请独立董事至 2013 年以来，A 股主板市场所有独立董事的职业背景情况。样本期内，共搜集到 54396 人次的独立董事职业背景信息，约占独立董事总人次的 99.90%。数据显示，来自高校、党校、研究院等事业单位的学者，政府部门退休人员，律师事务所、会计师事务所从业人员和公司财务人员是上市公司选拔独立董事最主要的五大来源。其中，有 43.30% 的独立董事来自高校、党校、研究院等事业单位，构成了独立董事群体中的最重要组成部分。上市公司普遍青睐学者型独立董事一方面可能是因为我国素有尊师重教的传统；另一方面则可能是因为学者型独立董事在专业技能掌握、宏观趋势把握上存在优势。此外，有 11.24% 的独立董事来自政府部门的退休人员；分别有 9.38% 和 7.61% 的独立董事来自律师事务所和会计师事务所的从业人员；有 4.56% 的独立董事来自公司财务人员。

表 2 - 1   独立董事职业背景

编号	职业背景	独立董事席位数	占比（%）
1	高校、党校、研究院等事业单位	23556	43.30
2	政府部门（已退休）	6116	11.24
3	律师事务所	5103	9.38
4	会计师事务所	4138	7.61
5	公司财务人员	2482	4.56
6	银行业	1856	3.41
7	公司董事长	1808	3.32
8	证券、基金、信托和保险	1714	3.15
9	行业协会	1630	3.00
10	公司总经理	1566	2.88
11	其他退休人员	1243	2.29
12	公司其他高管	1089	2.00
13	金融监管部门（已退休）	599	1.10
14	税务师/资产评估事务所	324	0.60
15	企业性质的研究院、研究所	300	0.55
16	顾问	123	0.23
17	其他人员	749	1.38
	合　计	54396	100.00

2.2　籍　　贯

样本期内，我们共搜集到 31016 人次的独立董事籍贯信息，约占独立董事总人次的 56.96%。表 2 - 2 详细列示了 2002 ~ 2013 年，A 股主板市场所有独立董事的籍贯分布情况。独立董事籍贯主要集中在经济或教育发展水平较高的地区。其中，人数最多的五大省份依次为浙江（10.56%）、江苏（9.89%）、山东（7.74%）、湖南（5.94%）和上海（5.80%）。这可能是因为经济或教育发展水平较高地区的群体更容易受到高质量的教育，从而也更可能成为所在领域的专家；同时，求学过程中（尤其是经济管理类背景的求学经历）形成的校友圈、朋友圈也为后期担任独立董事提供了关系网络。此外，也有部分上市公司聘请了来自港、澳、台地区或海外的独立董事。其中，来自港、澳、台地区和海外的独立董事分别占 1.26% 和 0.96%，而来自海外的 294 人次独立董事以美国（122 人次）、英国（51 人次）和新加坡（42 人次）居多。

表 2 - 2　　　　　　　　　　　　独立董事籍贯

编号	籍贯	席位	占比（%）	编号	籍贯	席位	占比（%）
1	浙江	3274	10.56	18	广东	656	2.12
2	江苏	3067	9.89	19	吉林	634	2.04
3	山东	2400	7.74	20	天津	527	1.70
4	湖南	1842	5.94	21	黑龙江	476	1.53
5	上海	1800	5.80	22	香港	373	1.20
6	安徽	1716	5.53	23	云南	265	0.85
7	湖北	1699	5.48	24	甘肃	259	0.84
8	四川	1426	4.60	25	内蒙古	219	0.71
9	河北	1334	4.30	26	广西	203	0.65
10	辽宁	1296	4.18	27	贵州	173	0.56
11	福建	1211	3.90	28	新疆	165	0.53
12	北京	1206	3.89	29	海南	54	0.17
13	江西	1074	3.46	30	宁夏	38	0.12
14	河南	1058	3.41	31	台湾	16	0.05
15	陕西	830	2.68	32	青海	15	0.05
16	山西	720	2.32	33	其他（境外）	294	0.95
17	重庆	696	2.24	34	合计	31016	100.00

2.3　工作地点

样本期内，共搜集到 54427 人次的独立董事全职工作地点信息，约占独立董事总人次的 99.96%。表 2 - 3 详细列示了 2002 ~ 2013 年 A 股主板市场所有独立董事全职工作地点的地区分布情况。数据显示，北京（28.11%）、上海（12.67%）和广东（8.89%）是上市公司选拔独立董事最重要的三大地区。其中，来自北京的独立董事占所有独立董事席位数的 28.11%。然而，北京的上市公司家数仅占所有上市公司总数的 7.68%。这说明，北京除了为当地上市公司提供了大量独立董事外（81.06%），也是其他地区独立董事候选人的重要选拔区域。而提供独立董事最少的省份为西藏，仅有 37 名独立董事（0.07%）的全职工作地点在西藏。独立董事全职工作地点的地区分布一方面反映了地区间经济发展的差异；另一方面则凸显了北京的经济政治中心地位以及广东、上海在资本市场中的优势。此外，也有部分上市公司聘请了港、澳、台地区或海外工作背景的独立董事。其中，来自港、澳、台地区和海外地区的独立董事分别占 1.82% 和 0.34%，而来自海外的 185 人次独立董事以美国（49 人次）、英国（43 人次）和新加坡（42 人次）居多。

表 2－3   独立董事全职工作地点

编号	全职工作地点	席位	占比（%）	编号	全职工作地点	席位	占比（%）
1	北京	15298	28.11	19	黑龙江	645	1.19
2	上海	6897	12.67	20	新疆	635	1.17
3	广东	4839	8.89	21	江西	562	1.03
4	江苏	2653	4.87	22	甘肃	515	0.95
5	浙江	2468	4.53	23	山西	502	0.92
6	四川	1910	3.51	24	云南	470	0.86
7	湖北	1873	3.44	25	广西	450	0.83
8	山东	1830	3.36	26	河北	425	0.78
9	辽宁	1582	2.91	27	海南	361	0.66
10	福建	1453	2.67	28	贵州	348	0.64
11	湖南	1108	2.04	29	内蒙古	302	0.55
12	安徽	1097	2.02	30	宁夏	216	0.40
13	天津	1045	1.92	31	青海	145	0.27
14	陕西	1039	1.91	32	西藏	37	0.07
15	香港	948	1.74	33	台湾	34	0.06
16	重庆	936	1.72	34	澳门	5	0.01
17	吉林	819	1.50	35	其他（境外）	185	0.34
18	河南	795	1.46	36	合计	54427	100.00

2.4　教育水平

　　图 2 - 1 统计了 2002 ~ 2013 年 A 股主板市场所有独立董事的教育水平信息。样本期内，共搜集到 53606 人次的独立董事教育水平信息，占独立董事总人次的 98.45%。数据显示，仅有 3698 人次（6.90%）的独立董事教育水平为大专及以下，有 33080 人次（61.71%）的独立董事具有硕士研究生及以上文凭。这说明，我国 A 股主板市场的独立董事普遍接受过较高水平的教育，学习能力较强。

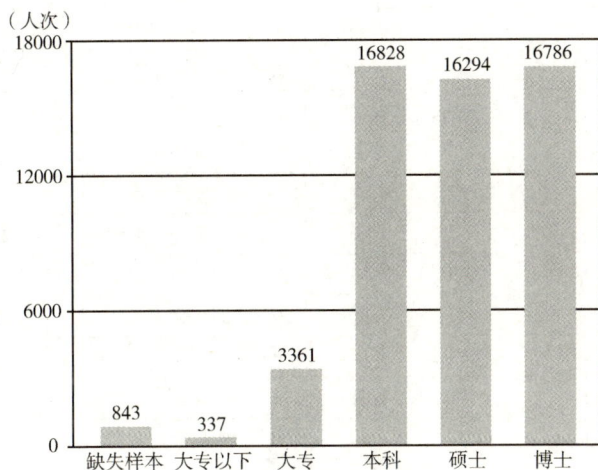

图 2 - 1　独立董事教育水平

2.5　第 一 学 历

　　表 2 - 4 统计了 2002 ~ 2013 年 A 股主板市场所有独立董事的第一学历信息。样本期内，共搜集到 37872 人次的独立董事第一学历信息，约占独立董事总人次的 69.55%。数据显示，独立董事的第一学历主要来自排名较为靠前的"985"工程院校和著名的财经类院校，这类独立董事大多具有法律或经济管理类专业背景。这与《指导意见》要求的独立董事应"具有五年以上法律、经济或者其他履行独立董事职责所必需的工作经验"相吻合。其中，第一学

历来自上海财经大学、北京大学、中国人民大学、中南财经政法大学和清华大学的独立董事人次最多。同时，也有部分独立董事的第一学历为海外或港、澳、台高校。

表2-4　　　　　　　　　　　　独立董事第一学历

编号	学校名称	席位	占比（%）	编号	学校名称	席位	占比（%）
1	上海财经大学	1283	3.39	27	华中科技大学	370	0.98
2	北京大学	1261	3.33	28	首都经贸大学	357	0.94
3	中国人民大学	1246	3.29	29	北京科技大学	342	0.90
4	中南财经政法大学	1088	2.87	30	中山大学	323	0.85
5	清华大学	1053	2.78	31	天津财经大学	316	0.83
6	厦门大学	947	2.50	32	天津大学	305	0.81
7	复旦大学	832	2.20	33	华东师范大学	305	0.81
8	江西财经大学	720	1.90	34	东北大学	303	0.80
9	湖南大学	697	1.84	35	辽宁大学	303	0.80
10	吉林大学	692	1.83	36	上海交通大学	294	0.78
11	东北财经大学	649	1.71	37	山东财经大学	286	0.76
12	浙江大学	645	1.70	38	同济大学	282	0.74
13	西安交通大学	608	1.61	39	中南大学	280	0.74
14	西南政法大学	599	1.58	40	电大	268	0.71
15	华东政法大学	577	1.52	41	四川大学	260	0.69
16	武汉大学	576	1.52	42	哈尔滨工业大学	246	0.65
17	中国政法大学	525	1.39	43	北京工商大学	240	0.63
18	安徽财经大学	510	1.35	44	兰州大学	229	0.60
19	党校	502	1.33	45	武汉理工大学	229	0.60
20	中央财经大学	480	1.27	46	重庆大学	229	0.60
21	西南财经大学	466	1.23	47	合肥工业大学	229	0.60
22	南开大学	448	1.18	48	东南大学	225	0.59
23	南京大学	432	1.14	49	吉林财经大学	220	0.58
24	安徽大学	389	1.03	50	大连理工大学	186	0.49
25	山西财经大学	383	1.01	51	其他高校	13257	35.00
26	山东大学	380	1.00	52	合计	37872	100

图 2 - 2 进一步按海外高校、九校联盟（C9）、"985"工程院校（不含 C9 高校）、"211"工程院校（不含"985"工程院校）和其他院校统计了独立董事的第一学历信息。其中，第一学历来自海外和港、澳、台高校的独立董事为 852 人次（2.25%），来自海外的 852 名独立董事以中国香港（198）、美国（162 人次）、英国（161 人次）、澳大利亚（80 人次）、中国台湾（77 人次）和俄罗斯（59 人次）居多。来自 C9 高校的独立董事为 5548 人次（14.65%），来自其他"985"工程院校的独立董事为 9194 人次（24.28%），来自"211"工程院校（不含"985"工程院校）的独立董事为 8811 人次（23.27%），来自其他高校的独立董事为 13467 人次（36.56%）。

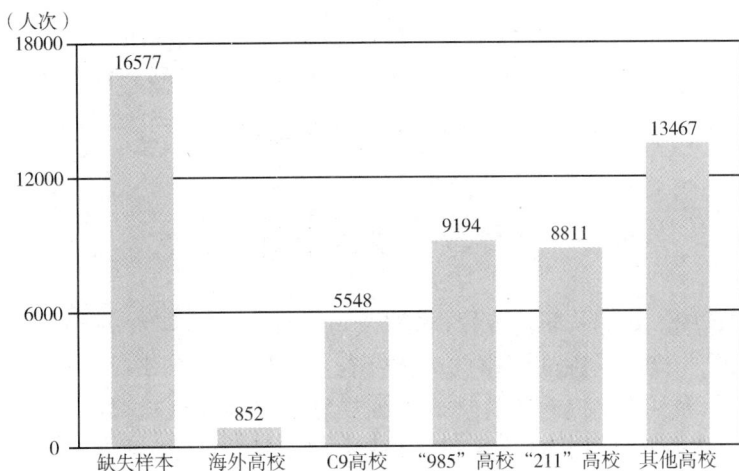

图 2 - 2　独立董事第一学历

2.6　年　　龄

图 2 - 3 描述了 2002 ~ 2013 年 A 股主板市场所有独立董事的年龄分布情况。数据显示，独立董事的年龄主要集中在 40 ~ 69 周岁，占所有独立董事的 84.55%。独立董事的平均年龄为 51.67 周岁，中位数为 50 周岁。然而，独立董事的年龄差异较大，有 79 人次（0.15%）的独立董事年龄小于 30 周岁，最小为 25 周岁；有 65 人次（0.12%）的独立董事年龄大于 79 周岁，最大为 90 周岁。

（人次）

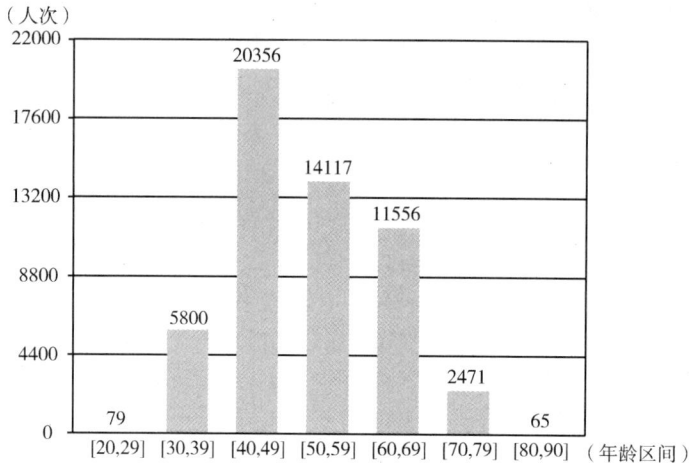

图 2 - 3 独立董事年龄分布

2.7 本章小结

在本章中，我们从职业背景、籍贯、工作地点、教育水平、第一学历和年龄等方面逐一描述了独立董事的个体特征。从职业背景来看，来自高校、党校、研究院等事业单位的学者构成了独立董事群体的最重要组成部分，约占43.30%。从籍贯来看，独立董事主要集中在经济或教育发展水平较高的地区。其中，人数最多的四大省份依次为浙江、江苏、山东和湖南。从工作地点来看，北京、上海和广东是上市公司选拔独立董事最重要的三大区域。从教育水平来看，有61.71%的独立董事具有硕士研究生及以上文凭。从第一学历来看，来自上海财经大学、北京大学、中国人民大学、中南财经政法大学和清华大学的独立董事人次最多。从年龄来看，独立董事主要集中在 40～69 周岁。

第3章 独立董事的任职经验[*]

独立董事制度是通过在董事会中设立独立董事以形成权力制衡与监督的一种制度，其目的在于维护公司整体利益，尤其是关注中小股东的合法权益不受损害。作为改善公司治理的重要举措之一，我国境内上市公司在 2002 年正式引入该制度。然而，由于我国特殊的治理环境，关于独立董事的争议一直不绝于耳。独立董事能否在我国资本市场中发挥应有的作用，也一直是理论界与实务界共同关注的话题。由于前期独立董事的个人信息较难获取，关于独立董事的早期研究主要集中在对独立董事相对人数的考察。Hermalin 和 Weisbach（2001）认为董事的独立性是不可观测的，单凭独立董事比例来判断董事会独立性和监督质量过于简单。同时，单纯考察独立董事比例的研究也存在一个前提假设，即所有独立董事具有同质性。然而，由于不同背景的独立董事掌握的知识和资源不同，这种差异会影响他们在发挥监督和咨询职能时的作用。

后期研究又从独立董事性别、教育水平、任职背景、兼任其他公司董事职位情况等多个维度进行了展开。在对独立董事任职背景的考察中，现有文献主要关注了独立董事的全职任职背景（如会计专业人员、法律专业人员、政治关联、银行背景和证券背景等）和职务（财务总监、总经理等）。鲜有文献从独立董事的独立董事任职经验切入。工作经验作为影响个体绩效的过程性因素，在管理实践中得到了广泛的应用（Hunter，Hunter，1984；Kolz et al.，1998）。毋庸置疑，独立董事任职经验①会对独立董事履行监督和咨询职能产生影响：一个有着十年任职经验的独立董事会比首次任职的独立董事经验更为老到；而一个同时兼职多家公司的独立董事会比仅兼职一家公司的独立董事经

---

    * 本章部分内容发表于中文期刊《山西财经大学学报》。具体信息如下：全怡、姚振晔，法律环境、独立董事任职经验与企业违规，山西财经大学学报，2015（9），76－89.
    ① 本章提及的任职经验（期限）是指独立董事担任所有上市公司独立董事的经验（期限），而非当前公司的任职经验（期限）。

验更为丰富。

数据显示，2002～2012 年，我国 A 股上市公司平均每年有 16.31% 的独立董事首次出任独立董事一职，独立董事的累计任职期限最高达 14 年（从 1999 年开始计算）。同时，有 35.47% 的独立董事同一年份至少在两家及以上上市公司任职。与以往研究独立董事全职任职经验的文献不同，本章从独立董事的独立董事任职经验切入。首先使用独立董事兼职个数（横向经验）和任职年限（纵向经验）度量了独立董事的任职经验，然后从企业违规的视角检验了任职经验是否有助于独立董事更好地发挥监督职能。研究结果显示：（1）在抑制上市公司违规方面，具有较高任职经验的独立董事的确发挥了更好的公司治理作用；同时，独立董事的这一监督作用遵循"反木桶原理"。（2）而上市公司所在地的法治化水平进一步强化了资深独立董事的这一监督作用。（3）细化任职经验的结果表明，独立董事的同行业和大规模公司任职经验在抑制企业违规中发挥了更好的监督作用。

相比较现有文献，本章的研究贡献在于：首先，本章全面比较了资深独立董事与非资深独立董事在教育背景、年龄、性别、薪酬以及出席会议等方面的差异，这为我们深入了解资深独立董事的个人以及行为特征提供了依据。其次，在任职经验方面，现有研究主要从独立董事的全职任职经验入手，如政府任职经验、会计师事务所任职经验、律师任职经验、银行任职经验、券商任职经验等；鲜有文献考察独立董事的独立董事任职经验。本章从独立董事的横向经验、纵向经验，同行业经验、大规模企业任职经验等多个维度出发，翔实的论证了不同维度下的经验对独立董事发挥监督职能的影响，对现有文献形成了较好的补充。最后，本章研究为上市公司选聘独立董事提供了一定的借鉴。研究结论显示，独立董事在发挥抑制企业违规的作用时遵循"反木桶原理"。即独立董事对企业违规的抑制作用取决于经验最丰富的独立董事。也就是说，出于监督企业违规考虑，上市公司仅需要聘请一名资深独立董事即可，而并不需要所有独立董事均具有丰富的任职经验。

3.1　制度背景与文献回顾

3.1.1　制度背景

作为完善上市公司治理结构的重要措施，我国从 1999 年开始在境外上市公司中引入独立董事制度。2000 年 9 月 28 日，国务院办公厅转发国家经济贸易委员会《国有大中型企业建立现代企业制度和加强管理的基本规范（试行）》，提出"董事会中可设独立于公司股东且不在公司内部任职的独立董事"。由于以上规定属于选择性条款，这一引导性规定并没有促使太多的上市公司主动聘请独立董事。在 2000 年之前，我国 A 股主板市场仅有不到 8% 的上市公司聘请了独立董事。为进一步完善上市公司治理结构，促进上市公司规范运作，2001 年 8 月 16 日，中国证券监督管理委员会发布《关于在上市公司建立独立董事制度的指导意见》（以下简称《指导意见》）。《指导意见》要求，各境内上市公司应当按照本指导意见的要求修改公司章程，聘任适当人员担任独立董事，其中至少包括一名会计专业人士。在 2002 年 6 月 30 日前，董事会成员中应当至少包括 2 名独立董事；在 2003 年 6 月 30 日前，上市公司董事会成员中应当至少包括 1/3 独立董事。《指导意见》发布当年，聘请独立董事的上市公司比例有所提高，达到 30.61%；到 2002 年，这一比例超过 97.43% 并趋于稳定。《指导意见》的颁布，从而标志着我国上市公司独立董事制度的正式建立。

《中华人民共和国证券法》第 68 条规定："上市公司董事、监事、高级管理人员应当保证上市公司所披露的信息真实、准确、完整。"同时，《证券法》第 193 条进一步规定："发行人、上市公司或者其他信息披露义务人未按照规定披露信息，或者所披露的信息有虚假记载、误导性陈述或者重大遗漏的，责令改正，给予警告，并处以 30 万元以上 60 万元以下的罚款。对直接负责的主管人员和其他直接责任人员给予警告，并处以 3 万元以上 30 万元以下的罚款。"独立董事作为董事会成员，同样适用上述法律规定。

在中国证监会网站上披露的由于企业违规而遭受行政处罚的公司成员中，也不乏独立董事的身影。如由于信息披露违规而受到行政处罚的"深圳市深信泰丰（集团）股份有限公司①"、"四环药业股份有限公司②"、"宝安鸿基地产集团股份有限公司③"、"福建昌源投资股份有限公司④"……的时任独立董事都受到不同程度的警告或罚款。需要指出的是，我国证券监督管理委员会和沪深两市交易所都可以对上市公司的信息披露违规行为进行处

---

① http：//www. csrc. gov. cn/pub/zjhpublic/G00306212/200804/t20080418_14224. htm.

② http：//www. csrc. gov. cn/pub/zjhpublic/G00306212/200906/t20090614_107654. htm.

③ http：//www. csrc. gov. cn/pub/zjhpublic/G00306212/201303/t20130321_222506. htm.

④ http：//www. csrc. gov. cn/pub/zjhpublic/G00306212/200804/t20080418_14307. htm.

罚。然而，两者在监管方式和处罚性质上却存在本质区别。交易所负责上市公司的非现场监管工作，采取的是自律监管措施或纪律处分，包括约谈、监管函、通报批评和公开谴责等；证监会作出的则是行政处罚，包括警告、罚款和市场禁入等①。

3.1.2　文献回顾

有关公司治理、董事会组成和结构对企业违规行为影响的研究主要集中在以下文献中。Uzun 等（2004）研究发现，随着独立董事人数在董事会、审计委员会和薪酬委员会的增加，公司发生违规的概率显著降低。陈国进等（2005）检验了公司治理和声誉机制对上市公司违法违规行为的约束作用。作者发现公司第一大股东集中持股有利于约束违法违规行为，但是声誉机制的作用甚微。Agrawal 和 Chadha（2005）研究发现，对于董事会或审计委员会拥有财务专家型独立董事的公司，其财务报表重述的概率显著更低；而对于 CEO 来自创始家族的公司，其财务报表重述的概率则显著更高。蔡志岳和吴世农（2008）考察了董事会特征对上市公司违规行为的影响。实证结果表明，董事长兼任总经理的公司越不容易违规，违规程度越轻微；独立董事比例越高，公司违规的频率越低；而董事会会议越频繁并不意味着董事越勤勉，更可能是公司隐患越多。张程睿和窦静（2008）则认为，在一定的环境和制度下，财务状况和控制人动机是影响目前我国上市公司违规信息披露的主要方面，而公司治理结构对违规披露的约束和影响力较小。冯旭南和陈工孟（2011）研究发现，终极股权结构特征、财务特征以及公司治理状况都对上市公司的信息披露违规产生重要影响。刘成立和韩新新（2012）认为，如果监事会和独立董事对内部控制发表了完整意见，则企业的内部控制风险较低，从而导致更低的审计收费。万良勇等（2014）从社会网络视角研究了独立董事网络位置对公司违规行为的影响。作者发现独立董事网络对其监督职能的发挥存在促进作用。

任职背景会对独立董事的公司治理绩效产生影响已经得到越来越多文献的支持。如首次任命 CEO 背景的独立董事会带来较高的市场反应（Fahlenbrach

---

① 本章定义的企业违规仅包含后者，这也是本章企业违规比例（2.74%）大大低于万良勇等（2014）、陈运森和王汝花（2014）一文中 7.38% 和 7.53% 的主要原因。在稳健性测试中，我们将前者也包含在内，回归结果基本保持一致。

et al.，2010）；政治关联背景的外部董事通过游说政策部门，提高了公司获取相关利益的能力（Agrawal，Knoeber，2001），具有政治背景董事会成员的公司上市时的发行价格也更高（Francis et al.，2009）；商业银行背景的独立董事可以显著增加公司的债务总额（Booth，Deli，1999；Güner et al.，2008；刘浩等，2012）；法律背景的独立董事有助于减少公司和高管个人违规事件的发生（郑路航，2011）、提高财务报告质量（Krishnan et al.，2011）、降低公司诉讼风险并且提高公司价值（Litov et al.，2013）；学术背景的独立董事有助于进入和吸收外部知识溢出，从而提高公司的竞争优势（Audretsch，Lehmann，2006）和治理效率（Francis et al.，2015），促进企业价值的提高（赵昌文等，2008）；聘任分析师担任独立董事的上市公司获得了更多的股权再融资机会（全怡等，2014）；伴随着投资银行家进入董事会，公司则发行了更多的债券（Güner et al.，2008）。而不同背景独立董事辞职时，企业价值下降的幅度也存在差异（唐雪松，马畅，2012）。同时供职多个董事席位的独立董事更可能缺席董事会会议（Jiraporn et al.，2009），公司治理也较差（Fich，Shivdasani，2006）。然而，部分学者却得出相反的结论：独立董事兼职的上市公司家数越多，谈判能力越强，说"不"的可能性越大（唐雪松等，2010；叶康涛等，2011）。

可以看出，有关独立董事任职经验的文献主要集中在对独立董事任职背景（如会计专业人员、法律专业人员、政治关联、学术背景、银行背景和证券背景等）、担任职务（财务总监、总经理等）和多重董事身份（连锁独立董事）的考察上。而有关任职期限对履职效果影响的研究则主要集中在对创业者和管理层的考察。如 Ronstadt（1988），Cohen，Levinthal（1990）等认为，由于经验丰富的创业者掌握了有关市场、产品、资源等有价值的知识，因而强化了其发现创业机会的能力。张玉利等（2008）同样发现，相对于经验匮乏的创业者而言，经验丰富的创业者更容易从高密度的网络结构中发现创新性更强的机会。Child（1972）和 Fredrickson（1984）认为，高层管理者的战略决策能力依赖于他们的工作经验；同时，企业高管的经验因素也会影响战略规划的价值（孙铁，武亚军，2009）。我们认为，独立董事的任职期限同样是影响其监督和咨询职能的重要因素之一。经验丰富的独立董事，能够更及时、准确的发现任职公司存在的问题（如违规行为）和机遇，并提出合理、可行的应对策略。本章接下来将围绕这一话题展开分析。

3.2 理论分析与假设提出

正如制度背景所述，如果上市公司发生了信息披露违规，独立董事可能会面临遭受行政处罚的风险。然而，除法律责任外，独立董事因为任职企业违规而需要承担的连带责任还包括声誉上的损失。独立董事的声誉具有明显的连锁效应，即独立董事所任职的任何一家公司出现与独立董事没有尽职有关的问题，都可能会影响其在其他上市公司的任职情况（Srinivasan，2005；Fich，Shivdasani，2007），如后期担任的独立董事席位数量明显下降（辛清泉等，2013）。从人力资本视角来看，具有丰富任职经验的独立董事具备知识和技能上的优势，他们在应对企业负面信息时经验会更加老到；同时，他们因为企业违规而需要承担连带责任的机会成本也相应大于非资深独立董事。从社会资本视角来看，丰富的网络关系有助于独立董事掌握更多的社会资本，提高其监督动机和监督能力，从而有效抑制上市公司违规行为（万良勇等，2014）。而连锁董事是上市公司董事网络互相联结的重要条件，如果兼任了多家上市公司董事，一般来说在董事网络中处于较中心位置的概率会更高（谢德仁，陈运森，2012）。这与本章定义的资深独立董事相吻合。从谈判能力来看，资深独立董事拥有更多其他上市公司的独立董事席位，他们在发挥监督职能时更不用担心由于遭受管理层报复而对自己的职业生涯产生影响。如唐雪松等（2010）和叶康涛等（2011）均发现独立董事兼职的上市公司家数越多，说"不"的可能性越大。基于以上分析，我们预期，资深独立董事更容易发现任职公司的违规行为，同时对违规行为表现出更低的容忍度，从而采取更为严格的公司治理措施。我们提出本章的第一个假设：

H3-1：其他条件一定的情况下，独立董事的任职经验有助于抑制履职公司的违规行为。

LaPorta 等（1998）开创的"法与金融"的文献在国家层面上分析了各国法律与金融发展之间的关系，论证了法律对投资者和债权人的保护能够促进金融市场和金融中介的发展，进而促进企业投资和经济增长。法律对企业投资和经济增长的作用，源于法律对契约各方合法权益的保护。现代经济社会中，任何交易的完成都需要契约（显性的或隐性的）的支持，契约主要通过基于声誉的私人执行机制以及基于法律的第三方公开执行机制来实施，但法律机制更为基础，因为声誉机制在契约执行中发挥的作用同样离不开法律刚性的制度框架的支撑。企业违规从本质上来讲，是企业与国家之间的契约被破坏。《中华人民共和国证券法》规定了证券发行和交易主体在交易活动中需要遵守的法规，这一法规如同国家与所有证券发行和交易主体之间签订的一项契约。一旦证券发行和交易主体违背了契约内容，中国证券会将有权代表国家对其进行行政处罚。

20 世纪 70 年代末以来，中国开始的市场化改革取得举世瞩目的成功，但中国各地区的经济发展水平并不平衡，法治化水平差异明显（樊纲等，2011）。这为我们检验不同法治水平下，企业契约执行的效果差异提供了条件。我们预期，良好的法治环境通过增加违规被发现和查处的可能性，从而会对企业违规产生一定的约束。同时，相比较非资深独立董事，机会成本差异会使得资深独立董事更加注重自己的声誉。然而，声誉机制作用的发挥离不开法律刚性制度框架的支撑。在法治环境较差的地区，市场很难对失信行为进行惩罚，这导致声誉的自我执行机制难以发挥作用；相反，在法治环境较好的地区，市场对失信行为的惩罚威胁更为有效，独立董事也会更好地履行相应的职能以维护自己的声誉。基于以上分析，提出本章的第二个假设：

H3－2：其他条件一定的情况下，上市公司所在地的法治水平有助于抑制企业违规；法治水平越高，资深独立董事对企业违规的抑制作用越大。

以上我们探讨了独立董事先前经验的时间长短（纵向经验）和当前经验个数（横向经验）对公司治理绩效的影响，但对经验带来的知识结构和内容并未加以区分。实际上，先前（当前）任职公司的行业特征、竞争地位以及组织构架在很大程度上决定了独立董事可以汲取和积累的知识结构和内容，并对其后续履职产生影响。Reuber 和 Fiscber（1999）将这种来自于受雇组织特征的知识和内容差异性概括为先前经验隶属性（the affiliation of prior experience），强调即使拥有相同工作时间的个体也可能获得不同的知识与技能。这一观点陆续得到其他学者的证实，如 Child 和 McGrath（2001），Cliff 等（2006）研究发现，即便是经验存量相似的创业者，由于来自不同社会部门、行业和岗位的工作经验，仍可能具备着个体异质性的知识结构和思维逻辑，进而导致其行为差异。再如，杨俊等（2014）从中国转型经济背景出发，论证了创业者先前工作经验体制隶属性有助于提升其在新企业生成过程中的创业行为速度。基于西方规范市场经济情境下的研究主要从受雇组织的社会地位和声望来刻画先前经验隶属性。具体到我国独立董事的情境下，我们认为，受雇组织的行业特征和社会地位可能会对独立董事的经验积累产生较大的影响。如相比较医药行业的任职经验，具有房地产任职经验的独立董事可能更有助于其在招商地产履行相关职能；而相比较小规模企业的任职经验，行业龙头公司的任职经验具有更好的迁移性。基于以上分析，提出本章的第三个假设：

H3-3a：其他条件一定的情况下，同行业的任职经验更有助于独立董事发挥抑制履职公司违规的作用。

H3-3b：其他条件一定的情况下，大规模企业的任职经验更有助于独立董事发挥抑制履职公司违规的作用。

3.3 研究设计

3.3.1 研究样本与数据来源

由于证监会在2002年才强制要求上市公司聘请独立董事，而通常企业违规的发生年份和披露年份存在较大时差，综合考虑数据的可获得性和违规信息的滞后性，我们选取我国A股上市公司2003～2010年数据为初始样本①。违规数据从中国证监会网站上手工整理得到；财务数据来源于国泰安CSMAR数据库，部分缺失数据由作者根据年报补充得到；对于初始样本，进行了如下筛选：（1）剔除金融保险类上市公司；（2）剔除数据缺失样本。最终得到9950个公司年观测值。为了避免极端值影响，对所有连续变量上下两侧各1%的观测值进行了Winsorize处理。本章数据处理使用STATA计量分析软件进行。

3.3.2 模型设定与变量定义

构建回归模型（3-1）用以检验研究假设H3-1，为了减轻内生性问题，对所有解释变量进行了滞后一期处理，具体如下：

$$Logit(Violation_t) = \alpha + \beta_1^* Exper\_total_{t-1} + \beta_2^* Index\_law_{t-1}$$
$$+ \beta^* \sum Control_{t-1} + \varepsilon_{t-1} \qquad (3-1)$$

构建回归模型（3-2）用以检验研究假设H3-2，同样对所有解释变量进行了滞后一期处理，具体如下：

---

① 由于对所有解释变量和控制变量进行了滞后一期处理，因此，解释变量和控制变量对应的样本期间为2002～2009年。

$$Logit(Violation_t) = \alpha + \beta_1^* Exper\_total_{t-1} + \beta_2^* Exper\_total_{t-1}^* Index\_law_{t-1}$$
$$+ \beta^* \sum Control_{t-1} + \varepsilon_{t-1} \qquad (3-2)$$

构建回归模型（3-3）和模型（3-4）分别用以检验研究假设 H3-3a 和假设 H3-3b，同样对所有解释变量进行了滞后一期处理，具体如下：

$$Logit(Violation_t) = \alpha + \beta_1^* Exper\_indus_{t-1} + \beta_2^* Index\_law_{t-1}$$
$$+ \beta^* \sum Control_{t-1} + \varepsilon_{t-1} \qquad (3-3)$$

$$Logit(Violation_t) = \alpha + \beta_1^* Exper\_large_{t-1} + \beta_2^* Index\_law_{t-1}$$
$$+ \beta^* \sum Control_{t-1} + \varepsilon_{t-1} \qquad (3-4)$$

模型涉及的主要变量定义如下：

1. 被解释变量

企业违规哑变量（*Violation*）。中国证券监督管理委员会网站上披露了企业违规而遭受行政处罚的信息，包括虚假记载、重大遗漏、虚增收入、虚增利润、未按规定披露信息和内幕交易等①。如果上市公司当年出现违规，并受到证监会行政处罚，则 *Violation* 取值为 1，否则为 0。

2. 解释变量

（1）独立董事总体任职经验（*Exper_total*）。分别从横向经验（当年独立董事总体兼职个数）（*Exper_total_N*）和纵向经验（总体累计任职年限）（*Exper_total_Year*）两个维度进行刻画。在具体度量方法上，*Exper_total_ave_N* 为当年所有独立董事兼任个数的平均数，*Exper_total_max_N* 为当年所有独立董事兼任个数的最大数；*Exper_total_ave_Year* 为截至当年累计担任所有上市公司独立董事的平均年限取自然对数，*Exper_total_max_Year* 为截至当年累计担任所有上市公司独立董事的最大年限取自然对数。

（2）独立董事行业任职经验（*Exper_indus*）。同样从横向经验（*Exper_indus_N*）和纵向经验（*Exper_indus_Year*）两个维度来刻画。在具体度量方法上，*Exper_indus_ave_N* 为当年所有独立董事兼任同行业个数的平均数，*Exper_indus_max_N* 为当年所有独立董事兼任同行业个数的最大数；*Exper_indus_ave_Year* 为截至当年累计担任同行业上市公司独立董事的平均年限取自然对数，

---

① 企业违规大多涉及在信息披露违规领域，内幕交易仅占违规样本的 5.4%。

Exper_indus_max_Year 为截至当年累计担任同行业上市公司独立董事的最大年限取自然对数。

(3) 独立董事大规模任职经验（*Exper_large*）。同样从横向经验（*Exper_large_N*）和纵向经验（*Exper_large_Year*）两个维度来刻画。在具体度量方法上，*Exper_large_ave_N* 为当年所有独立董事兼任大规模企业①个数的平均数，*Exper_large_max_N* 为当年所有独立董事兼任大规模企业个数的最大数；*Exper_large_ave_Year* 为截至当年累计担任大规模企业独立董事的平均年限取自然对数，*Exper_large_max_Year* 为截至当年累计担任大规模企业独立董事的最大年限取自然对数。

(4) 法治水平（*Index_law*）。本章使用樊纲等（2011）市场化指数中的"中介组织发育和法律制度环境"来衡量法治水平。具体来说，如果上市公司所在省份的"中介组织发育和法律"得分高于当年所有上市公司得分中值，则 *Index_law* 取值 1，否则取 0。

3. 控制变量

参照以往相关文献，本章对独立董事层面和公司层面的变量进行了控制。其中，独立董事层面的变量包括：独立董事的平均教育水平（*Education*）和平均年龄（*Age*）。公司层面的变量包括：企业规模（*Lnsize*）、财务杠杆（*LEV*）、盈利能力（*ROA*）、成长性（*Growth*）、股权性质（*SOE*）、董事长总经理两职合一（*Dual*）、独立董事比例（*Indirector*）、审计质量（*Big4*）、股权集中度（*Zindex*）、业务复杂度（*Complex*）、行业竞争程度（*Compete*）、上市年限（*List_Age*）。此外，加入年度（*Year*）和行业（*Industry*）哑变量，分别控制年度和行业固定效应。具体变量的定义方法见表 3-1。

表 3-1　　　　　　　　主要变量的定义和说明

符　号	变量说明
因变量	
Violation	企业违规哑变量：若上市公司当年出现违规行为则取值 1，否则取 0
解释变量	
Exper_total	独立董事总体任职经验：从总体任职年限和兼任个数两个维度度量

---

① 若企业规模不小于当年的行业中值，则定义为大规模企业。

续表

符　号	变量说明
Exper_indus	独立董事行业任职经验：从同行业任职年限和兼任个数两个维度度量
Exper_large	独立董事大规模任职经验：从大规模企业任职年限和兼任个数两个维度度量
Index_law	法治水平哑变量：若所在省份当年法治水平高于中值，则取值1，否则取0
控制变量	
Education	独立董事教育水平：首先对每个独立董事教育水平进行赋值：博士5，硕士4，本科3，大专2，其他1；然后取所有独立董事教育水平的平均值
Age	独立董事年龄：对所有独立董事的平均年龄取自然对数
Lnsize	公司规模：公司年末总资产的自然对数
LEV	财务杠杆：总资产负债率 = 期末负债总额/期末总资产
ROA	盈利能力：总资产报酬率 = 净利润/期末总资产
Growth	成长性：总资产增长率 = （期末总资产 – 期初总资产）/期初总资产
SOE	股权性质哑变量：当上市公司为国有企业时，SOE取值为1，否则取0
Dual	两职合一哑变量：董事长和总经理两职合一则取1，否则取0
Indirector	独立董事比例：独立董事所占比例
Big4	审计质量哑变量：若公司当年聘请四大会计师事务所①，则取1，否则取0
Zindex	股权集中度：第一大股东与第二大股东持股比例的比值
Complex	业务复杂度：上市公司涉及行业的个数
Compete	行业竞争程度：营业收入最高的前三大公司占所在行业总收入比例的平方和
List_Age	上市年限：公司上市年限取自然对数，其中上市当年为第1年
Industry	行业哑变量：CSRC2003年标准
Year	年份哑变量

3.3.3　样本描述性特征

表3-2报告了违规样本的年度分布情况。观测期内违规样本占总样本的2.74%，也就是说，2003~2010年，平均每100家上市公司就有3家发生违规，并

---

① 由于早期数据包括安达信事务所，为行文方便，我们对国际"四大"和"五大"，统称"四大"。具体地，当上市公司聘请以下会计师事务所时，big4取1，否则取0，安达信华强、毕马威华振、安永华明、德勤华永、普华大华、中信永道、普华永道中天。

且受到证监会行政处罚。由于违规行为较为隐蔽,同时查处周期较长;因此,这一数据存在较大的滞后性,这也是违规样本随着时间推移呈现递减趋势的原因。

表3-2   违规样本分布情况

年份	违规样本	总样本	违规样本所占比例(%)
2003	63	1146	5.50
2004	60	1222	4.91
2005	37	1270	2.91
2006	34	1269	2.68
2007	29	1266	2.29
2008	22	1280	1.72
2009	18	1233	1.46
2010	10	1264	0.79
总计	273	9950	2.74

图3-1分别展现了独立董事任职期限以及兼任个数的年度分布情况。可以看出,随着时间的推移,独立董事的"总体平均任职年限"和"大规模企业平均任职年限"均呈现出逐年增长的趋势。同时,在2006年及以前,独立董事的"总体平均任职年限"和"同行业平均任职年限"较为接近;但在2008年和2009年,两者却呈现相反的走势。导致这一差异的可能原因是,在独立董事制度实施的早期,由于独立董事任职经验有限,其更偏好于在同行业任职;而当独立董事制度实施一段时间后,独立董事陆续积累了一定的经验,从而开始涉足其他行业。兼任个数的年度分布显示,样本期内,独立董事的"总体平均兼任个数"和"同行业平均兼任个数"均较为稳定,分别维持在1.6和1.1个左右;但"大规模企业平均兼任个数"却呈现逐年增长的趋势。这说明,随着时间的推移,大规模上市公司的独立董事席位陆续被越来越少的独立董事垄断。

图3-2按省份(直辖市)展示了独立董事"总体平均兼任个数"的地区分布情况。其中,横轴按照樊纲等(2011)《中国市场化指数》中的各省份"市场化总得分"在2002~2009年的均值由小到大依次排列。由图形分布可以看出,独立董事人均兼任个数最多的地区为上海(1.85个),最少的地区为青海(1.29个)。同时,独立董事人均兼任个数大于中位数(Y轴上的虚线)的上市公司更多地集中在市场化程度较高的地区。出现这一区域差异的原因很

（任职年限）

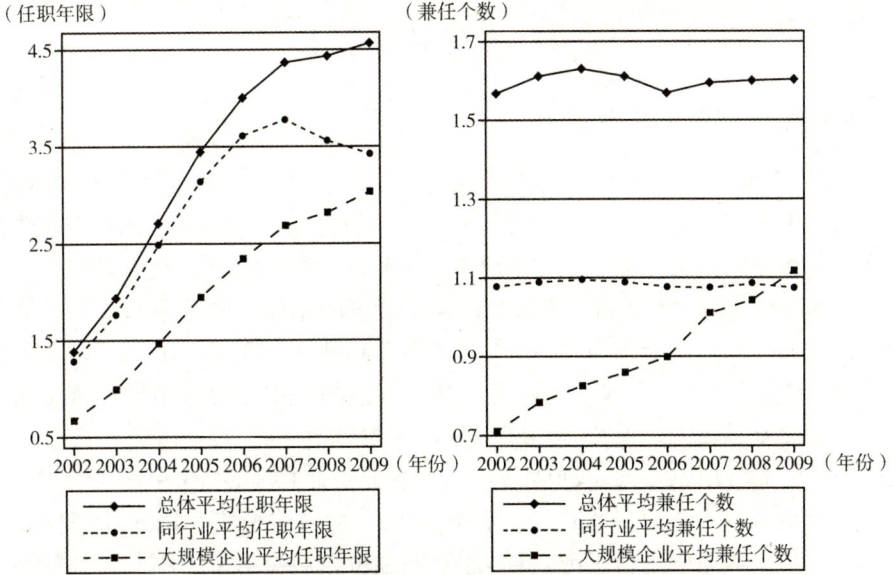

（兼任个数）

图3-1 独立董事任职期限和兼任个数年度分布

可能在于：处于市场化程度较高地区的上市公司竞争更为激烈，这些公司对资深独立董事的需求更大。

（兼任个数）

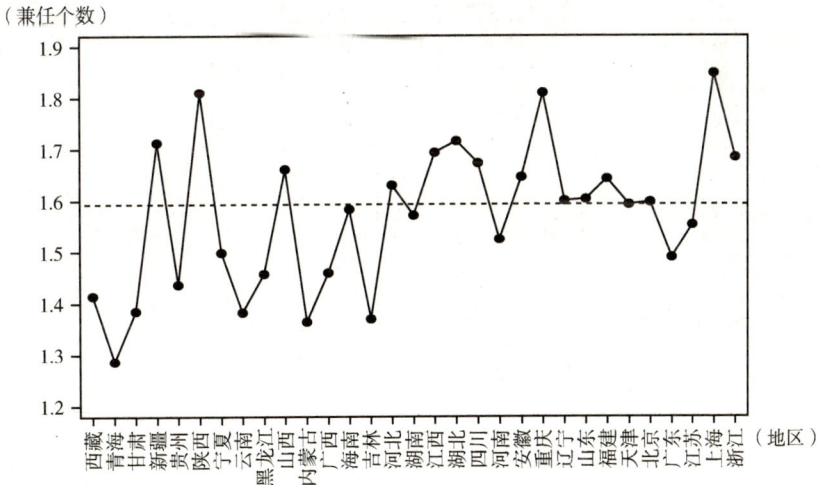

图3-2 独立董事总体兼任个数的地区分布

3.4 实证结果分析

3.4.1 变量描述性统计

表3-3报告了所有变量的描述性统计结果。样本期内，共有2.7%的上市公司出现了违规并受到证监会的行政处罚。独立董事的总体、同行业和大规模企业平均兼职个数分别为1.600个、1.081个和0.888个，最大兼职个数分别达2.386个、1.241个和1.409个；独立董事的总体、同行业和大规模企业的累计平均任职年限分别为3.943年、3.547年和2.323年，最大任职年限分别达5.007年、4.341年和3.155年。独立董事的平均教育水平接近硕士研究生，且年龄差异较大，最小36岁，最大68岁。有50%的上市公司总资产收益率为负，表现出较差的盈利能力。国有企业占总样本的70.4%。有12.1%的上市公司董事长和总经理由一人担任。独立董事的平均比例为35.1%，超过了证监会要求的1/3的比例。有5.9%的上市公司聘请了国际四大会计师事务所。上市公司股权集中度普遍较高，50%以上的上市公司第一大股东持股比例超过第二大股东持股比例的5倍，且最高达383.2倍。上市公司经营业务涉及行业平均为3.8个，最高达9个。

表3-3 变量描述性统计

变量符号	N	均值	标准差	最小值	P25	中位数	P75	最大值
Panel A：被解释变量								
Violation	9950	0.027	0.163	0	0	0	0	1
Panel B：考察变量								
Exper_total_ave_N	9950	1.600	0.624	1	1	1.500	2	8
Exper_total_max_N	9950	2.386	1.264	1	1	2	3	8
Exper_total_ave_Year	9950	1.372	0.371	0.693	1.099	1.386	1.657	2.276
Exper_total_max_Year	9950	1.611	0.445	0.693	1.386	1.609	1.946	2.485
Exper_indus_ave_N	9950	1.081	0.182	1	1	1	1	2.500
Exper_indus_max_N	9950	1.241	0.514	1	1	1	1	5
Exper_indus_ave_Year	9950	1.266	0.362	0.693	0.997	1.290	1.535	2.197
Exper_indus_max_Year	9950	1.468	0.446	0.693	1.099	1.609	1.792	2.485

续表

变量符号	N	均值	标准差	最小值	P25	中位数	P75	最大值
Exper_large_ave_N	9950	0.888	0.714	0	0.167	1	1.333	5
Exper_large_max_N	9950	1.409	1.186	0	1	1	2	6
Exper_large_ave_Year	9950	0.843	0.620	0	0.231	0.896	1.381	2.213
Exper_large_max_Year	9950	1.149	0.744	0	0.693	1.386	1.792	2.485
Index_Law	9950	0.483	0.500	0	0	1	1	1
Panel C：控制变量								
Education	9950	3.805	0.627	1	3.333	3.882	4.333	5
Age	9950	3.909	0.136	3.593	3.816	3.912	4.001	4.214
Lnsize	9950	21.36	1.134	18.50	20.63	21.27	22.00	25.01
LEV	9950	0.553	0.360	0.079	0.379	0.519	0.649	3.179
ROA	9950	−0.013	0.094	−0.588	−0.019	0	0.023	0.174
Growth	9950	0.126	0.285	−0.510	−0.019	0.076	0.209	1.460
SOE	9950	0.704	0.457	0	0	1	1	1
Dual	9950	0.121	0.326	0	0	0	0	1
Indirector	9950	0.351	0.082	0.154	0.333	0.333	0.375	0.667
Big4	9950	0.059	0.236	0	0	0	0	1
Zindex	9950	27.64	61.11	1.016	1.874	5.676	22.31	383.2
Complex	9950	3.835	1.773	1	2.500	3.667	5	9.222
Compete	9950	0.061	0.097	0.007	0.019	0.034	0.070	0.843
List_Age	9950	2.051	0.579	0	1.792	2.197	2.485	2.890

3.4.2　单变量检验

表 3-4 报告了企业违规样本与非违规样本间所有考察变量的均值和中值检验结果。单变量的检验结果显示，违规企业与非违规企业间所有考察变量的差异均至少在 5% 的水平上显著。也就是说，无论是横向经验（兼职个数）、抑或是纵向经验（任职期限）；无论是总体经验、同行业经验、抑或是大规模企业任职经验，违规样本的独立董事均至少在 5% 的水平上显著低于非违规样本。这说明资深独立董事在抑制企业违规方面的确发挥了更好的监督作用。法

治水平的单变量检验结果显示，违规公司所在地的法治环境在1%的水平上显著低于非违规公司。也就是说，上市公司所在地的法治水平有助于抑制企业违规。单变量的检验结果初步印证了本章提出的三个假设。

表3-4 单变量检验

变 量	违规公司			非违规公司			均值 T 检验	中值 Z 检验
	N	均值	中值	N	均值	中值		
Exper_total_ave_N	273	1.455	1.333	9677	1.604	1.500	-3.879***	-4.626***
Exper_total_max_N	273	2.004	2	9677	2.397	2	-5.072***	-5.463***
Exper_total_ave_Year	273	1.190	1.099	9677	1.378	1.386	-8.278***	-8.107***
Exper_total_max_Year	273	1.358	1.386	9677	1.618	1.609	-9.579***	-9.367***
Exper_indus_ave_N	273	1.052	1	9677	1.081	1	-2.623***	-2.460**
Exper_indus_max_N	273	1.147	1	9677	1.243	1	-3.069***	-2.614***
Exper_indus_ave_Year	273	1.110	1.099	9677	1.270	1.290	-7.230***	-7.102***
Exper_indus_max_Year	273	1.252	1.099	9677	1.474	1.609	-8.161***	-8.057***
Exper_large_ave_N	273	0.668	1	9677	0.894	1	-5.163***	-5.220***
Exper_large_max_N	273	0.974	1	9677	1.421	1	-6.151***	-6.207***
Exper_large_ave_Year	273	0.621	0.649	9677	0.849	0.903	-6.008***	-6.074***
Exper_large_max_Year	273	0.801	0.693	9677	1.159	1.386	-7.850***	-7.965***
Index_Law	273	0.374	0	9677	0.486	0	-3.673***	-3.671***

注：**、*** 分别表示5%和1%的显著性水平（双尾）。

3.4.3 相关系数检验

表3-5报告了主要变量间的 Pearson（左下部分）及 Spearman（右上部分）相关性系数矩阵①。相关系数矩阵显示，独立董事总体兼任个数（*Exper_total_ave_N*）和总体任职年限（*Exper_total_max_Year*）与企业违规之间的相关

---

① 考虑到本章考察变量的度量方法较为多元化，我们以独立董事总体平均兼任个数（*Exper_total_ave_N*）和总体累计任职年限（*Exper_total_max_Year*）为例，报告变量间的相关系数矩阵。其他考察变量与控制变量间的相关系数与表3-5大体一致。

表3 - 5

相关系数矩阵

	1	2	3	4	5	6	7	8	9	10	11	12	13	14	15	16	17	18
1Violation		-0.05c	-0.08c	-0.03c	-0.01	-0.07c	-0.06c	0.03c	-0.07c	-0.03c	-0.08c	0.02	-0.04c	-0.02a	-0.05c	-0.02a	-0.01	-0.05c
2Exper_total_ave_N	-0.04c		0.26c	0.06c	0.26c	0.09c	0.12c	0.00	0.07c	0.07c	0.07c	-0.02b	0.02b	0.06c	0.05c	0.08c	0.02b	0.03c
3Exper_total_max_Year	-0.08c	0.26c		0.04c	0.09c	0.20c	0.20c	0.07c	0.04c	-0.03c	-0.01	0.00	0.29c	0.03c	0.03b	0.06c	0.08c	0.38c
4Index_law	-0.03c	0.06c	0.04c		0.06c	0.09c	0.14c	-0.02a	0.10c	0.01	-0.01	0.01	0.05c	0.10c	0.03c	0.13c	0.06c	0.12c
5Education	-0.01	0.26c	0.04c	0.06c		-0.36c	0.061c	0.00	0.07c	0.07c	0.03c	-0.04c	0.02b	0.04c	-0.03c	0.07c	0.06c	0.01
6Age	-0.07c	0.08c	0.08c	0.09c	-0.36c		0.21c	-0.01	0.06c	0.03c	0.10c	0.01	0.07c	0.10c	0.11c	0.02b	0.02b	0.07c
7Lnsize	-0.06c	0.11c	0.21c	0.14c	0.07c	0.23c		0.12c	0.19c	0.32c	0.24c	-0.08c	0.08c	0.28c	0.18c	0.21c	0.12c	0.07c
8LEV	0.02b	-0.05c	0.19c	-0.01	-0.02	-0.05c	-0.15c		-0.33c	-0.01	-0.06c	0.01	0.10c	-0.05c	-0.08c	0.03c	-0.02a	0.19c
9ROA	-0.04c	0.08c	0.04c	0.08c	0.06c	0.06c	0.24c	-0.44c		0.37c	-0.01	-0.01	0.01	0.10c	0.05c	0.04c	-0.00	-0.07c
10Growth	-0.03c	0.06c	0.06c	0.01	0.07c	0.01	0.25c	-0.13c	0.33c		0.05c	-0.04b	-0.02b	0.07c	0.05c	0.05c	0.02a	-0.19c
11SOE	-0.08c	0.06c	-0.06c	-0.01	0.03c	0.10c	0.25c	-0.13c	0.06c	0.04c		-0.11c	-0.10c	0.09c	0.24c	0.05c	0.06c	-0.06c
12Dual	0.02	-0.03c	-0.01	0.01	-0.05c	0.02	-0.09c	0.04c	-0.04c	-0.02b	-0.11c		0.04c	-0.02b	-0.06c	-0.01	0.01	0.04c
13Indirector	-0.04c	-0.03b	0.31c	0.05c	0.02b	0.08c	0.07c	0.09c	-0.01	-0.03c	-0.11c	0.04c		0.03c	-0.05c	0.02a	0.07c	0.21c
14Big4	-0.02a	0.05c	0.03c	0.10c	0.04c	0.10c	0.36c	-0.05c	0.07c	0.05c	0.09c	-0.02b	0.03c		-0.04c	0.05c	0.05c	-0.02b
15Zindex	-0.04c	-0.01	0.00	0.00	-0.06c	0.03c	0.10c	-0.07c	0.01	-0.03c	0.16c	-0.05c	-0.07c	-0.01		0.03c	-0.00	-0.03c
16Complex	-0.02	0.07c	0.06c	0.12c	0.07c	0.02a	0.20c	-0.04c	0.06c	0.02b	0.05c	-0.00	0.03c	0.05c	-0.02		0.05c	0.06c
17Compete	-0.01	0.00	0.01	0.00	0.04c	0.03c	0.10c	-0.01	0.00	0.05c	0.07c	-0.01	0.03b	0.05c	-0.02a	0.02b		0.01
18List_Age	-0.02b	0.00	0.38c	0.08c	-0.01	0.05c	0.03c	0.17c	-0.07c	-0.28c	-0.06c	0.04c	0.18c	-0.05c	-0.05c	0.06c	-0.11c	

注：a, b, c 分别表示变量间 Pearson（左下部分）及 Spearman（右上部分）相关性检验在10%、5%、1%水平上显著（双尾）。

系数为负，且在1%的水平上显著。这再次印证了研究假设1的推断。此外，除了财务杠杆（*LEV*）与盈利能力（*ROA*）之间 Pearson 相关系数为 -0.44 以外①，其他各变量间相关系数的绝对值均不超过 0.4，这说明解释变量、控制变量之间不存在高度的相关关系。本章接下来将进一步控制其他变量，进行多元回归分析。

3.4.4 资深独立董事的特征分析

按照当年兼任独立董事个数是否大于1，将样本期内所有独立董事分为资深独立董事（当年在两家及以上任职的独立董事）和非资深独立董事（当年仅在一家任职的独立董事）。表3-6报告了资深独立董事的个人及行为特征。可以看出，样本期内，有超过 1/3 的独立董事同时在两家及以上上市公司任职。资深独立董事的平均兼任个数为 2.743 个，平均累计任职年限约为 4.953 年，比非资深独立董事约长 1.319 年，且这一差异在1%的水平上显著。资深独立董事的平均教育水平为硕士研究生，并且第一学历更多来自"985"和"211"工程院校，显著高于（优于）非资深独立董事。资深独立董事年龄稍长，但只有中值检验差异显著。资深独立董事中女性独立董事比例显著低于非资深独立董事。同时，资深独立董事薪酬更高、委托出席董事会次数显著更多。这说明，市场对资深独立董事给予了一定的溢价。

表 3-6   资深独立董事特征分析

变　量	资深独立董事			非资深独立董事			均值 T 检验	中值 Z 检验
	N	均值	中值	N	均值	中值		
兼任独立董事个数	11836	2.743	2	22542	1	1	273.1***	181.0***
担任独立董事年限	11836	4.953	5	22542	3.634	4	61.07***	57.58***
教育水平	11787	4.022	4	21824	3.705	4	29.46***	29.64***
第一学历是否"985"	9552	0.382	0	13412	0.364	0	2.678***	2.678***
第一学历是否"211"	9552	0.607	1	13412	0.565	1	6.438***	6.433***
年龄	11836	51.03	50	22537	50.84	49	1.581	4.141***
女性所占比例	11836	0.079	0	22542	0.136	0	-15.48***	-15.42***

---

① 稳健性测试中去掉其一，不改变结果。

变　　量	资深独立董事			非资深独立董事			均值 T 检验	中值 Z 检验
	N	均值	中值	N	均值	中值		
薪酬（万元）	10787	4.826	4	20291	4.460	3.600	7.209 ***	18.62 ***
委托出席董事会比例	9353	0.064	0	17414	0.057	0	4.296 ***	6.625 ***
缺席董事会比例	9358	0.011	0	17424	0.014	0	− 3.409 ***	− 0.970

注：*** 表示 1% 的显著性水平（双尾）。

3.4.5　多元回归分析

1. 研究假设 H3 − 1 的多元回归分析

表 3 − 7 报告了研究假设 H3 − 1 的回归结果。所有模型的调整 R^2 介于 0.109 ~ 0.112，拟合优度较好。总体横向经验的回归结果显示，独立董事的平均兼任个数（*Exper_total_ave_N*）与企业违规在 5% 的水平上显著负相关，独立董事的最大兼任个数（*Exper_total_max_N*）与企业违规在 1% 的水平上显著负相关；总体纵向经验的回归结果显示，仅有独立董事的最大任职期限（*Exper_total_max_Year*）与企业违规在 1% 的水平上显著负相关。这说明在抑制企业违规方面，同时任职多家上市公司或具有多年任职经验的独立董事的确发挥了更好的监督作用。独立董事任职经验不同度量下的差异化回归结果表明，独立董事在发挥抑制企业违规的监督职能时遵循"反木桶原理"①。即独立董事对企业违规的抑制作用取决于经验最为丰富的独立董事。也就是说，出于监督企业违规考虑，上市公司仅需要聘请一名资深独立董事即可，而并不需要所有独立董事均具有丰富的任职经验。本章研究假设 H3 − 1 通过检验。法治水平的回归结果显示，在所有模型中，上市公司所在省份的法治水平（*Index_law*）与企业违规均在 1% 的水平上显著负相关。这说明，上市公司所在省份的法治水平越高，则企业违规概率显著越低。本章研究假设 H3 − 2 的前半部分通过检验。

---

① 木桶原理是指一个由若干木板构成的木桶，其容量取决于最短的那块木板。对一个组织而言，构成组织的各个要素类似于木桶的若干木板，而组织的能力又如木桶的容量，取决于组织中的要素。反木桶原理则是说：木桶最长的一根木板决定了其特色与优势。

表 3 – 7　　　　　　　　　总体任职经验与企业违规

变量名称	变量符号	总体横向经验		总体纵向经验	
		平均兼任个数	最大兼任个数	平均任职期限	最大任职期限
独董平均兼任个数	Exper_total_ave_N	- 0. 260 ** (- 2. 202)			
独董最大兼任个数	Exper_total_max_N		- 0. 167 *** (- 2. 869)		
独董平均兼任年数	Exper_total_ave_Year			- 0. 403 (- 1. 464)	
独董最大兼任年数	Exper_total_max_Year				- 0. 601 *** (- 2. 533)
法治环境	Index_law	- 0. 403 *** (- 2. 936)	- 0. 406 *** (- 2. 956)	- 0. 405 *** (- 2. 949)	- 0. 411 *** (- 2. 989)
独立董事教育水平	Education	- 0. 081 (- 0. 737)	- 0. 065 (- 0. 592)	- 0. 127 (- 1. 189)	- 0. 106 (- 0. 993)
独立董事年龄	Age	- 1. 567 *** (- 3. 129)	- 1. 519 *** (- 3. 042)	- 1. 671 *** (- 3. 346)	- 1. 595 *** (- 3. 203)
公司规模	Lnsize	0. 058 (0. 737)	0. 067 (0. 849)	0. 062 (0. 785)	0. 078 (0. 986)
财务杠杆	LEV	0. 031 (0. 178)	0. 026 (0. 155)	0. 024 (0. 140)	0. 023 (0. 133)
盈利能力	ROA	- 0. 406 (- 0. 625)	- 0. 403 (- 0. 619)	- 0. 432 (- 0. 668)	- 0. 415 (- 0. 642)
成长性	Growth	- 0. 509 * (- 1. 781)	- 0. 508 * (- 1. 779)	- 0. 515 * (- 1. 806)	- 0. 523 * (- 1. 840)
股权性质	SOE	- 0. 854 *** (- 6. 207)	- 0. 848 *** (- 6. 160)	- 0. 852 *** (- 6. 196)	- 0. 847 *** (- 6. 147)
两职合一	Dual	0. 148 (0. 823)	0. 147 (0. 819)	0. 141 (0. 787)	0. 136 (0. 760)
独立董事比例	Indirector	- 0. 346 (- 0. 360)	- 0. 103 (- 0. 107)	- 0. 356 (- 0. 369)	- 0. 142 (- 0. 147)
审计质量	Big4	- 0. 191 (- 0. 526)	- 0. 156 (- 0. 430)	- 0. 194 (- 0. 534)	- 0. 180 (- 0. 497)
股权集中度	Zindex	- 0. 005 *** (- 2. 838)	- 0. 005 *** (- 2. 867)	- 0. 005 *** (- 2. 811)	- 0. 005 *** (- 2. 852)

续表

变量名称	变量符号	总体横向经验		总体纵向经验	
		平均兼任个数	最大兼任个数	平均任职期限	最大任职期限
业务复杂度	*Complex*	-0.017 (-0.442)	-0.015 (-0.391)	-0.020 (-0.496)	-0.019 (-0.470)
行业竞争程度	*Compete*	-1.597 (-0.882)	-1.597 (-0.881)	-1.595 (-0.886)	-1.558 (-0.872)
上市年限	*List_Age*	0.221 (1.516)	0.221 (1.510)	0.236 (1.623)	0.240* (1.650)
常数项	*Cons*	1.078 (0.424)	0.502 (0.196)	1.798 (0.715)	1.511 (0.600)
行业和年度哑变量	*Industry & Year*	Control	Control	Control	Control
调整 R 方	*Pseudo R^2*	0.110	0.112	0.109	0.111
卡方统计量	*LR chi2*	276.0	279.5	272.9	276.9
观测值	*Observations*	9950	9950	9950	9950

注：＊、＊＊、＊＊＊分别表示10%、5%和1%的显著性水平（双尾）。

控制变量的回归结果显示：独立董事平均年龄较大的上市公司更不容易出现违规行为。可能的原因是，年龄与任职经验具有一定的正向关系，同时年龄大的独立董事也更为保守。企业违规更多的发生在非国有上市公司中。可能的原因是：一方面，出于公司声誉、社会影响、个人政绩等方面的考虑，地方政府往往会对参股上市公司的违规行为采取纵容、包庇的态度；另一方面，中央政府控制的上市公司中有很多是经过政府改制或脱胎于某部委，其管理层的级别与证监会相当，甚至高于深、沪两市交易所。当这些上市公司发生违规行为后，证监会、交易所对其进行处罚时不得不考虑法律之外的利益因素。因此，当这些由政府控制的上市公司出现"打擦边球"或者违规行为时，监管层可能更多地采取漠然视之的中庸态度。而对于非国有企业，政府并不为其经营风险和违规行为买单，监管层可能更多的采取秉公办事的工作态度（赵璨等，2013）。最后，成长能力较差、股权集中度较低的上市公司也更容易出现违规，与以往研究保持一致（冯旭南，陈工孟 2011；陈国进等，2005）。

2. 研究假设 H3 - 2 的多元回归分析

表3 - 8 报告了研究假设 H3 - 2 的回归结果。所有模型的调整 R^2 介于 0.111 ~

0.114，拟合优度较好。当放入法治水平与任职经验的交互项① （*Exper_total* ＊ *Index_law*） 后，总体横向经验的回归结果显示，仅有独立董事的最大兼任个数 （*Exper_total_max_N*） 与企业违规在 10% 的水平上显著负相关；总体纵向经验的回归结果显示，仅有独立董事的最大任职期限 （*Exper_total_max_Year*） 与企业违规在 5% 的水平上显著负相关；同时，四个模型中，任职经验与法治水平的交互项也均在 1% 的水平上显著为负。这说明同时任职多家上市公司或具有多年任职经验的独立董事的确发挥了更好的公司治理作用，而上市公司所在地的法治水平进一步加强了资深独立董事的这一监督作用。独立董事任职经验不同度量下的差异化回归结果进一步支持了"反木桶原理"。本章研究假设 H3-2 通过检验。控制变量的回归结果与表 3-7 基本保持一致。

表 3-8   总体任职经验、法治水平与企业违规

变量名称	变量符号	总体横向经验		总体纵向经验	
		平均兼任个数	最大兼任个数	平均任职期限	最大任职期限
独董平均兼任个数	*Exper_total_ave_N*	-0.179 (-1.498)			
独董最大兼任个数	*Exper_total_max_N*		-0.111* (-1.894)		
独董平均兼任年数	*Exper_total_ave_Year*			-0.338 (-1.229)	
独董最大兼任年数	*Exper_total_max_Year*				-0.530** (-2.238)
交互项	*Exper_total * Index_law*	-0.297*** (-3.416)	-0.203*** (-3.567)	-0.357*** (-3.584)	-0.312*** (-3.636)
独立董事教育水平	*Education*	-0.074 (-0.674)	-0.052 (-0.473)	-0.127 (-1.185)	-0.106 (-0.993)
独立董事年龄	*Age*	-1.539*** (-3.072)	-1.481*** (-2.963)	-1.643*** (-3.292)	-1.567*** (-3.148)
公司规模	*Lnsize*	0.063 (0.793)	0.074 (0.932)	0.066 (0.838)	0.083 (1.049)

———————

① 在研究假设 H3-2 的检验中未放入法治水平变量 （*Index_law*），是因为该变量与交互项 （*Exper_total * Index_law*） 高度相关。模型 （3-2） 中有关法治水平对企业违规的影响作用被一并纳入交互项系数中。

续表

变量名称	变量符号	总体横向经验		总体纵向经验	
		平均兼任个数	最大兼任个数	平均任职期限	最大任职期限
财务杠杆	LEV	0.033 (0.192)	0.027 (0.157)	0.023 (0.135)	0.024 (0.139)
盈利能力	ROA	-0.369 (-0.566)	-0.358 (-0.549)	-0.378 (-0.583)	-0.374 (-0.577)
成长性	Growth	-0.510* (-1.779)	-0.512* (-1.787)	-0.517* (-1.810)	-0.529* (-1.856)
股权性质	SOE	-0.850*** (-6.171)	-0.840*** (-6.097)	-0.853*** (-6.198)	-0.847*** (-6.150)
两职合一	Dual	0.146 (0.814)	0.144 (0.802)	0.146 (0.814)	0.143 (0.797)
独立董事比例	Indirector	-0.298 (-0.312)	-0.112 (-0.117)	-0.288 (-0.301)	-0.105 (-0.109)
审计质量	Big4	-0.178 (-0.492)	-0.136 (-0.375)	-0.182 (-0.502)	-0.169 (-0.466)
股权集中度	Zindex	-0.005*** (-2.821)	-0.005*** (-2.860)	-0.005*** (-2.792)	-0.005*** (-2.841)
业务复杂度	Complex	-0.018 (-0.453)	-0.017 (-0.438)	-0.018 (-0.455)	-0.017 (-0.436)
行业竞争程度	Compete	-1.588 (-0.870)	-1.600 (-0.874)	-1.553 (-0.837)	-1.511 (0.839)
上市年限	List_Age	0.229 (1.565)	0.226 (1.541)	0.241* (1.652)	0.243* (1.662)
常数项	Cons	0.696 (0.273)	0.038 (0.015)	1.518 (0.602)	1.209 (0.479)
行业和年度哑变量	Industry & Year	Control	Control	Control	Control
调整 R 方	Pseudo R^2	0.112	0.114	0.111	0.113
卡方统计量	LR chi2	279.4	284.3	277.4	281.5
观测值	Observations	9950	9950	9950	9950

注：*、**、***分别表示10%、5%和1%的显著性水平（双尾）。

3. 研究假设 H3 - 3 的多元回归分析

表 3 - 9 中，Panel A 和 Panel B 分别报告了研究假设 3a 和假设 3b 的回归

结果。所有模型的调整 R^2 介于 0.109~0.111，拟合优度较好。Panel A 的回归结果显示，仅有独立董事同行业的最大任职期限（*Exper_indus_max_Year*）与企业违规在 5% 的水平上显著负相关。这说明，具有多年同行业任职经验的独立董事在监督企业违规上发挥了更好的公司治理作用。Panel B 的回归结果显示，独立董事的大规模企业最大兼任个数（*Exper_large_max_N*）和最大任职期限（*Exper_large_max_Year*）与企业违规均在 5% 的水平上显著负相关。这说明，同时任职多家大规模企业或具有多年大规模企业任职经验的独立董事在监督企业违规上发挥了更好的公司治理作用。独立董事任职经验不同度量下的差异化回归结果再一次支持了"反木桶原理"。本章研究假设 H3-3 通过检验。控制变量的回归结果与表 3-7 基本保持一致。

表 3-9 不同任职经验与企业违规

Panel A：同行业任职经验

变量名称	变量符号	同行业横向经验		同行业纵向经验	
		平均兼任个数	最大兼任个数	平均任职期限	最大任职期限
独董同行业公司平均兼任个数	*Exper_indus_ave_N*	−0.497 (−1.147)			
独董同行业公司最大兼任个数	*Exper_indus_max_N*		−0.203 (−1.254)		
独董同行业公司平均兼任年数	*Exper_indus_ave_Year*			−0.391 (−1.528)	
独董同行业公司最大兼任年数	*Exper_indus_max_Year*				−0.468 ** (−2.233)
法治环境	*Index_law*	−0.400 *** (−2.919)	−0.401 *** (−2.923)	−0.402 *** (−2.934)	−0.404 *** (−2.945)
独立董事教育水平	*Education*	−0.136 (−1.276)	−0.135 (−1.268)	−0.143 (−1.345)	−0.136 (−1.282)
独立董事年龄	*Age*	−1.705 *** (−3.428)	−1.695 *** (−3.409)	−1.707 *** (−3.441)	−1.680 *** (−3.394)
公司规模	*Lnsize*	0.055 (0.705)	0.057 (0.721)	0.064 (0.812)	0.075 (0.948)

续表

变量名称	变量符号	同行业横向经验		同行业纵向经验	
		平均兼任个数	最大兼任个数	平均任职期限	最大任职期限
财务杠杆	LEV	0.035 (0.202)	0.034 (0.201)	0.025 (0.146)	0.022 (0.131)
盈利能力	ROA	-0.440 (-0.678)	-0.439 (-0.676)	-0.427 (-0.660)	-0.426 (-0.662)
成长性	Growth	-0.511* (-1.789)	-0.511* (-1.788)	-0.521* (-1.828)	-0.533* (-1.875)
股权性质	SOE	-0.850*** (-6.185)	-0.847*** (-6.157)	-0.848*** (-6.158)	-0.842*** (-6.111)
两职合一	Dual	0.144 (0.801)	0.142 (0.794)	0.141 (0.786)	0.141 (0.789)
独立董事比例	Indirector	-0.247 (-0.259)	-0.193 (-0.202)	-0.329 (-0.343)	-0.071 (-0.074)
审计质量	Big4	-0.197 (-0.542)	-0.196 (-0.540)	-0.194 (-0.535)	-0.183 (-0.504)
股权集中度	Zindex	-0.005*** (-2.826)	-0.005*** (-2.833)	-0.005*** (-2.806)	-0.005*** (-2.823)
业务复杂度	Complex	-0.022 (-0.545)	-0.021 (-0.540)	-0.020 (-0.513)	-0.020 (-0.504)
行业竞争程度	Compete	-1.663 (-0.920)	-1.678 (-0.928)	-1.630 (-0.904)	-1.595 (-0.885)
上市年限	List_Age	0.215 (1.473)	0.214 (1.468)	0.235 (1.619)	0.247* (1.702)
常数项	Cons	2.007 (0.797)	1.633 (0.646)	1.850 (0.736)	1.594 (0.634)
行业和年度哑变量	Industry & Year	Control	Control	Control	Control
调整 R 方	Pseudo R^2	0.109	0.109	0.109	0.110
卡方统计量	LR chi2	272.2	272.5	273.1	275.6
观测值	Observations	9950	9950	9950	9950

Panel B：大规模企业任职经验

变量名称	变量符号	大规模企业横向经验		大规模企业纵向经验	
		平均兼任个数	最大兼任个数	平均任职期限	最大任职期限
独董大规模公司平均兼任个数	*Exper_large_ave_N*	- 0. 193 (- 1. 450)			
独董大规模公司最大兼任个数	*Exper_large_max_N*		- 0. 182 ** (- 2. 405)		
独董大规模公司平均兼任年数	*Exper_large_ave_Year*			- 0. 166 (- 0. 973)	
独董大规模公司最大兼任年数	*Exper_large_max_Year*				- 0. 295 ** (- 2. 369)
法治环境	*Index_law*	- 0. 391 *** (- 2. 847)	- 0. 387 *** (- 2. 815)	- 0. 398 *** (- 2. 893)	- 0. 390 *** (- 2. 835)
独立董事教育水平	*Education*	- 0. 125 (- 1. 165)	- 0. 098 (- 0. 903)	- 0. 140 (- 1. 318)	- 0. 114 (- 1. 069)
独立董事年龄	*Age*	- 1. 686 *** (- 3. 393)	- 1. 591 *** (- 3. 198)	- 1. 725 *** (- 3. 470)	- 1. 600 *** (- 3. 205)
公司规模	*Lnsize*	0. 138 (1. 401)	0. 145 * (1. 658)	0. 119 (1. 137)	0. 164 * (1. 768)
财务杠杆	*LEV*	0. 050 (0. 293)	0. 044 (0. 254)	0. 046 (0. 269)	0. 045 (0. 260)
盈利能力	*ROA*	- 0. 405 (- 0. 623)	- 0. 385 (- 0. 592)	- 0. 451 (- 0. 696)	- 0. 446 (- 0. 687)
成长性	*Growth*	- 0. 510 * (- 1. 779)	- 0. 508 * (- 1. 775)	- 0. 533 * (- 1. 851)	- 0. 549 * (- 1. 907)
股权性质	*SOE*	- 0. 853 *** (- 6. 205)	- 0. 844 *** (- 6. 133)	- 0. 853 *** (- 6. 206)	- 0. 838 *** (- 6. 073)
两职合一	*Dual*	0. 151 (0. 843)	0. 153 (0. 854)	0. 150 (0. 835)	0. 155 (0. 864)
独立董事比例	*Indirector*	- 0. 312 (- 0. 326)	- 0. 141 (- 0. 147)	- 0. 311 (- 0. 324)	- 0. 164 (- 0. 170)

续表

变量名称	变量符号	大规模企业横向经验		大规模企业纵向经验	
		平均兼任个数	最大兼任个数	平均任职期限	最大任职期限
审计质量	*Big*4	−0.212 (−0.583)	−0.181 (−0.499)	−0.216 (−0.594)	−0.224 (−0.617)
股权集中度	*Zindex*	−0.005 *** (−2.814)	−0.005 *** (−2.809)	−0.005 *** (−2.822)	−0.005 *** (−2.828)
业务复杂度	*Complex*	−0.022 (−0.551)	−0.021 (−0.522)	−0.021 (−0.536)	−0.019 (−0.483)
行业竞争程度	*Compete*	−1.685 (−0.929)	−1.684 (−0.928)	−1.673 (−0.922)	−1.693 (−0.928)
上市年限	*List_Age*	0.228 (1.567)	0.229 (1.573)	0.228 (1.565)	0.235 (1.611)
常数项	*Cons*	−0.194 (−0.067)	−0.831 (−0.302)	0.405 (0.137)	−0.984 (−0.350)
行业和年度哑变量	*Industry & Year*	Control	Control	Control	Control
调整 R 方	*Pseudo R^2*	0.109	0.111	0.109	0.110
卡方统计量	*LR chi2*	273.0	276.9	271.8	276.4
观测值	*Observations*	9950	9950	9950	9950

注：*、**、***分别表示10%、5%和1%的显著性水平（双尾）。

3.4.6 稳健性检验[①]

1. 改变考察变量的度量方法

本书使用了所有独立董事任职经验的平均值和最大值来度量任职经验。作为稳健性测试，使用所有独立董事任职经验的最小值进行了检验。然而，并未找到独立董事最小任职经验与企业违规之间的显著性相关关系。这进一步证明了独立董事在发挥抑制企业违规的监督职能时遵循"反木桶原理"。

2. 改变研究样本

企业违规的时间分布显示，随着年份的推移，企业违规呈现逐年递减的趋势，而独立董事任职年限却呈现逐年递增的趋势。为了避免研究结论受样本分

---

① 出于篇幅考虑，文中未对稳健性测试结果进行报告，如需查看，可向作者索要。

布的影响,对原模型分年份重新进行了回归。在分年份的回归结果中,考察变量在绝大多数年份均基本保持不变。

3. 剔除违规类型为内幕交易的样本重新进行回归

中国证券监督管理委员会网站上披露的上市公司违规信息中,有94.6%的上市公司涉及信息披露违规,5.4%的上市公司涉及内幕交易。为了避免违规类型差异对研究结论的影响,剔除了所有违规类型为内幕交易的样本,重新对原模型进行了检验。在仅保留信息披露违规的样本回归中,各考察变量结果均基本保持不变。

3.5 本章小结

在本章中,以我国沪深两市A股上市公司为样本,本章首先使用独立董事兼职个数(横向经验)和任职年限(纵向经验)度量了独立董事的任职经验,然后从企业违规的视角检验了任职经验是否有助于独立董事更好的发挥监督职能。研究结果显示:(1)在抑制上市公司违规方面,具有较高任职经验的独立董事的确发挥了更好的公司治理作用;同时,独立董事的这一监督作用遵循"反木桶原理"。(2)而上市公司所在地的法治化水平进一步强化了资深独立董事的这一监督作用。(3)细化任职经验的结果表明,独立董事的同行业和大规模公司任职经验在抑制企业违规中发挥了更好的监督作用。本章研究不仅丰富了独立董事个人特征和企业违规的相关文献,同时也为上市公司选聘独立董事提供了一定的借鉴。在接下来的研究中,我们可以进一步从工作经验多样性、离职、独立董事意见等维度对资深独立董事的公司治理绩效进行考察。

第4章 独立董事的精力分配[*]

作为改善公司治理的重要举措之一，我国证监会在 2001 年制定了《关于在上市公司建立独立董事制度的指导意见》（以下简称《指导意见》）。《指导意见》明确规定：独立董事原则上最多在 5 家上市公司兼任独立董事，并确保有足够的时间和精力有效地履行独立董事的职责。关于多席位独立董事能否有效地履行相关职责，现有文献存在两种截然相反的结论。Fama 和 Jensen（1983）认为，同时被多家公司任命可以向市场传递有关独立董事的质量信息；而拥有董事席位的个数则可以作为声誉资本的代理变量（Fama，Jensen，1983；Gilson，1990；Kaplan，Reishus，1990；Vafeas，1999；王跃堂等，2006；叶康涛等，2011）。Core 等（1999），Shivdasani 和 Yermack（1999），Fich 和 Shivdasani（2006）则认为，充裕的时间和精力是独立董事有效履行监督职能的重要保障，过多的董事席位会降低独立董事的监督效率，从而导致更差的治理绩效。不难看出，以上两种观点都隐含的假设独立董事对每家任职公司投入了同等的时间和精力。然而，Masulis 和 Mobbs（2014）却发现，当同时任职多家上市公司时，独立董事对每家公司投入的时间和精力取决于任职公司的相对规模。当同时处理多任务时，对投入精力的非均匀分布同样普遍存在于其他群体中。如 Agarwal 和 Ma（2012）研究发现，当同时管理多只基金时，基金经理对每只基金投入的精力取决于管理每只基金的边际收益和成本。

独立董事制度在 2002 年被正式引入我国境内上市公司。在制度实施当年，就有 15.41% 的独立董事同时在两家及以上上市公司任职，其中拥有的最大董事席位数高达 7 家。并且，这一比例由 2002 年的 15.41% 一路攀升至 2013 年的 19.70%，呈现出逐年增长的趋势。当同时兼任多家公司时，由于时间和精

---

* 本章部分内容发表于中文期刊《会计研究》。具体信息如下：全怡，陈冬华. 多席位独立董事的精力分配与治理效应——基于声誉与距离的角度［J］. 会计研究，2016（12），29 – 36.

力有限，如何在每个公司之间分配有限的时间和精力就成为每位独立董事面临的首要问题。以多席位独立董事为契机，本章提出并尝试探索以下问题：同时任职多家公司的独立董事如何在不同公司之间分配自己有限的时间和精力？而投入时间和精力的差异是否又会对独立董事的公司治理绩效产生影响？以沪、深两市 2002~2013 年 A 股主板上市公司为样本，本章研究发现：（1）同时任职多家公司的独立董事在精力分配上存在偏好，独立董事对声誉相对高、空间距离相对近、交通时间成本相对低和交通更便利的公司投入了更多的精力。（2）当任职公司距离较远时，独立董事差别化对待不同声誉公司的现象更为明显。（3）同时任职多家公司的独立董事也更可能在任期未满时由于会计业绩恶化而离开声誉相对低、距离相对远的公司。（4）独立董事投入精力的不同会带来治理绩效上的差异。具体表现为，将所在公司视为相对高声誉公司的独立董事比例越大，则总经理超额薪酬越低、薪酬业绩敏感性越高；将所在公司视为相对近距离公司的独立董事比例越大，总经理超额薪酬越低。

本章可能的研究贡献在于：

第一，深化了对多席位独立董事行为特征的理解。现有文献大多在"独立董事对所有公司同等投入精力"的隐含假设下对独立董事的行为特征和治理绩效进行了探讨（Fama，Jensen，1983；Gilson，1990；Kaplan，Reishus，1990；Vafeas，1999；Core 等，1999；Shivdasani，Yermack，1999；Fich，Shivdasani，2006；王跃堂等，2006；Field et al.，2013）。仅有 Masulis 和 Mobbs（2014）从收益的角度论证了独立董事对每家公司的精力投入取决于任职公司的声誉激励。本章不仅从收益的视角论证了任职公司声誉激励对多席位独立董事精力分配的影响；同时也从时间成本的视角论证了多席位独立董事对精力的分配还受到独立董事与任职公司之间相对距离的影响，对现有文献形成了较好的拓展。

第二，为独立董事的治理绩效研究提供了新的证据。Knyazeva 等（2013）研究发现，上市公司招募独立董事候选人的范围越大、则独立性越强，从而对公司治理、经营绩效乃至企业价值产生了积极影响。作者同样认为，为了聘请更优秀的独立董事，大规模公司倾向于在全国范围招募独立董事。作者将独立性归咎为良好治理绩效的根本原因。然而，候选人选择范围的大小并不等同于独立性的强弱。同乡、同学、同事、同亲等社会关系无处不在，六度空间理论（Six Degrees of Separation）甚至认为，世界上任何两人之间最多通过六个人就能联系起来。由于大规模公司的相对声誉较高，独立董事会投入更多的时间和精力。独立董事对不同公司投入精力的差异或许才是导致不同治理绩效的深层次原因。

第三，从实务上为公司选聘独立董事提供了依据。多席位独立董事丰富的任职经验一方面有助于其履行相应的职能；另一方面时间和精力上的限制又对其相关职能的履行形成了束缚。因此，是否应该聘请多席位独立董事一直是困扰着理论界和实务界的现实问题。本章研究发现，多席位独立董事在每家公司发挥的作用并不相同①，其作用大小依赖于任职公司的相对声誉和距离。因此，上市公司在选聘多席位独立董事时，可以从以上两方面进行考量，从而作出合理的决策。

第四，丰富了有关地理距离的相关文献。通过计算证券分析师与跟踪公司之间的空间距离，Malloy（2005）研究发现，与跟踪公司距离较近的分析师预测准确性更高，其对股价的影响也更大；O'Brien 和 Tan（2015）研究发现，地理距离影响分析师的跟踪决策，分析师更偏好跟踪同一地区的 IPO 公司。通过考察独立董事与任职公司是否处于同一地区，谭劲松（2003）研究发现，处于同一地区的独立董事在信息获取和沟通便利上存在优势。可以看出，现有关于地理距离的研究仅仅停留在空间距离和是否同一地区上。然而，由于各地交通运输发展水平不同，空间上相等的距离可能在交通时间成本上存在较大差异②。本章分别从"空间距离"、"火车最短交通时间"和"火车发车频率"三个维度衡量了独立董事与任职公司之间的距离，在度量方法上对现有文献形成了较好的补充。

4.1　制 度 背 景 与 文 献 回 顾

4.1.1　制 度 背 景

为了进一步完善上市公司治理结构，促进上市公司规范运作，2001 年 8 月 16 日，中国证券监督管理委员会发布了《关于在上市公司建立独立董事制度的指导意见》（以下简称《指导意见》）。《指导意见》明确规定：各境内上

---

①　这一观点与 Field 等（2013）的研究结论一致。Field 等（2013）研究发现，对于上市初期的公司，由于经验相对有限，聘请多席位独立董事有助于提升公司价值。

②　如南京到北京的空间距离约 1000 公里，火车最短交通时间为 3 小时 39 分；南京到襄阳的空间距离约 800 公里，火车最短交通时间为 10 小时 5 分。

市公司应当按照本指导意见的要求修改公司章程，聘任适当人员担任独立董事，其中至少包括一名会计专业人士。《指导意见》同时要求：独立董事对上市公司及全体股东负有诚信与勤勉义务。独立董事原则上最多在 5 家上市公司兼任独立董事，并确保有足够的时间和精力有效地履行独立董事的职责。表 4 - 1报告了我国 A 股主板市场的独立董事在 2002 ~ 2013 年任职席位数的分度分布情况。样本期内 A 股主板市场共聘请了 42864 名独立董事。其中，有 35058 名（81.79%）独立董事仅在一家上市公司任职。有 229 名（0.53%）独立董事在 5 家及以上公司任职，独立董事任职席位数最高达 7 家，略高于《指导意见》的相关规定。有 7806 名（18.21%）独立董事在两家及以上公司任职。从相对人数来看，虽然多席位独立董事的比例并不高，仅占 18.21%；然而，这 7806 名独立董事累计拥有的董事席位数为 19256 个，占所有独立董事席位数的 35.45%。丰富的网络关系无疑使得多席位独立董事在资本市场中发挥着举足轻重的作用。因此，研究该类独立董事的行为及治理特征就显得尤为迫切和重要。

表 4 - 1　　　　　　　　独立董事任职席位数年度分布

席位数 / 年份	1	2	3	4	5	6	7	1 - 7
2002	1900	236	61	35	13	0	1	2246
2003	2681	349	116	58	15	3	0	3222
2004	2877	390	127	56	26	1	0	3477
2005	2867	396	111	49	29	1	0	3453
2006	2939	399	120	52	18	0	0	3528
2007	2968	437	139	46	21	0	0	3611
2008	3141	497	155	52	17	2	0	3864
2009	3132	476	173	52	13	2	0	3848
2010	3078	489	168	56	14	2	0	3807
2011	3097	506	176	51	19	0	0	3849
2012	3326	550	197	66	20	1	1	4161
2013	3052	529	162	45	10	0	0	3798
合计	35058	5254	1705	618	215	12	2	42864

图4－1详细展示了我国A股主板市场在2002～2013年多席位独立董事的年度分布情况。可以看出，在制度实施当年，就有346名（15.41%）独立董事同时在两家及以上上市公司任职。从图形走势来看，随着时间的推移，多席位独立董事的总人数和比例均呈现出上涨趋势。并且在2012年达到最大，分别为835人和20.07%。同时，这835名独立董事累计拥有的席位数为2068个，占所有独立董事席位数的38.34%。理论和实务界对多席位独立董事最大的诟病即为，时间和精力上的限制使得同时服务于多家董事会效率低下。尤其当任职公司天南地北、行业领域千差万别时，这一矛盾更为突出。在我国，独立董事履行相关职能的主要途径为"对上市公司重大事项发表独立意见"。如果独立董事连续3次未亲自出席董事会会议，则可以由董事会提请股东大会予以撤换。由于很难直接观察到独立董事的具体监督行为，而履行相关职责耗费的时间和精力构成了独立董事所有成本的最重要组成部分（谭劲松等，2006）。我们很难想象一名从不出席董事会会议的独立董事会在履行相关职能时投入较多的时间和精力。因此，使用会议出席情况来衡量独立董事付出的努力便成为较直观的替代。这一方法同样也被国内外学者广泛使用，如谭劲松等（2006），Adams 和 Ferreira（2008），Masulis 和 Mobbs（2014）等。

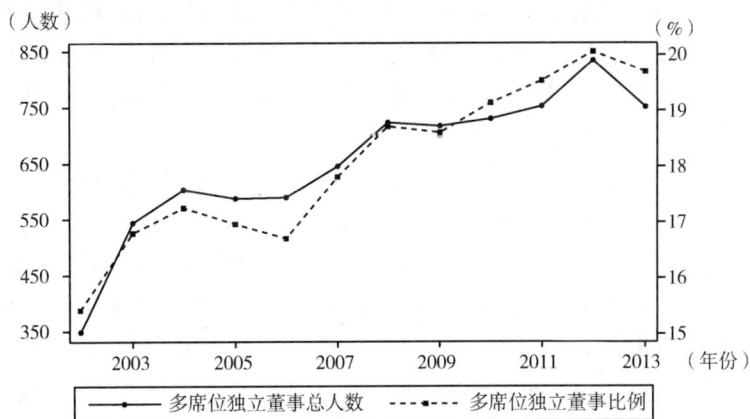

图4－1　2003～2013年多席位独立董事年度分布情况

4.1.2　文献回顾

作为公司治理结构的重要组成部分，独立董事一直是学者关注的焦点话题。有关独立董事的研究文献可谓洋洋大观，累计颇丰。而对多席位独立董事的研究主要集中在对其治理绩效的考察，并且存在两种截然相反的观点。

对多席位独立董事持赞成观点的学者认为，同时被多家公司任命可以向市场传递有关独立董事质量的信息（Fama，Jensen，1983）；而拥有董事席位的个数可以作为声誉资本的代理变量（Fama，Jensen，1983；Gilson，1990；Kaplan 和 Reishus，1990；Vafeas，1999；王跃堂等，2006；叶康涛等，2011）。如 Ferris 等（2003）研究发现，良好的公司业绩有助于独立董事获取更多的董事会席位；作者并没有发现多席位董事由于繁忙而逃避责任，作者同样没有找到多席位董事与证券欺诈诉讼间的相关关系。唐雪松等（2010）认为，独立董事兼职席位数量越少，则现有席位越重要，独立董事珍惜现有席位的动机越强烈。出于避免席位丢失或财富损失的动机，独立董事兼职的上市公司家数越少或从公司获取的报酬越高时，独立董事说"不"的可能性越低。陈运森和谢德仁（2011）、谢德仁和陈运森（2012）认为，在多家上市公司兼任的董事在董事网络中处于较中心位置的概率更高，而网络中心度高的独立董事有助于缓解公司的投资不足、抑制投资过度。万良勇等（2014）同样发现，丰富的网络关系有助于独立董事掌握更多的社会资本，提高其监督动机和能力，从而有效抑制上市公司违规行为。Field 等（2013）认为，多席位独立董事在不同公司发挥的作用存在差异。对于上市初期的公司，由于经验相对有限，聘请多席位独立董事有助于提升公司价值。

对多席位独立董事持反对观点的学者认为，充裕的时间和精力是独立董事有效履行监督职能的重要保障，过多的董事席位会降低独立董事的监督效率，从而导致更差的公司治理绩效（Core 等，1999；Shivdasani，Yermack，1999；Fich，Shivdasani，2006）。如 Beasley（1996）研究发现，随着独立董事兼任其他公司独立董事席位数的下降，任职公司财务舞弊的概率显著降低。Core 等（1999）研究发现，同时在三家及以上公司任职的独立董事比例与 CEO 薪酬显著正相关。Shivdasani 和 Yermack（1999）认为，公司的代理成本与多席位独立董事的比例显著正相关。Fich 和 Shivdasani（2006）研究发现，当聘请较多同时在三家及以上公司任职的独立董事时，公司治理绩效显著更差。表现出更低的市值账面比、更差的盈利能力、更低的 CEO 离职业绩敏感性等。随着多席位独立董事的离职，公司伴随着正的超额回报；而当独立董事由于获得其他董事席位导致兼任数量超过三家时，之前任职的公司会出现负的超额回报。魏刚等（2007）对独立董事与公司经营绩效的研究结果也支持对独立董事兼任数量进行限制的观点。Hunton 和 Rose（2011）研究发现，独立董事兼职席位数量越多，由于未能有效履职而遭受的声誉损失将越大。Cashman 等（2012）的研究同样发现多席位独立董事与公司业绩存在着负向关系。

可以看出，以上研究均未考虑多席位独立董事会对不同公司差别化投入精力的现象，而是简单的假设所有独立董事对每家任职公司投入了相等的时间和精力。然而，Masulis 和 Mobbs（2014）却发现，当同时任职多家上市公司时，由于大规模公司可以给独立董事带来更高的声誉收益，独立董事会对规模大的任职公司投入更多的时间和精力。Agarwal 和 Ma（2012）同样发现，当同时管理多只基金时，基金经理对每只基金投入的精力取决于管理每只基金的边际收益和成本。沿着这一思路，本章在我国上市公司制度背景下，兼顾成本（时间成本）和收益（声誉），尝试对多席位独立董事的精力分配与治理效应进行探讨。

4.2　理 论 分 析 与 假 设 提 出

管理者才能是一种稀缺资源，独立董事在兼职公司投入的时间会挤占其在全职公司的工作时间（Conyon，Read，2006）。当同时兼任多家公司独立董事时，由于时间和精力有限，如何在每家公司分配有限的精力就成为每位独立董事面临的首要问题。Agarwal 和 Ma（2012）研究发现，当同时管理多只基金时，基金经理对每只基金投入的精力取决于管理每只基金的边际收益和成本。对于独立董事而言，其对每家公司投入的精力也是有机会成本的。作为理性经济人，独立董事在分配时间时，会综合考虑相关收益和成本，以实现自身利益最大化。从收益的角度来看，大规模公司可以为独立董事提供更大的知名度和声望（Shivdasani，1993；Adams，Ferreira，2008；周繁等，2008）、更高的薪酬（Ryan，Wiggins，2004；杜胜利，张杰，2004；孙泽蕤和朱晓妹，2005）、更多获取其他董事席位的机会（Yermack，2004；Fich，2005），独立董事会对高声誉公司投入更多的时间和精力（Masulis，Mobbs，2014）。为了获得知名公司的董事席位，独立董事甚至愿意承担更大的距离成本（Knyazeva 等，2013）。从成本的角度来看，履行相关职责耗费的时间和精力构成了独立董事所有成本的最重要组成部分，独立董事个人住址和公司所在地之间的距离可以在一定程度上反映独立董事的履职成本（谭劲松等，2006）。除了必须参加日常董事会议外，独立董事还必须对企业的财务报告、重要事项进行审议，这些都需要一定时间和精力的付出（谭劲松等，2006）。而独立董事与任职公司之间的距离会给履职造成一定的不便。就出席董事会议而言，出席远距离公司会议需要花费的时间成本通常高于近距离公司；就财务报告、重要事项审议而言，独立董事与任职公司处于同一地区具有信息获取和沟通便利的优势（谭劲松，2003）。由此可见，高声誉公司会为独立董事带来更大的收益，而近距离公司则给独立董事产生了更小的成本。基于以上分析，提出本章的第一个假设：

H4-1：当同时任职多家上市公司时，独立董事对每家公司投入的精力与公司的相对声誉显著正相关（H4-1a），与公司的相对距离显著负相关（H4-1b）。

独立董事愿意为任职公司投入时间和精力还表现为当任职公司面临困境时，独立董事继续留在董事会的意愿（Masulis，Mobbs，2014）。当任职公司出现困境时，需要独立董事投入更多的时间和精力，如出席更多的董事会会议（Vafeas，1999）。从相对声誉的角度来看，对于陷入困境的小规模公司而言，离职虽然会对声誉产生一定的负面影响，独立董事却可以利用由此节省的时间更好地为其他公司服务；相反，如果陷入困境的任职公司规模较大，独立董事则有较强的动机付出更多的努力以帮助任职公司渡过难关（Masulis，Mobbs，2014）。周繁等（2008）同样发现，独立董事在"跳槽"时重点考虑了上市公司知名度给其带来的声誉提升。由于放弃陷入困境的小规模公司比放弃大规模公司成本更低，我们预期当同时任职多家上市公司时，独立董事的非正常离职业绩敏感性在声誉相对低的公司更高。从相对距离的角度来看，对于陷入困境的近距离公司而言，由于信息获取以及沟通上的便利，更多的董事会会议不太会额外占用独立董事太多的时间和精力；相反，如果陷入困境的任职公司距离较远，更多的董事会会议无疑会额外占用独立董事较多的时间，甚至打乱其工作计划。谭劲松等（2006）研究发现，以独立董事地域特征为代表的独立董事任职现实成本与独立董事辞职显著相关。由于放弃陷入困境的近距离公司比放弃远距离公司的成本更低，我们预期当同时任职多家上市公司时，独立董事的非正常离职业绩敏感性在距离相对远的公司更高。基于以上分析，提出本章的第二个假设：

H4-2：当同时任职多家上市公司时，独立董事的非正常离职业绩敏感性在声誉相对低、距离相对远的公司显著更高。

从独立董事制度设立之初，关于"独立董事制度是否有效"就一直是学者们孜孜不倦、苦心探索的问题之一。随着研究的不断细化和深入，学者们陆续将注意力集中到独立董事的个人特征上，如教育水平、任职经验、专业技能、网络关系等。然而，这类文献仍然忽略的一点是，即使同一独立董事，由于任职公司的不同也会产生差异化的治理效果。如 Field 等（2013）从任职公司的成长阶段入手，研究发现，对于上市初期的公司，繁忙独立董事（busy boards）丰富的任职经验有助于公司价值的提高；而对于历史悠久的公司（如福布斯 500 强企业），繁忙独立董事对公司价值的提升作用有限。再如 Masulis 和 Mobbs（2014）从独立董事投入精力的角度入手，研究发现，独立董事会对高声誉公司投入更多的时间和精力，而将所在公司视为高声誉公司的独立董事比例越大，总经理强制离职业绩敏感性越高。也就是说，独立董事更多精力的投入带来了治理绩效的提高。在我国，对上市公司的重大事项发表独立意见是独立董事履行监督职能的重要方式之一。其中重大事项包括"提名、任免董事"、"聘任或解聘高级管理人员"、"公司董事、高级管理人员的薪酬"等。由于很难获取关于董事和高级管理人员的详细离职原因；同时，相关部门也没有对执行董事和高级管理人员的任期作出规定。因此，我们很难区分董事或高级管理人员是出于主动原因离职、还是被迫离职。兼顾这一现实问题，我们认为从总经理薪酬激励的角度考察独立董事的治理绩效更为合理。我们预期，对任职公司精力投入较多的独立董事比例越大，则总经理的薪酬激励越合理。基于以上分析，提出本章的第三个假设：

H4 - 3：将任职公司视为声誉相对高、距离相对近公司的独立董事比例越大，则总经理超额薪酬越低、薪酬业绩敏感性越高。

4.3　研 究 设 计

4.3.1　研究样本与数据来源

本章以证监会强制要求上市公司聘请独立董事的首年——2002 年为样本起点，并取 2013 年为样本终点。由于我国上市公司从 2004 年才开始披露独立董事出席董事会的信息，因此，本章研究假设 4 - 1 的样本期间为 2004 ~ 2013 年。使用的独立董事个人信息数据和任职单位地址数据通过"百度"手工搜集整理得到。其他数据均来自国泰安 CSMAR 数据库，部分缺失数据由作者根据年报补充得到。对于初始样本，进行了如下筛选：（1）剔除金融保险类样本；（2）剔除数据缺失样本。最终得到 49188 个独立董事—公司年观测值。
为了避免极端值的影响，对所有连续变量上下两侧各 1% 的观测值进行了 Win-
sorize 处理。本章数据处理使用 STATA 计量分析软件进行。

4.3.2 模型设定与变量定义

对于研究假设 H4 – 1，构建回归模型（4 – 1）和模型（4 – 2）进行检验。
如果假设 H4 – 1 成立，则模型（4 – 1）中 b_1 系数显著为负，b_2 系数显著为正；
模型（4 – 2）中 b_1 系数显著为正，b_2 系数显著为负。

$$Meeting12 = b_0 + b_1^* Highest\_Repu + b_2^* Lowest\_Repu + b^* \sum Control + e \tag{4-1}$$

$$Meeting12 = b_0 + b_1^* Farest\_Dist + b_2^* Nearest\_Dist + b^* \sum Control + e \tag{4-2}$$

对于研究假设 H4 – 2，构建回归模型（4 – 3）和模型（4 – 4）进行检验。
如果假设 H4 – 2 成立，则模型（4 – 3）中 b_4 系数不显著或显著为正，b_5 系数
显著为负；模型（4 – 4）中 b_4 系数显著为负，b_5 系数不显著或显著为正。

$$\begin{aligned} Probit(Turnover) = {} & b_0 + b_1^* Highest\_Repu + b_2^* Lowest\_Repu \\ & + b_3^* ROA + b_4^* ROA^* Highest\_Repu + b_5^* ROA^* Lowest\_Repu \\ & + b^* \sum Control + e \end{aligned} \tag{4-3}$$

$$\begin{aligned} Probit(Turnover) = {} & b_0 + b_1^* Farest\_Dist + b_2^* Nearest\_dist \\ & + b_3^* ROA + b_4^* ROA^* Farest\_Dist \\ & + b_5^* ROA^* Nearest\_Dist + b^* \sum Control + e \end{aligned} \tag{4-4}$$

对于研究假设 H4 – 3，构建回归模型（4 – 5）和模型（4 – 6）进行检验。
为了减轻内生性问题，对所有解释变量进行了滞后一期处理。如果假设 H4 – 3
成立，则 b_1 系数显著为负，b_3 系数显著为正。

$$\begin{aligned} Extra\_Pay_t = {} & b_0 + b_1^* Highest\_Rindir_{t-1} + b_2^* ROA_{t-1} \\ & + b_3^* ROA_{t-1}^* Highest\_Rindir_{t-1} \\ & + b^* \sum Control_{t-1} + e_{t-1} \end{aligned} \tag{4-5}$$

$$Extra\_Pay_t = b_0 + b_1^* Nearest\_Rindir_{t-1} + b_2^* ROA_{t-1}$$
$$+ b_3^* ROA_{t-1}^* Nearest\_Rindir_{t-1}$$
$$+ b^* \sum Control_{t-1} + e_{t-1} \qquad (4-6)$$

模型涉及的主要变量定义如下：

1. 被解释变量

（1）非亲自出席董事会比例（*Meeting*12）。我们使用独立董事非亲自出席董事会的比例来度量独立董事投入的时间和精力。该比例越大，则投入的时间和精力越少[①]。同时，我们也将非亲自出席董事会比例（*Meeting*12）进一步分解为委托出席董事会比例（*Meeting*1）和缺席董事会比例（*Meeting*2）分别进行检验。

（2）独立董事离职哑变量（*Turnover*）。若独立董事出现离职且任期未满一届（3 年），则 *Turnover* 取值为 1，否则为 0。

（3）总经理超额薪酬（*Extra_Pay*）。借鉴 Core 等（1999）、吴联生等（2010）的管理层薪酬决定模型，用分行业、分年度的回归残差来度量总经理超额薪酬。

2. 考察变量

（1）相对最高声誉（*Highest_Repu*）。借鉴 Masulis 和 Mobbs（2014）的定义方法，若任职公司规模在当年独立董事所有任职公司中最大，则 *Highest_Repu* 取值为 1，否则为 0。

（2）相对最低声誉（*Lowest_Repu*）。借鉴 Masulis 和 Mobbs（2014）的定义方法，若任职公司规模在当年独立董事所有任职公司中最小，则 *Lowest_Repu* 取值为 1，否则为 0。

（3）相对最远距离（*Farest_Dist*）。若独立董事全职任职单位与任职上市公司距离在当年独立董事所有任职公司中最远，则 *Farest_Dist* 取值为 1，否则为 0。

（4）相对最近距离（*Nearest_Dist*）。若独立董事全职任职单位与任职上市公司距离在当年独立董事所有任职公司中最近，则 *Nearest_Dist* 取值为 1，否则为 0。[②]

---

① 由于距离差异，独立董事出席较近公司的董事会会议需要投入的时间一般比较远公司短，在此我们忽略这一差异，简单的假设独立董事出席一次董事会会议需要投入的时间在所有公司均相等。Masulis 和 Mobbs（2014）同样未考虑这一差异。

② 按照本章对考察变量的定义，对于仅在一家公司任职的独立董事，其相对最高声誉、相对最低声誉、相对最远距离和相对最近距离均取值为 1。

（5）相对高声誉独立董事比例（$Highest\_Rindir$）。具体度量方法为：$Highest\_Rindir = \sum (Highest\_Repu)/Indirector$；其中 $Indirector$ 为独立董事总人数。

（6）相对近距离独立董事比例（$Nearest\_Rindir$）。具体度量方法为：$Nearest\_Rindir = \sum (Nearest\_Dist)/Indirector$；其中 $Indirector$ 为独立董事总人数。

3. 控制变量

参照 Adams 和 Ferreira（2008），Masulis 和 Mobbs（2014）等相关研究，本章对独立董事层面和公司层面的变量进行了控制。其中，独立董事层面的变量包括：独立董事津贴（$Indir\_Pay$）、应参加董事会次数（$Meeting$）、独立董事年龄（$Indir\_Age$）、独立董事任期（$Indir\_Tenure$）、独立董事教育水平（$Education$）、独立董事会计背景（$Indir\_Acc$）、独立董事法律背景（$Indir\_Law$）、独立董事金融背景（$Indir\_Fin$）、独立董事政治关联背景（$Indir\_PC$）和独立董事性别（$Gender$）；公司层面的变量包括：独立董事比例（$Rindirector$）、董事会规模（$BoardSize$）、公司规模（$Lnsize$）、会计业绩（ROA）、总经理教育水平（CEO_Edu）、总经理年龄（CEO_Age）、两职合一哑变量（$Dual$）、高管持股（$Mshare$）、公司业务复杂度（$Complex$）、财务杠杆（Lev）、成长能力（$Growth$）、股权性质哑变量（SOE）、股权集中度（$Zindex$）、公司年限（$List\_Age$）等。为了控制年份、行业和地区固定效应，我们在所有模型中均加入了年份（$Year$）、行业（$Industry$）和地区（$Province$）哑变量。具体变量的定义方法参见表 4-2。

表 4-2　　　　　　　　主要变量的定义和说明

符　号	变量说明
被解释变量	
$Meeting12$	非亲自出席董事会比例：委托出席董事会比例与缺席董事会比例之和
$Meeting1$	委托出席董事会比例：委托出席董事会次数与应参加董事会次数之比
$Meeting2$	缺席董事会比例：缺席董事会次数与应参加董事会次数之比
$Turnover$	离职哑变量：若独立董事离职且任期未满一届，则取值为1，否则为0
$Extra\_Pay$	总经理超额薪酬：用回归残差来度量总经理超额薪酬
考察变量	
$Highest\_Repu$	相对最高声誉：若任职公司规模在当年独立董事所有任职公司中最大，则 $Highest\_Repu$ 取值为1，否则为0

续表

符　号	变量说明
Lowest_Repu	相对最低声誉：度量方法同上
Farest_Dist	相对最远距离：度量方法同上
Nearest_Dist	相对最近距离：度量方法同上
Highest_Rindir	相对高声誉独立董事比例：$Highest\_Rindir = \sum (Highest\_Repu)/Indirector$
Nearest_Rindir	相对近距离独立董事比例：$Nearest\_Rindir = \sum (Nearest\_Dist)/Indirector$
控制变量	
Meeting	应参加董事会次数：独立董事当年需要参加的董事会次数
Indir_Pay	独立董事津贴：当年独立董事津贴取自然对数
Indir_Age	独立董事年龄：独立董事年龄取自然对数
Indir_Tenure	独立董事任期：独立董事任职年限
Education	独立董事教育水平：博士5，硕士4，本科3，大专2，中专及以下1
Rindirector	独立董事比例：独立董事总人数与董事会总人数之比
BoardSize	董事会规模：当年董事会总人数
Lnsize	公司规模：公司年末总资产的自然对数
ROA	会计业绩：总资产报酬率＝净利润/期末总资产
CEO_Edu	总经理教育水平：博士5，硕士4，本科3，大专2，中专及以下1
Indir_Acc	独立董事会计背景：若独立董事具有会计专业背景[①]，则取值为1，否则为0
Indir_Law	独立董事法律背景：若独立董事具有法律专业背景[②]，则取值为1，否则为0
Indir_Fin	独立董事金融背景：若独立董事具有金融专业背景[③]，则取值为1，否则为0
Indir_PC	独立董事政府背景：若独立董事具有政府任职背景[④]，则取值为1，否则为0
Gender	独立董事性别：若独立董事为女性则取值为1，否则为0
CEO_Age	总经理年龄：总经理年龄取自然对数
Dual	两职合一哑变量：董事长和总经理两职合一则取1，否则取0
Mshare	高管持股：取管理层持股比例
Complex	公司业务复杂度：取上市公司涉及行业的个数
Lev	财务杠杆：取期末总负债与总资产的比值
Growth	成长能力：取期末总资产与期初总资产之差与期初总资产之比
SOE	股权性质哑变量：国有企业时，*SOE* 取值为1，否则取0

符　号	变量说明
Zindex	股权集中度：取第一大股东与第二大股东持股比例的比值
List_Age	公司年限：取公司上市年限的自然对数
Industry	行业虚拟变量：CSRC2012 标准
Year	年份虚拟变量

注：① 若独立董事为曾任或现任会计领域研究人员、会计师事务所从业人员、财政审计部门工作人员，或具有高级会计师、高级审计师职称，则定义为有会计专业背景。

② 若独立董事为曾任或现任法学领域研究人员、律师事务所从业人员、公检法司等部门工作人员，则定义为有法律专业背景。

③ 若独立董事为曾任或现任金融领域研究人员，金融监管部门、银行、证券、基金、信托、保险等金融机构工作人员，则定义为有金融专业背景。

④ 若独立董事有政府部门任职经历，则定义为有政府任职背景。

4.4　实证结果分析

4.4.1　变量描述性统计

表 4 - 3 报告了所有变量的描述性统计结果。独立董事层面的描述性统计结果显示：样本期内，独立董事平均每年需要出席 8 次董事会议，最高达 72 次。其中，非亲自出席董事会的比例为 5.7%，最大达 100%；委托出席和缺席比例分别为 4.9% 和 0.8%。样本期内，平均有 15.6% 的独立董事离职①。平均有 79.4% 的上市公司被独立董事视为相对最高声誉任职公司和相对最低声誉任职公司；而被独立董事视为相对最远距离任职公司和相对最近距离任职公司的上市公司比例分别为 79.3% 和 79.4%。独立董事年平均津贴为 4.53 万元，最高达 20.08 万元。独立董事的年龄差异较大，平均 50 岁，最小 33 岁，最大 75 岁。独立董事平均任期为 3.152 年，最高达 12 年②。独立董事的平均教育水平介于本科与硕士之间。有 30.6% 的独立董事具有会计专业背景；

---

① 2013 年 10 月 19 日，中央组织部印发《关于进一步规范党政领导干部在企业兼职（任职）问题的意见》，要求限期对党政领导干部违规在企业兼职（任职）的现象进行清理。为了防止这一外部冲击对本章结论产生影响，在研究假设 H4 - 2 中，剔除了 2013 年样本。保留 2013 年样本的回归结果大体保持一致。

② 若独立董事在同一公司的任职时间出现间断，则累计计算。

14.5% 具有法律专业背景；10.5% 具有金融专业背景；18.2% 具有政府部门任职背景；12.4% 的独立董事为女性。上市公司中独立董事比例平均约为 38.2%，最高达 77.8%。上市公司的平均董事会规模为 9.719 人，最少 4 人，最多 19 人。超过 75% 的上市公司会计业绩为正。

表 4 - 3　　　　　　**Panel A：变量描述性统计（独立董事层面）**

	N	均值	标准差	最小值	P25	中位数	P75	最大值
被解释变量								
*Meeting*12	41739	0.057	0.120	0	0	0	0.091	1
*Meeting*1	41739	0.049	0.107	0	0	0	0.056	1
*Meeting*2	41776	0.008	0.050	0	0	0	0	1
Turnover	47922	0.156	0.363	0	0	0	0	1
考察变量								
Highest_Repu	47922	0.794	0.404	0	1	1	1	1
Lowest_Repu	47922	0.794	0.404	0	1	1	1	1
Farest_Dist	47821	0.793	0.405	0	1	1	1	1
Nearest_Dist	47821	0.794	0.404	0	1	1	1	1
控制变量								
Meeting	41776	8.229	4.050	1	6	8	10	72
Indir_Pay	41776	10.72	0.575	8.987	10.31	10.82	11.00	12.21
Indir_Age	47922	3.918	0.200	3.497	3.761	3.892	4.094	4.317
Indir_Tenure	47922	0.960	0.636	0	0.693	1.099	1.386	2.079
Education	47129	3.839	0.960	1	3	4	5	5
Indir_Acc	47922	0.306	0.461	0	0	0	1	1
Indir_Law	47922	0.145	0.352	0	0	0	0	1
Indir_Fin	47922	0.105	0.306	0	0	0	0	1
Indir_PC	47922	0.182	0.386	0	0	0	0	1
Gender	47922	0.124	0.329	0	0	0	0	1
BoardSize	47922	9.719	2.168	4	9	9	11	19
Rindirector	47922	0.382	0.100	0.167	0.333	0.333	0.429	0.778
Lnsize	47922	21.68	1.317	18.64	20.80	21.57	22.41	25.79
ROA	47922	0.023	0.083	− 0.432	0.009	0.029	0.055	0.220

Panel B：变量描述性统计（上市公司层面）

	N	均值	标准差	最小值	P25	中位数	P75	最大值
被解释变量								
Extra_Pay	10828	0.007	0.655	-1.948	-0.370	0.034	0.433	1.468
考察变量								
Highest_Rindir	10828	0.786	0.251	0	0.667	0.833	1	1
Nearest_Rindir	10828	0.790	0.243	0	0.667	0.800	1	1
控制变量								
CEO_Edu	10828	3.411	0.810	1	3	3	4	5
CEO_Age	10828	3.840	0.136	3.466	3.749	3.850	3.932	4.127
Dual	10828	0.125	0.331	0	0	0	0	1
Mshare	10828	0.007	0.041	0	0	0	0	0.337
Complex	10828	3.914	1.798	1	2.575	3.938	5	9
Lnsize	10828	21.69	1.283	18.54	20.84	21.60	22.43	25.51
Lev	10828	0.555	0.307	0.081	0.391	0.536	0.667	2.637
Growth	10828	0.126	0.261	-0.482	-0.010	0.085	0.211	1.508
SOE	10828	0.675	0.468	0	0	1	1	1
Zindex	10828	22.29	45.68	1.016	2.031	6	20.88	327.5
List_Age	10828	2.278	0.553	0	2.079	2.398	2.639	3.045

公司层面的描述性统计结果显示：样本期内，总经理超额薪酬均值为 0.007，中值为 0.034。将任职公司视为相对高声誉（近距离）公司的独立董事平均比例为 0.786（0.790）。总经理的平均教育水平介于本科与硕士之间，但略低于独立董事的平均教育水平。总经理的平均年龄为 47 岁，最小 32 岁，最大 62 岁。有 12.6% 的上市公司董事长和总经理由一人担任。上市公司管理层持股比例较低，平均为 0.7%。上市公司平均涉及行业数为 4 个，最高达 9 个。上市公司的财务杠杆水平差异较大，平均为 0.555，最小 0.081，最大 2.637。超过 50% 的上市公司成长机会为正。有 67.5% 的上市公司为国有企业。上市公司股权集中度普遍较高，有超过 50% 的上市公司第一大股东持股比例是第二大股东持股比例的 6 倍，且最高达 327.5 倍。上市公司的平均上市年限为 10 年，最短不满 1 年，最长达 21 年。

4.4.2　独立董事与任职公司距离分布

图 4 – 2 按年份展示了独立董事与任职公司总部的空间距离分布情况。可以看出，每年独立董事与任职公司的距离大致保持稳定。其中，距离在 10 公里以内的独立董事约占 25%；有接近 40% 的独立董事与任职公司的距离在 30 公里以内①。然而，仍然有接近 25% 的独立董事与任职公司的距离超过了 1000 公里。空间距离上的差异直接影响着独立董事履行相关职责所要花费的时间。而履行相关职责耗费的时间和精力构成了独立董事所有成本的最重要组成部分（谭劲松等，2006）。可以说，我国独立董事与任职公司之间这种空间距离上的差异性为本章研究提供了良好的基础。

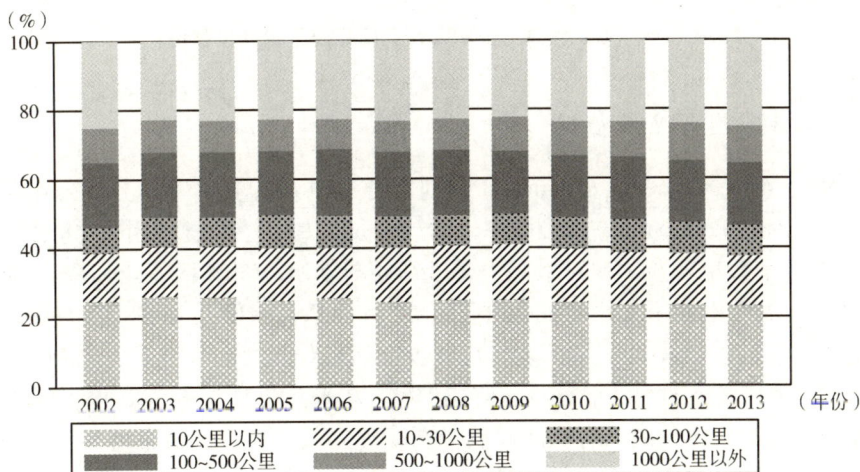

图 4 – 2　独立董事与任职公司空间距离分布（按年份）

图 4 – 3 按省份展示了独立董事与任职公司总部的平均空间距离，横轴按照 2009 年（可获得的最近年份）各省份市场化指数由小到大依次排列。从图形走势可以看出，独立董事与任职公司总部距离小于中位数（y 轴上的虚线）的上市公司更多地集中在市场化水平较高的省份。这说明位于市场化水平较低地区的上市公司，更需要在更大范围内选择独立董事。

---

①　样本期内，有 43.27% 的独立董事全职工作单位与任职上市公司处于同一城市，且这一比例每年大致保持稳定。

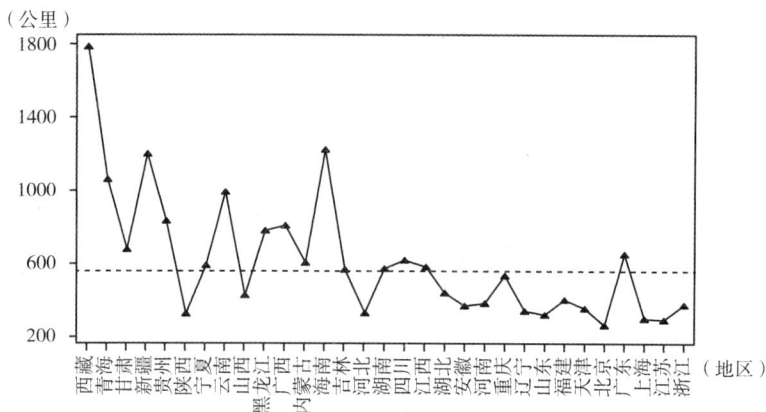

图 4 - 3　独立董事与任职公司空间距离分布（按省份）

4.4.3　相关系数检验

　　表 4 - 4 中，Panel A 和 Panel B 分别报告了独立董事层面和上市公司层面主要变量间的 Pearson（左下部分）及 Spearman（右上部分）相关系数矩阵。Panel A 的系数矩阵显示，对最高声誉（*Highest_Repu*）和相对最近距离（*Nearest_Dist*）与独立董事非亲自出席董事会比例（*Meeting*12）均在 1% 的水平上显著负相关；相对最低声誉（*Lowest_Repu*）和相对最远距离（*Farest_Dist*）与独立董事离职哑变量（*Turnover*）均在 1% 的水平上显著正相关。以上结果说明，对于相对高声誉或相对近距离的公司，独立董事非亲自出席董事会会议的比例显著更低；对于在相对低声誉和远距离公司任职的独立董事，其离职概率更大。这一结果初步印证了本章研究假设 H4 - 1 和假设 H4 - 2 的推断。Panel B 的系数矩阵显示，将所在公司视为相对高声誉公司的独立董事比例（*Highest_Rindir*）和相对近距离公司的独立董事比例（*Nearest_Rindir*）与总经理超额薪酬（*Extra_Pay*）在 1% 的水平上显著负相关，这一结果初步印证了本章研究假设 H4 - 3 的推断。Panel A 中相对最高（最低）声誉和相对最远（最近）距离间的相关性较高；Panel B 中将所在公司视为相对高声誉公司的独立董事比例（*Highest_Rindir*）和相对近距离公司的独立董事比例（*Nearest_Rindir*）间的相关性较高是因为，对于仅在一家公司任职的独立董事，其相对最高声誉、相对最低声誉、相对最远距离和相对最近距离均取值为 1。在模型设定时，我们将以上各组考察变量分别放入不同模型进行检验，因此考察变量

表 4 - 4

Panel A：相关系数矩阵（独立董事层面）

	1	2	3	4	5	6	7	8	9	10	11	12	13	14	15
1Meeting12		0.054c	-0.022c	-0.008	-0.003	-0.033c	0.031c	-0.018c	-0.039c	0.010a	0.088c	-0.054c	0.101c	-0.013b	-0.016c
2Turnover	0.079c		0.008	0.012b	0.015c	0.005	-0.047c	-0.073c	0.031c	0.314c	-0.014c	0.106c	-0.005	-0.025c	-0.028c
3Highest_Repu	-0.016c	0.004		0.129c	0.494c	0.519c	0.018c	-0.026c	-0.038c	-0.012b	-0.110c	0.002	0.087c	0.152c	0.004
4Lowest_Repu	0.000	0.015c	0.139c		0.530c	0.499c	-0.051c	-0.114c	-0.035c	-0.037c	-0.110c	0.014c	-0.066c	-0.258c	-0.042c
5Farest_Dist	0.005	0.015c	0.502c	0.532c		0.128c	-0.021c	-0.063c	-0.038c	-0.024c	-0.109c	-0.001	0.011b	-0.068c	-0.025c
6Nearest_Dist	-0.027c	0.004	0.529c	0.504c	0.140c		-0.012b	-0.077c	-0.037c	-0.021c	-0.109c	0.009a	-0.004	-0.038c	-0.012b
7Meeting	-0.061c	-0.042c	0.018c	-0.060c	-0.027c	-0.014c		0.296c	0.029c	0.179c	0.013b	-0.018c	-0.046c	0.165c	0.015c
8Indir_Pay	-0.053c	-0.063c	-0.026c	-0.110c	-0.064c	-0.076c	0.292c		0.136c	0.107c	0.110c	0.024c	0.055c	0.394c	0.161c
9Indir_Age	-0.039c	0.040c	-0.024c	-0.025c	-0.026c	-0.025c	0.031c	0.142c		0.113c	-0.365c	0.034c	0.047c	0.173c	0.037c
10Indir_Tenure	-0.013c	0.334c	-0.024c	-0.049c	-0.035c	-0.029c	0.149c	0.161c	0.152c		-0.021c	-0.005	-0.017c	0.037c	-0.016c
11Education	0.081c	-0.007	-0.111c	-0.110c	-0.110c	-0.111c	0.006	0.100c	-0.365c	-0.005		0.017c	0.018c	0.051c	0.048c
12Rindirector	-0.039c	0.177c	-0.006	0.005	-0.003	0.000	-0.073c	0.035c	0.059c	0.159c	0.015c		-0.204c	0.074c	-0.010a
13BoardSize	0.094c	-0.014c	0.086c	-0.058c	0.014c	0.003	-0.009a	0.054c	0.041c	-0.054c	0.016c	-0.239c		0.248c	0.051c
14Lnsize	-0.026c	-0.019c	0.146c	-0.240c	-0.066c	-0.034c	0.185c	0.413c	0.196c	0.104c	0.046c	0.102c	0.249c		0.199c
15ROA	-0.045c	-0.064c	0.006	-0.064c	-0.037c	-0.018c	0.022c	0.134c	0.050c	0.027c	0.041c	-0.004	0.070c	0.233c	

Panel B：相关系数矩阵（上市公司层面）

	1	2	3	4	5	6	7	8	9	10	11	12	13	14	15
1Extra_Pay		-0.061c	-0.046c	0.149c	0.089c	0.046c	-0.001	0.061c	0.050c	0.005	-0.036c	0.034c	0.002	-0.092c	0.066c
2Highest_Rindir	-0.064c		0.500c	0.010	0.012	0.030c	-0.008	0.003	0.010	0.228c	0.054c	0.062c	-0.004	-0.001	-0.052c
3Nearest_Rindir	-0.045c	0.515c		-0.023b	0.002	0.027c	0.017a	-0.027c	-0.049c	-0.072c	-0.022b	-0.045c	-0.027c	0.009	-0.012
4ROA	0.090c	0.012	-0.031c		0.024b	0.066c	-0.016a	0.050c	0.030c	0.200c	-0.351c	0.351c	-0.009	0.025c	-0.037c
5CEO_Edu	0.082c	0.009	-0.005	0.029c		-0.189c	-0.028c	-0.007	0.041c	0.141c	0.021b	0.026c	0.066c	-0.003	0.088c
6CEO_Age	0.049c	0.027c	0.021b	0.059c	-0.189c		0.117c	0.018a	0.057c	0.177c	-0.009	0.031c	0.133c	0.032c	0.115c
7Dual	0.000	-0.011	0.013	-0.044c	-0.029c	0.122c		0.034c	-0.018a	-0.104c	0.0001	-0.038c	-0.139c	-0.065c	0.034c
8Mshare	0.002	0.004	0.004	0.037c	0.004	-0.043c	0.073c		0.034c	0.093c	-0.012	0.038c	-0.079c	-0.047c	0.077c
9Complex	0.051c	0.005	-0.053c	0.053c	0.031c	0.063c	-0.012	-0.048c		0.207c	0.040c	0.044c	0.059c	0.035c	0.067c
10Lnsize	0.010	0.234c	-0.067c	0.228c	0.164c	0.180c	-0.110c	-0.010	0.207c		0.178c	0.353c	0.238c	0.140c	0.070c
11Lev	-0.030c	0.014	-0.009	-0.421c	-0.001	-0.025c	0.041c	-0.047c	-0.012	0.269c		0.044c	0.004	-0.034c	0.111c
12Growth	0.024b	0.060c	-0.035c	0.310c	0.015	0.005	-0.024b	0.069c	0.012	0.255c	-0.080c		0.050c	0.023b	-0.103c
13SOE	0.000	0.008	-0.016a	0.032c	0.072c	0.145c	-0.139c	-0.216c	0.064c	0.037c	-0.076c	0.050c		0.190c	-0.038c
14Zindex	-0.066c	0.014	0.019a	-0.007	-0.008	-0.009	-0.051c	-0.064c	-0.004		-0.050c	-0.042c	0.138c		0.032c
15List_Age	0.033c	-0.046c	-0.010	-0.041c	0.062c	0.082c	0.032c	-0.224c	0.056c	-0.009	0.126c	-0.180c	-0.030c	-0.011	

注：a、b、c分别表示变量间Pearson（左下部分）及Spearman（右上部分）相关性检验在10%、5%、1%水平上显著（双尾）。

间的高度相关性并不影响本章回归结果。此外，除了 Panel A 中独立董事津贴
（*Indir_Pay*）与公司规模（*Lnsize*）之间的 Pearson 相关系数为 0.413、Panel B
中会计业绩（*ROA*）与财务杠杆（*Lev*）之间的 Pearson 相关系数为 - 0.421 以
外①，其他各变量间相关系数的绝对值均不超过 0.4，这说明解释变量、控制
变量之间不存在高度的相关关系。接下来将进一步控制其他变量，进行多元回
归分析。

4.4.4　多元回归分析

1. 研究假设 H4 - 1a：相对声誉与独立董事精力分配

表 4 - 5 报告了研究假设 H4 - 1a 的回归结果。在计算回归方程的标准差
时，在独立董事层面进行了 Cluster，用以控制相同独立董事间的组内相关性。
第（1）列～第（3）列的被解释变量依次为非亲自出席董事会比例
（*Meeting*12）、委托出席董事会比例（*Meeting*1）和缺席董事会比例
（*Meeting*2）。第（1）列的回归结果显示，相对最高声誉（*Highest_Repu*）与非
亲自出席董事会比例（*Meeting*12）在 1% 的水平上显著负相关，相对最低声誉
（*Lowest_Repu*）与非亲自出席董事会比例（*Meeting*12）正相关但不显著，且两
者的系数差异在 1% 的水平上显著（F 值为 16.88，P 值为 0.0000）。这一回归
结果说明，对于相对高（低）声誉的公司，独立董事亲自出席董事会的比例
更大（小）。第（2）列和第（3）列细分非亲自出席董事会比例的回归结果
显示，相对最高声誉（*Highest_Repu*）与委托出席董事会比例（*Meeting*1）在
1% 的水平上显著负相关，相对最低声誉（*Lowest_Repu*）与委托出席董事会比
例（*Meeting*1）正相关但不显著，且两者的系数差异在 1% 的水平上显著
（F 值为 16.04，P 值为 0.0001）；相对最高声誉（*Highest_Repu*）与缺席董事
会比例（*Meeting*2）正相关但不显著，相对最低声誉（*Lowest_Repu*）与缺席董
事会比例（*Meeting*2）在 10% 的水平上显著正相关，然而，两者的系数在统计
上并不存在显著差异（F 值为 0.84，P 值为 0.3603）。这一回归结果说明，对
于相对高声誉的公司，独立董事委托出席董事会的比例显著更低；对于相对低
声誉的公司，独立董事缺席董事会的比例更高但统计上并不显著。表 4 - 5 的
回归结果综合说明：对于相对高（低）声誉的公司，独立董事投入了更多
（少）的时间和精力。本章研究假设 H4 - 1a 在一定程度上通过检验。

---

① 稳健性测试中去掉其一，不改变结果。

表 4 - 5   **相对声誉与董事会议出席情况**

变量名称	变量符号	（1）Meeting12	（2）Meeting1	（3）Meeting2
相对最高声誉	Highest_Repu	- 0. 008 *** （- 4. 714）	- 0. 009 *** （- 5. 452）	0. 000 （0. 444）
相对最低声誉	Lowest_Repu	0. 001 （0. 779）	0. 000 （0. 000）	0. 001 * （1. 806）
独立董事津贴	Indir_Pay	- 0. 001 （- 0. 862）	0. 002 * （1. 717）	- 0. 003 *** （- 6. 200）
应参加董事会次数	Meeting	- 0. 001 *** （- 7. 697）	- 0. 001 *** （- 10. 68）	0. 000 *** （6. 328）
独立董事年龄	Indir_Age	- 0. 011 ** （- 2. 169）	- 0. 009 ** （- 2. 048）	0. 000 （- 0. 344）
独立董事任期	Indir_Tenure	0. 006 *** （5. 366）	0. 005 *** （5. 211）	0. 000 （1. 511）
独立董事教育水平	Education	0. 009 *** （9. 485）	0. 007 *** （8. 371）	0. 002 *** （5. 813）
独立董事会计背景	Indir_Acc	- 0. 023 *** （- 12. 87）	- 0. 020 *** （- 12. 47）	- 0. 002 *** （- 5. 079）
独立董事法律背景	Indir_Law	- 0. 010 *** （- 4. 078）	- 0. 008 *** （- 3. 585）	- 0. 002 ** （- 2. 395）
独立董事金融背景	Indir_Fin	- 0. 005 ** （- 1. 991）	- 0. 005 ** （- 2. 278）	0. 000 （0. 090）
独立董事政府背景	Indir_PC	- 0. 000 （- 0. 065）	- 0. 002 （- 0. 979）	0. 001 * （1. 799）
独立董事性别	Gender	0. 004 * （1. 756）	0. 004 * （1. 756）	0. 000 （0. 762）
董事会规模	BoardSize	0. 003 *** （9. 143）	0. 003 *** （9. 574）	0. 000 * （1. 798）
公司规模	Lnsize	0. 002 *** （2. 839）	0. 002 *** （3. 598）	- 0. 000 ** （- 2. 054）
会计业绩	ROA	- 0. 042 *** （- 4. 730）	- 0. 018 ** （- 2. 346）	- 0. 020 *** （- 6. 188）
截距项	Constant	0. 048 * （1. 738）	- 0. 035 （- 1. 211）	0. 027 *** （3. 568）
年度/行业/省份	Industry & Year & Province	Control	Control	Control

续表

变量名称	变量符号	(1) *Meeting12*	(2) *Meeting1*	(3) *Meeting2*
观测数	Obs#	41739	41759	41776
调整后 R²	Adj – R²	0.0770	0.0607	0.0418
F 值	F Value	48.05	37.46	25.60

注：*、**、*** 分别表示 10%、5% 和 1% 的显著性水平（双尾）。

控制变量的回归结果显示：独立董事津贴与委托出席董事会比例在 10% 的水平上显著正相关、与缺席董事会比例在 1% 的水平上显著负相关，这说明薪酬多寡可以在一定程度上激励独立董事投入更多的时间和精力，与 Adams 和 Ferreira（2008）、Masulis 和 Mobbs（2014）的研究结论一致。独立董事应参加董事会次数与非亲自出席董事会比例和委托出席董事会比例均在 1% 的水平上显著负相关，与缺席董事会比例在 1% 的水平上显著正相关，这说明独立董事需要参加的董事会次数越多，缺席的比例也越大，这一结果支持了独立董事有限精力的论断。独立董事任期与非亲自出席董事会比例和委托出席董事会比例均在 1% 的水平上显著正相关，可能是因为独立董事任期越长，对公司业务就越熟悉，越不需要亲自出席董事会议。独立董事教育水平与非亲自出席董事会比例、委托出席董事会比例和缺席董事会比例均在 1% 的水平上显著正相关，可能是因为独立董事学历越高，闲暇时间越少。除缺席董事会比例外，独立董事的会计、法律、金融背景均与被解释变量至少在 5% 的水平上显著负相关，这说明具有会计、法律和金融背景的独立董事更可能亲自出席董事会议，更不可能委托出席和缺席董事会议。独立董事的政府背景与缺席董事会比例在 10% 的水平上显著正相关，说明具有政府任职背景的独立董事更可能缺席董事会议。独立董事性别与非亲自出席董事会议、委托出席董事会议在 10% 的水平上显著正相关，说明女性独立董事更可能非亲自出席（委托出席）董事会议，表现得更不勤勉。

董事会规模与非亲自出席董事会比例、委托出席董事会比例和缺席董事会比例均至少在 5% 的水平上显著正相关，与 Masulis 和 Mobbs（2014）的结果一致。公司规模与非亲自出席董事会比例和委托出席董事会比例均在 1% 的水平上显著正相关，与缺席董事会比例在 5% 的水平上显著负相关。可能是因为一方面，大规模公司的独立董事人数也越多，独立董事更容易采取委托出席的方式参与董事会会议；而另一方面，大规模公司可以为独立董事提供更大的知名度和声望（Shivdasani，1993；Adams，Ferreira，2008；周繁等，2008）、更高的薪酬（Ryan，Wiggins，2004；杜胜利，张杰，2004；孙泽蕤，朱晓妹，2005）、更多获取其他董事席位的机会（Yermack，2004；Fich，2005），因此独立董事缺席大规模公司董事会会议的概率显著更低，与研究假设 H4 - 1a 相一致。会计业绩与非亲自出席董事会比例、委托出席董事会比例和缺席董事会比例均至少在 5% 的水平上显著负相关，说明独立董事对经营状况好的公司投入了更多的时间和精力。

2. 研究假设 H4 - 1b：相对距离与独立董事精力分配

表 4 - 6 报告了研究假设 H4 - 1b 的回归结果，我们同样在独立董事层面进行了 Cluster。其中，Panel A、B 和 C 分别从"空间距离"、"火车最短交通时间"和"火车发车频率"三个维度衡量了独立董事与任职公司之间的距离①。具体来说，若多席位独立董事全职工作单位与任职上市公司间的球面距离最小（最大）、火车交通时间最短（最长）、一天内火车发车班次最多（最少），则相对最近距离变量（相对最近距离变量）取值为 1，否则为 0。Panel A、B 和 C 中第（1）列 ~ 第（3）列的被解释变量依次为非亲自出席董事会比例（Meeting12）、委托出席董事会比例（Meeting1）和缺席董事会比例（Meeting2）。表 4 - 6 回归结果显示，在三种度量方式下，相对最远距离（Farest_Dist）仅在"火车发车频率"下与委托出席董事会比例（Meeting1）在 10% 的水平上显著负相关；而相对最近距离（Nearest_Dist）与非亲自出席董事会比例（Meeting12）和委托出席董事会比例（Meeting1）均在 1% 的水平上显著负相关；且两者系数差异除在"火车最短交通时间"度量方式下外②，其他均至少在 10% 的水平上统计显著。这一回归结果说明，对于距离相对近的公司，独立董事非亲自出席（委托出席）董事会会议的比例更低，缺席董事会的差异不太明显。表 4 - 6 回归结果综合说明：对于距离相对远的公司，独立董事缺席董事会会议的可能性更大；对于距离相对近的公司，独立董事亲自出席董事会会议的可能性更大，更少的采取委托出席的方式。本章研究假设 H4 - 1b 在一定程度上通过检验。控制变量的回归结果与表 4 - 5 大体保持一致。

---

① 其中，"空间距离"根据球面上两点坐标计算得到；"火车最短交通时间"和"火车发车频率"数据取自 2015 年 4 月 30 日 12306 铁道部火车票网上订票唯一官网：http：//www. 12306. cn/mormhweb/。

② 在"火车最短交通时间"度量方式下，相对最远距离与相对最近距离的系数差异接近显著，分别依次为 F 值 2.33，P 值为 0.1270；F 值 2.12，P 值为 0.1458。

表 4-6

相对距离与董事会议出席情况

变量名称	变量符号	Panel A：空间距离			Panel B：火车最短交通时间			Panel C：火车发车频率		
		(1) Meeting12	(2) Meeting1	(2) Meeting2	(1) Meeting12	(2) Meeting1	(2) Meeting2	(1) Meeting12	(2) Meeting1	(2) Meeting2
相对最远距离	Farest_Dist	-0.000 (-0.105)	-0.001 (-0.752)	0.001 (1.379)	-0.002 (-0.902)	-0.002 (-1.587)	0.001 (1.350)	-0.002 (-1.181)	-0.003* (-1.651)	0.000 (0.949)
相对最近距离	Nearest_Dist	-0.008*** (-4.731)	-0.009*** (-5.541)	0.000 (0.520)	-0.005*** (-3.132)	-0.006*** (-3.663)	0.000 (0.371)	-0.006*** (-3.391)	-0.006*** (-3.976)	0.000 (0.222)
独立董事津贴	Indir_Pay	-0.001 (-0.821)	0.002* (1.752)	-0.003*** (-6.265)	-0.001 (-0.689)	0.003* (1.920)	-0.003*** (-6.183)	-0.00100 (-0.704)	0.003*** (1.903)	-0.003*** (-6.198)
应参加董事会次数	Meeting	-0.001*** (-7.636)	-0.001*** (-10.60)	0.000*** (6.370)	-0.001*** (-7.731)	-0.002*** (-10.704)	0.000*** (6.316)	-0.001*** (-7.740)	-0.002*** (-10.706)	0.000*** (6.315)
独立董事年龄	Indir_Age	-0.011** (-2.166)	-0.009** (-2.045)	-0.001 (-0.382)	-0.011** (-2.062)	-0.009* (-1.906)	-0.001 (-0.392)	-0.011** (-2.088)	-0.009* (-1.917)	-0.001 (-0.440)
独立董事任期	Indir_Tenure	0.006*** (5.351)	0.005*** (5.190)	0.000 (1.597)	0.006*** (5.346)	0.005*** (5.169)	0.000 (1.581)	0.006*** (5.351)	0.005*** (5.181)	0.000 (1.572)
独立董事教育水平	Education	0.009*** (9.460)	0.007*** (8.330)	0.002*** (5.851)	0.009*** (9.508)	0.007*** (8.415)	0.001*** (5.770)	0.009*** (9.430)	0.007*** (8.358)	0.001*** (5.688)
独立董事会计背景	Indir_Acc	-0.023*** (-12.97)	-0.020*** (-12.55)	-0.002*** (-5.113)	-0.023*** (-13.05)	-0.020*** (-12.61)	-0.002*** (-5.187)	-0.023*** (-13.06)	-0.020*** (-12.59)	-0.003*** (-5.230)
独立董事法律背景	Indir_Law	-0.010*** (-4.070)	-0.008*** (-3.580)	-0.001** (-2.383)	-0.010*** (-4.127)	-0.008*** (-3.623)	-0.002** (-2.433)	-0.010*** (-4.139)	-0.008*** (-3.632)	-0.002** (-2.446)
独立董事金融背景	Indir_Fin	-0.005** (-2.009)	-0.005** (-2.299)	0.000 (0.094)	-0.005** (-1.996)	-0.005** (-2.298)	0.000 (0.137)	-0.005** (-2.006)	-0.006** (-2.303)	0.000 (0.119)

续表

变量名称	变量符号	Panel A: 空间距离			Panel B: 火车最短交通时间			Panel C: 火车发车频率		
		(1) Meeting12	(2) Meeting1	(2) Meeting2	(1) Meeting12	(2) Meeting1	(2) Meeting2	(1) Meeting12	(2) Meeting1	(2) Meeting2
独立董事政府背景	Indir_PC	-0.000* (-0.023)	-0.002 (-0.942)	0.001* (1.847)	0.000 (0.064)	-0.002 (-0.876)	0.001* (1.907)	0.000 (0.050)	-0.002 (-0.887)	0.001* (1.897)
独立董事性别	Gender	0.004* (1.762)	0.004* (1.759)	0.000 (0.775)	0.004* (1.765)	0.004* (1.750)	0.000 (0.804)	0.004* (1.789)	0.004* (1.768)	0.001 (0.829)
董事会规模	BoardSize	0.003*** (8.944)	0.003*** (9.395)	0.000* (1.711)	0.003*** (9.045)	0.003*** (9.465)	0.000* (1.807)	0.003*** (9.048)	0.003*** (9.460)	0.000* (1.825)
公司规模	Lnsize	0.001** (2.056)	0.002*** (2.871)	-0.000** (-2.424)	0.001** (2.026)	0.002* (2.842)	-0.000** (-2.411)	0.001** (2.017)	0.002*** (2.836)	-0.000** (-2.419)
会计业绩	ROA	-0.042*** (-4.683)	-0.017** (-2.295)	-0.020*** (-6.182)	-0.041*** (-4.627)	-0.017** (-2.233)	-0.020*** (-6.175)	-0.041*** (-4.649)	-0.017** (-2.255)	-0.020*** (-6.178)
截距项	Constant	-0.008 (-0.280)	-0.046 (-0.001)	0.047*** (6.177)	0.229*** (3.070)	0.0260 (0.926)	0.044*** (6.279)	0.231*** (3.094)	0.026 (0.944)	0.045*** (6.337)
年度/行业/省份	Industry & Year & Province	Control	Control	Control	Control	Control	Control	Control	Control	Control
观测数	Obs#	41661	41681	41697	41448	41468	41484	41448	41468	41484
调整后 R²	Adj - R²	0.0769	0.0607	0.0418	0.0771	0.0606	0.0421	0.0772	0.0607	0.0421
F值	F Value	47.92	36.92	25.58	47.80	37.17	25.66	47.84	37.19	25.63

注：*、**、*** 分别表示10%、5%和1%的显著性水平（双尾）。

3. 研究假设 H4 - 2：相对声誉（距离）与独立董事非正常离职业绩敏
感性

表 4 - 7 报告了研究假设 H4 - 2 的回归结果，我们同样在独立董事层面进
行了 Cluster。所有列的被解释变量均为独立董事离职哑变量（*Turnover*）。第
（1）列和第（2）列的回归结果显示，相对最高声誉（*Highest_Repu*）和相对
最低声誉（*Lowest_Repu*）与独立董事离职哑变量（*Turnover*）分别在 5% 和
1% 的水平上显著正相关，且相对最高声誉（*Highest_Repu*）的显著性水平和回
归系数均小于相对最低声誉（*Lowest_Repu*），这说明独立董事从相对高声誉公
司非正常离职的概率低于相对低声誉公司①。会计业绩（*ROA*）与独立董事离
职哑变量至少在 5% 的水平上显著负相关，说明会计业绩越差，独立董事离职
概率越高。相对最高声誉与会计业绩的交互项（*Highest_Repu* * *ROA*）正相关但
不显著，相对最低声誉与会计业绩的交互项（*Lowest_Repu* * *ROA*）在 10% 的水
平上显著负相关，这说明独立董事非正常离职业绩敏感性在相对低声誉公司
更高。

表 4 -7　　　　相对声誉（距离）与独立董事非正常离职业绩敏感性

变量名称	变量符号	(1)	(2)	(3)	(4)
相对最高声誉	*Highest_Repu*	0.043 ** (1.951)	0.039 * (1.758)		
相对最低声誉	*Lowest_Repu*	0.060 *** (2.702)	0.074 *** (3.068)		
两项交乘项 1	*Highest_Repu* * *ROA*		0.258 (1.054)		
两项交乘项 2	*Lowest_Repu* * *ROA*		- 0.527 * (-1.662)		
相对最远距离	*Farest_Dist*			0.057 *** (2.621)	0.057 *** (2.551)
相对最近距离	*Nearest_Dist*			0.042 * (1.917)	0.040 * (1.783)
两项交乘项 3	*Farest_Dist* * *ROA*				- 0.041 (-0.151)

---

① 然而，两者的系数差异在统计上并不显著。

续表

变量名称	变量符号	（1）	（2）	（3）	（4）
两项交乘项4	*Nearest_Dist * ROA*				0.112 (0.428)
会计业绩	*ROA*	−1.060 *** (−10.52)	−0.775 ** (−2.382)	−1.062 *** (−10.54)	−1.111 *** (−3.736)
独立董事年龄	*Indir_Age*	0.039 (0.794)	0.039 (0.798)	0.034 (0.695)	0.034 (0.688)
独立董事任期	*Indir_Tenure*	0.645 *** (34.03)	0.646 *** (34.02)	0.645 *** (33.94)	0.645 *** (33.94)
独立董事比例	*Rindirector*	2.983 *** (35.97)	2.980 *** (35.94)	2.990 *** (36.01)	2.990 *** (36.01)
独立董事会计背景	*Indir_Acc*	−0.044 ** (−2.139)	−0.044 ** (−2.145)	−0.042 ** (−2.035)	−0.042 ** (−2.028)
独立董事法律背景	*Indir_Law*	−0.013 (−0.496)	−0.013 (−0.497)	−0.010 (−0.399)	−0.010 (−0.397)
独立董事金融背景	*Indir_Fin*	0.064 ** (2.157)	0.064 ** (2.159)	0.065 ** (2.195)	0.065 ** (2.195)
独立董事政府背景	*Indir_PC*	−0.041 * (−1.701)	−0.042 * (−1.718)	−0.039 (−1.611)	−0.039 (−1.601)
独立董事性别	*Gender*	−0.003 (−0.107)	−0.003 (−0.110)	−0.004 (−0.133)	−0.004 (−0.133)
公司规模	*Lnsize*	−0.049 *** (−6.028)	−0.049 *** (−6.022)	−0.051 *** (−6.556)	−0.051 *** (−6.556)
截距项	*Constant*	−2.220 *** (−8.570)	−2.229 *** (−8.604)	−2.163 *** (−8.449)	−2.160 *** (−8.436)
年度/行业/省份	*Industry & Year & Province*	Control	Control	Control	Control
观测数	Obs#	47922	47922	47821	47821
调整后 R²	Pseudo R²	0.1239	0.1241	0.1241	0.1241
沃尔德卡方	Wald chi2	2642.65	2650.27	2636.24	2638.42

注：*、**、***分别表示10%、5%和1%的显著性水平（双尾）。

第（3）列和第（4）列的回归结果显示，相对最远距离[①]（*Farest_Dist*）

[①] 在表4-7第（3）列和第（4）列的回归结果中，仅报告了使用"空间距离"来度量相对距离的回归结果，其他两种度量方法的回归结果大致保持不变，下同。

和相对最近距离（*Nearest_Dist*）与独立董事离职哑变量（*Turnover*）分别在 1% 和 10% 的水平上显著正相关，且相对最远距离（*Farest_Dist*）的显著性水平和回归系数均大于相对最近距离（*Nearest_Dist*），这说明独立董事从相对远距离公司非正常离职的概率高于相对近距离公司①，与谭劲松等（2006）研究结论一致。会计业绩（*ROA*）与独立董事离职哑变量均在 1% 的水平上显著负相关，与第（1）列和第（2）列一致。然而，第（4）列的交互项均不显著。第（3）列和第（4）列的回归结果说明，相对距离影响独立董事的离职概率，但并不影响独立董事的离职业绩敏感性。这一结果在一定程度上与表 4 - 7 第（1）列和第（2）列逻辑一致。Knyazeva 等（2013）研究发现，为了吸引更优秀的独立董事，大规模公司倾向于在距离更远的地区聘请独立董事。而大规模公司的相对声誉更高，独立董事离职业绩敏感性更低。

　　表 4 - 7 的回归结果综合说明：独立董事从相对高声誉（相对远距离）公司离职的概率显著低于（高于）相对低声誉（相对近距离）公司。独立董事离职业绩敏感性在相对低声誉公司更高。本章研究假设 H4 - 2 在一定程度上通过检验。控制变量的回归结果显示：独立董事任期与独立董事离职在 1% 的水平上显著正相关，可能是因为《指导意见》明确规定，独立董事每届任期与该上市公司其他董事任期相同，任期届满，连选可以连任，但是连任时间不得超过六年。独立董事比例与独立董事离职在 1% 的水平上显著正相关，可能是因为独立董事人数越多，流动性越大。公司规模与独立董事离职在 1% 的水平上显著负相关，与表 4 - 7 第（1）列和第（2）列结论相吻合。

　　4. 研究假设 H4 - 3：独立董事精力分配与治理影响

　　表 4 - 8 报告了研究假设 H4 - 3 的回归结果。在计算回归方程的标准差时，我们在行业层面进行了 Cluster，用以控制行业间的组内相关性。所有列的被解释变量均为总经理超额薪酬（*Extra_Pay*）②。第（1）列和第（2）列的回归结果显示，无论单独放入会计业绩（*ROA*），抑或是同时放入会计业绩及会计业绩与相对高声誉独立董事比例的交互项（*Highest_Rindir* × *ROA*），相对高声誉独立董事比例（*Highest_Rindir*）与总经理超额薪酬（*Extra_Pay*）均在

---

　　① 然而，两者的系数差异在统计上并不显著。

　　② 由于超额薪酬是不能被公司的基本特征所解释的那部分薪酬，因此，表 4 - 8 回归结果的调整后 R^2 及 F 值较低。

1% 的水平上显著负相关。这说明相对高声誉独立董事比例越大，总经理超额薪酬显著越低。当单独放入会计业绩（ROA）时（第（1）列），会计业绩（ROA）与总经理超额薪酬（Extra_Pay）在 1% 的水平上显著正相关，与以往研究结论一致。然而，当同时放入会计业绩及会计业绩与相对高声誉独立董事比例的交互项（Highest_Rindir × ROA）时（第（2）列），会计业绩变为不显著，但会计业绩与相对高声誉独立董事比例的交互项（Highest_Rindir × ROA）在 1% 的水平上显著正相关。这一回归结果说明，相对高声誉独立董事比例越大，总经理超额薪酬业绩敏感性越高。

第（3）列和第（4）列的回归结果显示，无论单独放入会计业绩（ROA），抑或是同时放入会计业绩及会计业绩与相对近距离独立董事比例的交互项（Nearest_Rindir × ROA）。相对近距离独立董事比例（Nearest_Rindir）与总经理超额薪酬（Extra_Pay）均在 1% 的水平上显著负相关，会计业绩（ROA）与总经理超额薪酬（Extra_Pay）均在 1% 的水平上显著正相关，这说明相对近距离独立董事比例越大，总经理超额薪酬显著越低。然而，会计业绩与相对近距离独立董事比例的交互项（Nearest_Rindir × ROA）并不显著。表 4 - 8 回归结果综合说明，相对高声誉独立董事的比例越大，总经理超额薪酬越低，超额薪酬业绩敏感性越高；相对近距离独立董事的比例越大，总经理超额薪酬越低。本章研究假设 H4 - 3 在一定程度上通过检验。控制变量的回归结果显示：总经理教育水平越高、年龄越大，则超额薪酬越高；董事长和总经理两职合一、高管持股比例越高、公司业务复杂度越低、规模越大、股权集中度越高，则总经理超额薪酬越低。

表 4 - 8　　　　　相对声誉（距离）与总经理薪酬业绩敏感性

变量名称	变量符号	(1)	(2)	(3)	(4)
相对高声誉独立董事比例	$Highest\_Rindir_{t-1}$	-0.155 *** (-3.185)	-0.174 *** (-3.710)		
两项交乘项 1	$Highest\_Rindir_{t-1} \times ROA_{t-1}$		0.873 *** (3.393)		
相对近距离独立董事比例	$Nearest\_Rindir_{t-1}$			-0.101 *** (-2.826)	-0.097 *** (-2.828)
两项交乘项 2	$Nearest\_Rindir_{t-1} \times ROA_{t-1}$				-0.134 (-0.550)

续表

变量名称	变量符号	(1)	(2)	(3)	(4)
会计业绩	ROA_{t-1}	0.666 *** (4.042)	0.003 (0.014)	0.674 *** (4.088)	0.781 *** (4.557)
总经理教育水平	CEO_Edu_{t-1}	0.064 *** (6.565)	0.064 *** (6.557)	0.065 *** (6.657)	0.065 *** (6.666)
总经理年龄	CEO_Age_{t-1}	0.297 *** (4.574)	0.295 *** (4.552)	0.300 *** (4.432)	0.300 *** (4.432)
两职合一	$Dual_{t-1}$	-0.036 ** (-2.595)	-0.036 ** (-2.522)	-0.037 ** (-2.549)	-0.037 ** (-2.567)
高管持股	$Mshare_{t-1}$	-0.266 ** (-2.148)	-0.270 ** (-2.163)	-0.263 ** (-2.186)	-0.264 ** (-2.192)
业务复杂度	$Complex_{t-1}$	0.017 ** (2.558)	0.017 ** (2.550)	0.017 ** (2.602)	0.017 ** (2.600)
公司规模	$Lnsize_{t-1}$	-0.021 *** (-4.101)	-0.021 *** (-4.110)	-0.032 *** (-5.813)	-0.032 *** (-5.841)
财务杠杆	Lev_{t-1}	0.025 (1.199)	0.027 (1.241)	0.021 (1.061)	0.021 (1.059)
成长能力	$Growth_{t-1}$	0.034 (1.418)	0.033 (1.375)	0.034 (1.444)	0.034 (1.453)
股权性质	SOE_{t-1}	0.010 (0.343)	0.011 (0.382)	0.014 (0.514)	0.014 (0.504)
股权集中度	$Zindex_{t-1}$	-0.001 *** (-3.011)	-0.001 *** (-3.015)	-0.001 *** (-2.989)	-0.001 *** (-2.982)
公司年限	$List\_Age_{t-1}$	0.011 (0.571)	0.011 (0.542)	0.011 (0.562)	0.011 (0.562)
截距项	$Constant_{t-1}$	-0.802 * (-2.020)	-0.764 * (-1.898)	-0.676 * (-1.890)	-0.679 * (-1.886)
年度/行业/省份	Industry & Year & Province	Control	Control	Control	Control
观测数	Obs#	10828	10828	10828	10828
调整后 R^2	Adj-R^2	0.1073	0.1080	0.1055	0.1054
F 值	F Value	19.33	19.21	18.98	18.72

注：* 、** 、*** 分别表示10%、5%和1%的显著性水平（双尾）。

4.4.5 稳健性检验[①]

为了进一步提高本章研究结论的可靠性，做了以下稳健性检验。

第一，在基本假设检验中，保留了所有独立董事样本，包括单席位独立董事（仅在一家公司任职的独立董事）和多席位独立董事（在两家及以上公司任职的独立董事）。按照本章对解释变量的定义，对于单席位独立董事而言，其相对最高声誉（*Highest_Repu*）、相对最低声誉（*Lowest_Repu*）、相对最远距离（*Farest_Dist*）和相对最近距离（*Nearest_Dist*）均取值为 1。为了排除由于这一特殊样本对本章研究结论产生的差异，对所有单席位独立董事进行删除处理后，重新对本章研究进行了检验。

第二，在对相对最高（低）声誉、相对最远（近）距离进行变量定义时，我们将任职公司规模最大（小）、距离最远（近）的独立董事赋值为 1。为了排除由于任职公司规模或距离较为接近而导致的以上度量方法不合理。参照 Masulis 和 Mobbs（2014）的变量构造方法，我们对本章研究重新进行了检验。具体方法如下：若任职公司规模不低于（不高于）当年独立董事所有任职公司中最大（最小）规模的 10%，则相对高声誉（相对低声誉）取值为 1，否则为 0；若任职公司距离不低于（不高于）当年独立董事所有任职公司中最大（最小）距离的 10%，则相对远距离（相对近距离）取值为 1，否则为 0。

第三，检验中，根据独立董事离职时任期是否满一届（3 年）来定义独立董事是否为非正常离职。而《指导意见》规定，独立董事任期届满，连选可以连任，但是连任时间不得超过 6 年。考虑到这一制度背景，我们将任期未满两届（6 年）的独立董事离职均视为非正常离职，重新对本章研究假设 H4 - 2 进行了检验。

第四，在确定独立董事全职工作地点时，若独立董事已经退休，则我们取独立董事退休前的最后工作地址。为了防止这一处理方法带来的距离计量偏误，我们剔除了退休的独立董事样本重新进行了检验。

第五，使用市场价值、雇员人数等作为声誉的替代变量。

第六，为了防止大规模公司的治理水平更好而导致的内生性问题，我们根据同年份、同行业、规模最接近且至少有一名独立董事未将所在公司视为相对

[①] 限于文章篇幅，本部分结果未予列示。如需查看，可向作者索要。

高声誉公司的原则对"所有独立董事均将所在公司视为相对高声誉公司"的样本进行了一一配对。重新对本章研究假设 H4 - 3 进行了检验。上述稳健性检验结果与前文结果并无实质性差异,说明本章结论较为稳健。

4.5 进一步分析与研究

4.5.1 按距离分组下的相对声誉与独立董事精力投入

在研究假设 H4 - 1 中,我们分别发现,对于相对声誉高、相对距离近的上市公司,独立董事投入了更多的时间和精力。然而,在对相对声誉的考察中,并没有控制上市公司与独立董事之间的距离。因此,独立董事对不同声誉公司投入时间的分配是否会受相隔距离的影响,我们不得而知。表4 - 9 报告了按独立董事任职单位与上市公司总部距离的中位数进行分组下的回归结果,我们同样在独立董事层面进行了 Cluster。"距离不小于当年中位数组"的回归结果显示,相对最高声誉(*Highest _ Repu*)与非亲自出席董事会比例(*Meeting*12)、委托出席董事会比例(*Meeting*1)均在 1% 的水平上显著负相关;相对最低声誉(*Lowest_Repu*)与缺席董事会比例(*Meeting*2)在 5% 的水平上显著正相关。"距离小于当年中位数组"的回归结果显示,仅有相对最高声誉(*Highest_Repu*)与委托出席董事会比例(*Meeting*1)在 10% 的水平上显著负相关。且两组系数差异至少在 10% 的水平上显著。按距离分组的回归结果表明,当任职公司距离较远时,独立董事更可能差别化对待不同的公司,如更多的亲自出席相对高声誉公司的董事会会议,更多缺席相对低声誉公司的董事会会议;当任职公司距离较近时,独立董事差异化出席任职公司董事会会议的现象相对较弱。表4 - 9 的回归结果综合说明,多席位独立董事对不同任职公司投入的时间和精力不仅取决于公司的相对声誉,同时也依赖于任职公司的相对距离。

4.5.2 按年龄分组下的相对声誉(相对距离)与独立董事精力投入

孔翔(2001)认为,理想的独立董事年龄应该在 35 ~ 55 岁。因为如果独立董事过于年轻,则其不大可能有丰富的经验与阅历,因而难以对公司作出实质性的贡献;但如果年龄超过 60 岁,则其可能已经没有足够的精力和冲动促

表4-9　　按距离分组下的相对声誉与董事会议出席情况

变量名称	变量符号	距离不小于当年中位数组			距离小于当年中位数组		
		(1) Meeting12	(2) Meeting1	(3) Meeting2	(4) Meeting12	(5) Meeting1	(6) Meeting2
相对最高声誉	Highest_Repu	-0.012 *** (-4.628)	-0.013 *** (-5.254)	0.000 (0.365)	-0.003 (-1.374)	-0.003 * (-1.847)	0.000 (0.512)
相对最低声誉	Lowest_Repu	0.002 (0.584)	-0.001 (-0.315)	0.002 ** (2.263)	0.001 (0.627)	0.001 (0.502)	0.000 (0.177)
独立董事津贴	Indir_Pay	-0.004 * (-1.896)	-0.001 (-0.356)	-0.003 *** (-4.366)	-0.000 (-0.055)	0.004 ** (2.242)	-0.003 *** (-4.600)
应参加董事会次数	Meeting	-0.001 *** (-6.218)	-0.002 *** (-9.037)	0.000 *** (4.787)	-0.001 *** (-4.130)	-0.001 *** (-5.582)	0.000 *** (4.095)
独立董事年龄	Indir_Age	-0.010 (-1.314)	-0.008 (-1.187)	-0.000 (-0.200)	-0.005 (-0.775)	-0.004 (-0.707)	-0.000 (-0.094)
独立董事任期	Indir_Tenure	0.006 *** (3.770)	0.005 *** (3.488)	0.000 (1.062)	0.006 *** (4.320)	0.006 *** (4.464)	0.000 (1.066)
独立董事教育水平	Education	0.009 *** (6.213)	0.007 *** (5.357)	0.002 *** (4.084)	0.009 *** (7.735)	0.007 *** (6.917)	0.001 *** (4.047)
独立董事会计背景	Indir_Acc	-0.024 *** (-8.883)	-0.021 *** (-8.602)	-0.002 *** (-3.207)	-0.018 *** (-8.462)	-0.015 *** (-8.070)	-0.002 *** (-3.545)
独立董事法律背景	Indir_Law	-0.010 *** (-2.790)	-0.008 *** (-2.520)	-0.001 * (-1.676)	-0.007 ** (-2.232)	-0.005 * (-1.805)	-0.001 (-1.545)
独立董事金融背景	Indir_Fin	-0.006 (-1.479)	-0.006 * (-1.872)	0.001 (0.515)	-0.007 ** (-2.200)	-0.006 ** (-2.174)	-0.001 (-0.578)

续表

变量名称	变量符号	距离不小于当年中位数组			距离小于当年中位数组		
		(1) Meeting12	(2) Meeting1	(3) Meeting2	(4) Meeting12	(5) Meeting1	(6) Meeting2
独立董事政府背景	Indir_PC	0.004 (1.141)	0.001 (0.337)	0.002* (1.903)	-0.003 (-1.253)	-0.004* (-1.755)	0.001 (0.706)
独立董事性别	Gender	0.003 (1.016)	0.004 (1.383)	-0.000 (-0.477)	0.003 (1.303)	0.002 (0.920)	0.001 (1.291)
董事会规模	BoardSize	0.004*** (7.225)	0.004*** (8.143)	-0.000 (-0.370)	0.003*** (5.484)	0.002*** (5.073)	0.000*** (2.867)
公司规模	Lnsize	0.003*** (2.510)	0.003*** (2.668)	0.000 (0.099)	0.001 (1.201)	0.002** (2.348)	-0.001*** (-3.478)
会计业绩	ROA	-0.060*** (-4.734)	-0.025** (-2.319)	-0.029*** (-6.253)	-0.021* (-1.793)	-0.011 (-1.083)	-0.008* (-1.883)
截距项	Constant	0.062 (1.391)	0.033 (0.842)	0.026*** (2.601)	0.173** (2.117)	-0.088*** (-2.673)	0.039*** (3.818)
年度/行业/省份	Industry & Year & Province	Control	Control	Control	Control	Control	Control
观测数	Obs#	20667	20680	20683	21072	21079	21093
调整后 R²	Adj - R²	0.0945	0.0761	0.0510	0.0754	0.0595	0.0464
F值	F Value	15.17	12.55	5.67	10.57	8.75	5.40

注：*，**，*** 分别表示10%，5%和1%的显著性水平（双尾）。

使公司进行重大的改革①。对于年龄较大的独立董事来说，精力有限是其最大的劣势，尤其是当同时任职多家公司时，这一矛盾更为突出。实际上，在我国A股上市公司中，年龄较大的独立董事兼任的上市公司家数的确显著多于年龄较小者。那么，不同年龄的独立董事对不同声誉和不同距离公司的精力分配是否也存在差异呢？如由于年龄较小的独立董事更需要树立良好的形象，他们积极履行相关职责的意愿更为强烈；而年龄较大的独立董事由于精力有限，他们会更加差别化对待不同声誉和不同距离的公司。为了验证以上推测，表 4 – 10 Panel A（Panel B）按照独立董事的年龄是否大于中位数，将全样本分为"年龄大组"（年龄不小于中位数的组）和"年龄小组"（年龄小于中位数的组），分组对本章研究假设 H4 – 1a（假设 H4 – 1b）重新进行了检验。

　　在计算回归方程的标准差时，我们同样在独立董事层面进行了 Cluster，用以控制相同独立董事间的组内相关性。Panel A "年龄大组"的回归结果显示：相对最高声誉（Highest_Repu）与非亲自出席董事会比例（Meeting12）、委托出席董事会比例（Meeting1）均在 1% 的水平上显著负相关。"年龄小组"的回归结果显示：相对最高声誉（Highest_Repu）与非亲自出席董事会比例（Meeting12）、委托出席董事会比例（Meeting1）均在 5% 的水平上显著负相关，相对最低声誉（Lowest_Repu）与非缺席董事会比例（Meeting2）在 10% 的水平上显著正相关。然而，两组系数差异在统计上并不显著。这说明，相对声誉对独立董事精力投入的影响在不同年龄组之间并不存在明显差异。年龄并不构成独立董事差别化对待不同声誉公司的重要因素。Panel B 的回归结果显示：无论在"年龄大组"抑或是"年龄小组"，相对最近距离②（Nearest_Dist）与非亲自出席董事会比例（Meeting12）、委托出席董事会比例（Meeting1）均在 1% 的水平上显著负相关；在"年龄小组"中，相对最远距离（Farest_Dist）与缺席董事会比例（Meeting2）在 10% 的水平上显著正相关。然而，两组系数差异在统计上并不显著。这说明，相对距离对独立董事精力投入的影响在不同年龄组之间并不存在明显差异。出现这一结果的可能原因是，不同年龄的独立董事在选择任职公司时，已经考虑了距离因素。对任职距

---

① 孔翔：《独立董事制度研究》，《深圳证券交易所综合研究所研究报告》，2001：深证综研字第 0030 号。

② Panel B 报告了使用"空间距离"来度量独立董事与任职公司之间距离的回归结果，使用"火车最短交通时间"和"火车发车频率"度量的回归结果大体保持一致。

表 4-10

Panel A：按年龄分组下的相对声誉与独立董事精力投入

变量名称	变量符号	年龄大组			年龄小组		
		(1) Meeting12	(2) Meeting1	(3) Meeting2	(4) Meeting12	(5) Meeting1	(6) Meeting2
相对最高声誉	Highest_Repu	-0.011*** (-4.622)	-0.012*** (-5.502)	0.000 (0.574)	-0.005** (-2.045)	-0.005** (-2.110)	-0.000 (-0.138)
相对最低声誉	Lowest_Repu	0.002 (0.693)	0.001 (0.257)	0.001 (0.899)	0.001 (0.234)	-0.001 (-0.492)	0.001* (1.880)
独立董事津贴	Indir_Pay	-0.001 (-0.570)	0.002 (0.847)	-0.002*** (-3.064)	-0.002 (-0.903)	0.003 (1.479)	-0.004*** (-5.642)
应参加董事会次数	Meeting	-0.001*** (-6.600)	-0.002*** (-8.776)	0.000*** (4.103)	-0.001*** (-4.323)	-0.001*** (-6.409)	0.000*** (4.764)
独立董事年龄	Indir_Age	-0.002 (-0.157)	-0.000 (-0.019)	-0.001 (-0.191)	-0.033*** (-2.682)	-0.033*** (-2.979)	0.004 (1.214)
独立董事任期	Indir_Tenure	0.003** (2.065)	0.003** (2.411)	-0.000 (-0.635)	0.009*** (5.750)	0.007*** (5.208)	0.001*** (2.693)
独立董事教育水平	Education	0.008*** (6.492)	0.007*** (5.973)	0.001*** (3.227)	0.010*** (7.326)	0.008*** (6.539)	0.002*** (4.014)
独立董事会计背景	Indir_Acc	-0.025*** (-10.94)	-0.022*** (-10.37)	-0.003*** (-4.924)	-0.022*** (-7.953)	-0.019*** (-7.832)	-0.002*** (-2.924)
独立董事法律背景	Indir_Law	-0.004 (-1.157)	-0.002 (-0.723)	-0.001 (-1.462)	-0.014*** (-4.133)	-0.011*** (-3.774)	-0.002** (-2.161)
独立董事金融背景	Indir_Fin	-0.004 (-1.142)	-0.005 (-1.613)	0.001 (0.968)	-0.007* (-1.800)	-0.006* (-1.762)	-0.001 (-0.741)

续表

变量名称	变量符号	年龄大组				年龄小组	
		(1) Meeting12	(2) Meeting1	(3) Meeting2	(4) Meeting12	(5) Meeting1	(6) Meeting2
独立董事政府背景	Indir_PC	-0.004* (-1.717)	-0.005** (-2.003)	-0.000 (-0.060)	0.009** (1.932)	0.004 (0.945)	0.004*** (2.767)
独立董事性别	Gender	0.007** (2.367)	0.008*** (2.538)	-0.000 (-0.109)	0.001 (0.477)	0.000 (0.120)	0.001 (1.383)
董事会规模	BoardSize	0.003*** (6.211)	0.003*** (6.280)	0.000 (1.477)	0.004*** (6.952)	0.004*** (7.591)	0.000 (1.147)
公司规模	Lnsize	0.003*** (3.383)	0.004*** (3.878)	-0.000 (-1.315)	0.000 (0.362)	0.001 (0.930)	-0.000 (-1.471)
会计业绩	ROA	-0.020* (-1.663)	-0.002 (-0.159)	-0.017*** (-4.028)	-0.061*** (-4.790)	-0.031*** (-2.912)	-0.023*** (-4.740)
截距项	Constant	0.020 (0.367)	-0.017 (-0.346)	0.034** (2.227)	0.136** (2.282)	0.059 (1.110)	0.028 (1.057)
年度/行业/省份	Industry & Year & Province	Control	Control	Control	Control	Control	Control
观测数	Obs#	21912	21928	21931	19827	19831	19845
调整后 R^2	Adj - R^2	0.0691	0.0565	0.0404	0.0781	0.0596	0.0490
F值	F Value	22.86	17.47	7.10	13.08	10.62	6.15

注: *、**、*** 分别表示10%、5%和1%的显著性水平（双尾）。

Panel B： 按年龄分组下的相对距离与独立董事精力投入

变量名称	变量符号	年龄大组			年龄小组		
		(1) Meeting12	(2) Meeting1	(3) Meeting2	(4) Meeting12	(5) Meeting1	(6) Meeting2
相对最远距离	Farest_Dist	-0.001 (-0.578)	-0.002 (-1.001)	0.000 (0.283)	0.001 (0.375)	-0.000 (-0.074)	0.001* (1.643)
相对最近距离	Nearest_Dist	-0.009*** (-3.787)	-0.010*** (-4.457)	0.000 (0.706)	-0.008*** (-3.157)	-0.008*** (-3.617)	0.000 (0.057)
独立董事津贴	Indir_Pay	-0.001 (-0.474)	0.002 (0.950)	-0.002*** (-3.163)	-0.002 (-0.922)	0.003 (1.422)	-0.004*** (-5.592)
应参加董事会次数	Meeting	-0.001*** (-6.520)	-0.002*** (-8.668)	0.000*** (4.145)	-0.001*** (-4.305)	-0.001*** (-6.377)	0.000*** (4.767)
独立董事年龄	Indir_Age	-0.001 (-0.119)	0.000 (0.008)	-0.001 (-0.217)	-0.034*** (-2.721)	-0.034*** (-3.033)	0.004 (1.235)
独立董事任期	Indir_Tenure	0.003** (2.110)	0.003** (2.444)	-0.000 (-0.494)	0.009*** (5.665)	0.007*** (5.129)	0.001*** (2.643)
独立董事教育水平	Education	0.008*** (6.488)	0.007*** (5.971)	0.001*** (3.215)	0.010*** (7.289)	0.008*** (6.458)	0.002*** (4.070)
独立董事会计背景	Indir_Acc	-0.025*** (-10.94)	-0.022*** (-10.34)	-0.003*** (-4.962)	-0.022*** (-8.080)	-0.019*** (-7.970)	-0.002*** (-2.926)
独立董事法律背景	Indir_Law	-0.004 (-1.162)	-0.002 (-0.731)	-0.001 (-1.451)	-0.013*** (-4.122)	-0.011*** (-3.770)	-0.002** (-2.145)
独立董事金融背景	Indir_Fin	-0.004 (-1.171)	-0.005* (-1.642)	0.001 (0.968)	-0.007* (-1.808)	-0.006* (-1.775)	-0.001 (-0.736)

续表

变量名称	变量符号	年龄大组			年龄小组		
		(1) Meeting12	(2) Meeting1	(3) Meeting2	(4) Meeting12	(5) Meeting1	(6) Meeting2
独立董事政府背景	Indir_PC	-0.004* (-1.671)	-0.004** (-1.952)	-0.000 (-0.025)	0.009** (1.928)	0.004 (0.944)	0.004*** (2.759)
独立董事性别	Gender	0.007** (2.362)	0.007*** (2.522)	-0.000 (-0.082)	0.002 (0.497)	0.000 (0.154)	0.001 (1.363)
董事会规模	BoardSize	0.003*** (5.971)	0.003*** (6.056)	0.000 (1.373)	0.004*** (6.912)	0.004*** (7.565)	0.000 (1.119)
公司规模	Lnsize	0.002*** (2.653)	0.003*** (3.118)	-0.000 (-1.429)	-0.000 (-0.004)	0.001 (0.698)	-0.001* (-1.887)
会计业绩	ROA	-0.020* (-1.646)	-0.001 (-0.131)	-0.017*** (-4.041)	-0.060*** (-4.751)	-0.031*** (-2.886)	-0.023*** (-4.715)
截距项	Constant	0.069 (1.285)	-0.014 (-0.000)	0.035** (2.332)	0.069 (1.167)	0.240*** (3.052)	0.021 (1.436)
年度/行业/省份	Industry & Year & Province	Control	Control	Control	Control	Control	Control
观测数	Obs#	21848	21864	21867	19813	19817	19830
调整后 R²	Adj – R²	0.0779	0.0646	0.0419	0.0856	0.0668	0.0503
F值	F Value	24.87	20.05	1287	12.29	10.26	5.80

注：*、**、*** 分别表示 10%、5% 和 1% 的显著性水平（双尾）。

离的统计结果显示，在"年龄大组"中，独立董事与任职公司总部的距离均值（中值）为 73.05 公里（82.22 公里）；在"年龄小组"中，独立董事与任职公司总部的距离均值（中值）为 96.80 公里（145.79 公里）；且两者之间的差异在 1% 的水平上显著。这说明，对于年龄较大的独立董事来说，他们本身就选择了距离较近的公司任职。

4.5.3　多席位独立董事与独立董事意见

《关于在上市公司建立独立董事制度的指导意见》规定，独立董事应当对上市公司重大事项发表以下几类意见之一：同意；保留意见及其理由；反对意见及其理由；无法发表意见及其障碍。唐雪松等（2010）比较了独立董事兼职席位多寡对出具独立董事意见的影响。作者研究发现，出于避免席位丢失或财富损失的动机，独立董事兼职的上市公司家数越少或从公司获取的报酬越高时，独立董事说"不"的可能性越低。一个更微妙的问题是，多席位独立董事对所有兼任公司说"不"的可能性存在差异吗？这一可能性是否也会受到任职公司相对声誉和相对距离的影响呢？参照叶康涛等（2011）、陈睿等（2015）相关文献，我们对影响独立董事投票的相关因素进行了控制，并且报告了独立董事意见的多元回归结果（如表 4-11 所示）。在年度层面进行了 cluster，各列的被解释变量均为独立董事意见哑变量（*Opinion*）。CSMAR 数据库中提供的独立董事意见类别包括：同意、保留意见、反对意见、无法发表意见、弃权、提出异议和其他七种类型。我们将"同意"定义为肯定意见并赋值为 0，"保留意见、反对意见、无法发表意见、弃权和提出异议"定义为否定意见并赋值为 1；同时删除意见类别为"其他"的样本。

表 4-11　　　　　　　　　多席位独立董事与独立董事意见

变量名称	变量符号	(1)	(2)
相对最高声誉	*Highest_Repu*	0.134 (0.711)	
相对最低声誉	*Lowest_Repu*	0.643 ** (2.335)	
相对最远距离	*Farest_Dist*		0.420 * (1.801)

续表

变量名称	变量符号	（1）	（2）
相对最近距离	Nearest_Dist		0.232 (0.900)
应参加董事会次数	Meeting	0.032 (0.892)	0.034 (0.961)
兼任独立董事家数	Boardlock	0.263* (1.782)	0.253 (1.362)
独立董事津贴	Indir_Pay	0.016 (0.065)	0.027 (0.111)
独立董事年龄	Indir_Age	−0.742 (−1.324)	−0.710 (−1.291)
独立董事任期	Indir_Tenure	0.134 (0.752)	0.128 (0.723)
独立董事教育水平	Education	0.106*** (2.600)	0.108*** (2.637)
独立董事会计背景	Indir_Acc	0.064 (0.618)	0.068 (0.675)
独立董事金融背景	Indir_Fin	0.141 (0.464)	0.151 (0.500)
独立董事法律背景	Indir_Law	0.063 (0.367)	0.067 (0.391)
独立董事政府背景	Indir_PC	0.260 (1.304)	0.264 (1.308)
独立董事性别	Gender	−0.069 (−0.474)	−0.072 (−0.490)
审计意见	Audit	−1.003*** (−3.155)	−0.986*** (−3.119)
两职合一	Dual	0.010 (0.042)	0.016 (0.066)
高管持股比例	Mshare	2.324* (1.755)	2.381* (1.814)
机构持股比例	Instihold	0.956*** (2.946)	0.964*** (3.036)

变量名称	变量符号	（1）	（2）
董事会规模	*Board*	0.700 （1.503）	0.693 （1.467）
公司规模	*Lnsize*	－0.110 （－0.987）	－0.153 （－1.453）
盈利能力	*ROA*	－2.754 ** （－2.448）	－2.762 ** （－2.444）
成长能力	*Growth*	－0.312 （－1.185）	－0.330 （－1.236）
股权性质	*SOE*	0.027 （－0.106）	－0.018 （－0.070）
股权集中度	*Zindex*	－0.008 ** （－2.447）	－0.008 ** （－2.379）
公司年限	*List_Age*	－0.255 （－0.888）	－0.265 （－0.909）
截距项	*Constant*	－3.786 （－0.943）	－2.950 （－0.706）
年度/行业/省份	*Industry & Year*	Control	Control
观测数	Obs#	172691	172330
调整后 R^2	Pseudo R^2	0.1492	0.1480
沃尔德卡方	Wald chi2	1093.54	1083.02

注：*、**、*** 分别表示10%、5%和1%的显著性水平（双尾）。

第（1）列的回归结果显示，相对最高声誉与独立董事意见哑变量正相关但不显著，相对最低声誉与独立董事意见哑变量在5%的水平上显著正相关，且两者系数差异在10%的水平上显著（F值为3.24，P值为0.0719）；第（2）列的回归结果显示，相对最远距离与独立董事意见哑变量在10%的水平上显著正相关，相对最近距离与独立董事意见哑变量正相关但不显著，且两者系数差异在10%的水平上显著（F值为2.74，P值为0.0981）。以上回归结果说明，独立董事对相对声誉高（相对距离远）的公司均发布了显著少（多）的否定意见。出现这一结果的可能原因是：声誉相对高的公司其公司治理本身较好；而距离相对近的公司由于交流成本较低，相关事项在表决前已经做好了沟通①。

4.6　本章小结

以沪、深两市 2002～2013 年 A 股上市公司为样本，本章探讨了多席位独立董事如何在不同公司之间分配自己有限的时间和精力。研究发现：（1）同时任职多家公司的独立董事在精力分配上存在偏好，独立董事对声誉相对高、空间距离相对近、交通时间成本相对低和交通更便利的公司投入了更多的精力。（2）当任职公司距离较远时，独立董事差别化对待不同声誉公司的现象更为明显。（3）同时任职多家公司的独立董事也更可能在任期未满时由于会计业绩恶化而离开声誉相对低、距离相对远的公司。（4）独立董事投入精力的不同会带来治理绩效上的差异。具体表现为，将所在公司视为相对高声誉公司的独立董事比例越大，则总经理超额薪酬越低、薪酬业绩敏感性越高；将所在公司视为相对近距离公司的独立董事比例越大，总经理超额薪酬越低。

本章研究提供了多席位独立董事差别化对待不同公司的经验证据，不仅从理论上丰富了关于独立董事行为特征和治理绩效的研究，同时也从实务上为上市公司选聘独立董事提供了依据。当然，本章研究也存在一定的不足。如作为上市公司独立董事，除了必须参加日常董事会议外，独立董事还必须对企业的财务报告、重要事项进行审议，这些都需要一定时间和精力的付出（谭劲松等，2006）。本章仅仅从出席董事会议情况来衡量独立董事对任职公司投入的时间和精力难免过于片面。再如独立董事全职工作单位的不同会导致可支配时间上的差异，全职单位与兼职单位之间业务匹配度的差异也会影响独立董事的监督效率。在接下来的研究中，可以细化多席位独立董事的不同身份、行业领域和专业匹配程度等进一步进行深入分析。

---

① 当然，另一种可能的解释是：由于丢失相对高声誉（近距离）公司的董事席位成本更高，因此独立董事说"不"的可能性更低。对于这一问题，作者将留作以后进行深入研究。

第5章 独立董事的学术任职背景研究

　　人员构成是影响董事会运作效率的重要因素之一。与其他国家相比，我国独立董事在人员构成上呈现出明显的特征：韩国有20%的外部董事来自学术界（Francis et al., 2015）；而我国相应的这一比例高达43.3%。美国在1998~2011年标准普尔指数选取的公司中，董事会成员至少有一名教授的比例约占40%，教授平均约占14.3%（Francis et al., 2015）；而我国在2002~2014年所有A股主板上市公司中，独立董事成员至少有一名学者的比例高达78.4%，学者平均约占55.7%。可以说，独立董事的最大比例由学者构成，形成了我国独有的公司治理特征。然而，由于独立董事制度起源于西方，国内现有关于独立董事的研究更多也是借鉴西方，对我国特有元素的考虑较少。这或许也是在我国独立董事治理效应的问题上并未形成一致认识的原因之一。

　　中国自古为一统一大国，政统于上，学统于下。黄帝、尧、舜、禹、汤、文、武、傅说、伊尹、周公，政在上，而学亦辅之。孔子起，学在下，而政亦尊之……故中国人传统观念，学尤在政之上。政当尊学，而学必通政。中国之学风，乃中国文化传统之大意义所在。学人任相，乃中国传统政制一不可废之大纲①。学者在我国历史传统中的地位由此可见一斑。中国政与学合，西方政与学分，此亦中西文化相异一大端。秦汉以下，政治以学术为向导。全体政治人员，自宰相以下，皆出于学。政治在中国，可称为一种学治，而西方则否②。因此，在对中国制度背景下上市公司独立董事相关问题进行研究时，将无法绕过对学者型独立董事这一特殊群体的考量，而深入了解学者型独立董事履职行为对于厘清独立董事制度在我国公司治理中发挥的作用也意义重大。

---

　　①② 引自钱穆《晚学盲言》第十八章"政与学"，第256~258页。

5.1　学者型独立董事的个人特征描述

5.1.1　专业背景

　　从表 2-1 独立董事职业背景的统计数据可以看出，来自高校、党校、研究院等事业单位的学者构成了独立董事最重要的组成部分（占所有独立董事的比例高达 43.30%）。他们一直从事着理论研究，且大多是在专业领域有着重要影响力的一类群体。那么，学者型独立董事的专业背景分布情况如何呢？表 5-1 统计了自 2002~2013 年证监会强制境内上市公司聘请独立董事以来，A 股主板市场所有学者型独立董事的专业背景信息。样本期内，共搜集到 23076 人次的学者独立董事专业背景信息，约占所有学者型独立董事总人次的 97.97%。数据显示，学者型独立董事大多来自经济管理类专业（约占 72.61%），具备一定的管理才能。其中，从事会计学专业研究的学者型独立董事约占 30.50%，这与《指导意见》对独立董事中至少包括一名会计专业人士的要求相吻合。同时，拥有机械、纺织、冶金、通信、工程、化工等理工类专业知识和法学背景的学者同样是上市公司选拔独立董事所青睐的对象。

表 5-1　　　　　　　　　　学者型独立董事专业背景

编号	专业背景	独立董事席位数	占比（%）
1	经济管理类（不含会计学）	9718	42.11
2	会计学	7038	30.50
3	理工类	3093	13.40
4	法学	2412	10.45
5	医学	426	1.85
6	农学	170	0.74
7	文学	109	0.47
8	哲学	53	0.23
9	教育学	37	0.16
10	历史学	20	0.09
	合计	23076	100

5.1.2 籍贯

表 5 - 2 描述了 2002 ~ 2013 年 A 股主板市场所有学者型独立董事的籍贯分布情况。样本期内，共搜集到 21345 人次的学者型独立董事籍贯信息，占学者型独立董事总人次的 90.63%。与其他背景的独立董事籍贯信息相一致，学者型独立董事的籍贯同样主要集中在经济或教育发展水平较高的省份。并且人数最多的前四大省份仍然为浙江（10.93%）、江苏（10.35%）、山东（7.62%）和湖南（6.99%）。此外，也有部分上市公司聘请了来自港、澳、台地区或海外的学者担任独立董事。其中，来自港、澳、台地区和海外的学者型独立董事分别占 0.3% 和 0.27%，而来自海外的 57 人次学者型独立董事集中在加拿大（22 人次）、美国（18 人次）、法国（9 人次）和英国（8 人次）等国家。

表 5 - 2 　　　　　　　　　　学者型独立董事籍贯

编号	籍贯	席位	占比（%）	编号	籍贯	席位	占比（%）
1	浙江	2332	10.93	17	吉林	482	2.26
2	江苏	2210	10.35	18	山西	443	2.08
3	山东	1626	7.62	19	广东	344	1.61
4	湖南	1491	6.99	20	黑龙江	318	1.49
5	安徽	1364	6.39	21	天津	299	1.40
6	上海	1329	6.23	22	云南	181	0.85
7	湖北	1134	5.31	23	甘肃	179	0.84
8	四川	1028	4.82	24	内蒙古	162	0.76
9	辽宁	923	4.32	25	新疆	143	0.67
10	江西	867	4.06	26	广西	110	0.52
11	福建	851	3.99	27	贵州	107	0.50
12	河北	773	3.62	28	香港	62	0.29
13	河南	714	3.35	29	宁夏	36	0.17
14	北京	640	3.00	30	海南	19	0.09
15	陕西	585	2.74	31	台湾	3	0.01
16	重庆	533	2.50	32	其他（境外）	57	0.27

5.1.3 任职高校①

表5-3统计了2002~2013年A股主板市场所有学者型独立董事的任职高校信息。样本期内，我们搜集到所有学者型独立董事的任职高校信息。数据显示，学者型独立董事的任职高校主要集中在排名较为靠前的"985"工程院校和著名的财经类院校。其中，任职高校来自中国人民大学、上海财经大学、清华大学、北京大学和厦门大学的学者型独立董事人数最多，累计拥有独立董事席位数3372个。进一步分析发现，虽然来自以上五所高校的学者型独立董事的全职工作地点仅集中在北京、上海和福建三个地区，然而他们却累计在31个省份（直辖市）的507家上市公司任职。

表5-3 学者型独立董事任职高校

编号	学校名称	席位数	占比（%）	编号	学校名称	席位数	占比（%）
1	中国人民大学	810	3.44	16	浙江财经大学	311	1.32
2	上海财经大学	721	3.06	17	西安交通大学	305	1.29
3	清华大学	721	3.06	18	东北财经大学	284	1.21
4	北京大学	608	2.58	19	湖南大学	274	1.16
5	厦门大学	512	2.17	20	中国科学院	262	1.11
6	复旦大学	482	2.05	21	南开大学	259	1.10
7	南京大学	476	2.02	22	上海国家会计学院	242	1.03
8	上海交通大学	467	1.98	23	山东大学	232	0.99
9	武汉大学	453	1.92	24	同济大学	231	0.98
10	浙江大学	421	1.79	25	重庆大学	220	0.93
11	西南财经大学	406	1.72	26	华东政法大学	219	0.93
12	中山大学	403	1.71	27	江西财经大学	206	0.87
13	中央财经大学	401	1.70	28	华中科技大学	198	0.84
14	中国社会科学院	377	1.60	29	四川大学	192	0.82
15	中南财经政法大学	329	1.40	30	山东财经大学	190	0.81

---

① 对于出现过合并或更换校名的高校，均使用最新校名进行统计，下同。

编号	学校名称	席位数	占比（％）	编号	学校名称	席位数	占比（％）
31	对外经济贸易大学	189	0.80	42	上海社会科学院	153	0.65
32	深圳大学	187	0.79	43	大连理工大学	145	0.62
33	吉林大学	183	0.78	44	首都经济贸易大学	144	0.61
34	北京工商大学	179	0.76	45	中国政法大学	139	0.59
35	国务院发展研究中心	171	0.73	46	东南大学	137	0.58
36	北京交通大学	170	0.72	47	安徽财经大学	136	0.58
37	暨南大学	170	0.72	48	财政部财政科学研究所	135	0.57
38	华南理工大学	162	0.69	49	党校	135	0.57
39	中南大学	162	0.69	50	西北大学	134	0.57
40	安徽大学	161	0.68	51	其他大学	9192	39.03
41	浙江工商大学	157	0.67	52	合计	23553	100.00

图 5-1 进一步按海外高校、九校联盟（C9）、"985"工程院校（不含 C9 高校）、"211"工程院校（不含"985"工程院校）和其他院校统计了学者型独立董事的任职高校信息①。其中，任职高校为海外和港、澳、台高校的学者型独立董事为 106 人次（0.45％），来自海外的 106 名学者型独立董事主要集中在中国香港（53 人次）、英国（23 人次）、美国（17 人次）等国家（地区）。来自 C9 高校的学者型独立董事为 3664 人次（15.56％），来自其他"985"工程院校（不含 C9 高校）的学者型独立董事为 5384 人次（22.86％），来自"211"工程院校（不含"985"工程院校）的学者型独立董事为 4821 人次（20.47％），来自其他高校的学者型独立董事为 9578 人次（40.67％）。

5.1.4 职称

图 5-2 统计了 2002～2013 年 A 股主板市场所有学者型独立董事的职称信息。样本期内，搜集到 23011 人次学者型独立董事的职称信息，占所有学者型

---

① 其中，海外高校含港、澳、台地区。九校联盟（C9），即中国大学联盟，是国家"985"重点建设中的 9 所大学，于 2009 年 10 月启动。联盟成员名单：北京大学、清华大学、浙江大学、上海交通大学、复旦大学、南京大学、中国科学技术大学、西安交通大学、哈尔滨工业大学。

（人次）

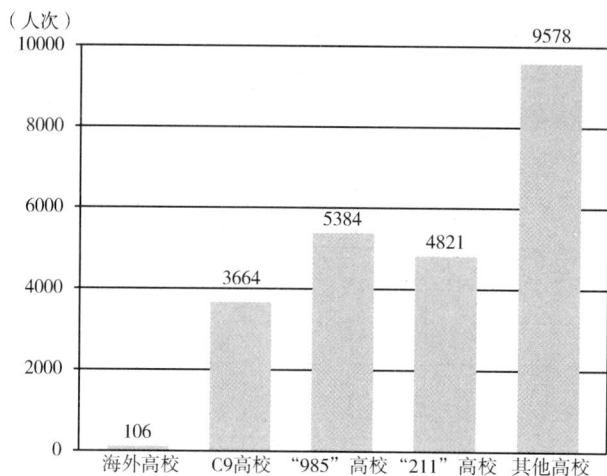

图 5 - 1　学者型独立董事任职高校

独立董事总人次的 97.70%。数据显示，有 87.02% 的学者型独立董事具有教授头衔，有 2.55% 的学者型独立董事具有"中国科学院院士"或"中国工程院院士"的学术称号，这说明学者型独立董事大多是在学术领域具有较高影响力或造诣的一类群体。

（人次）

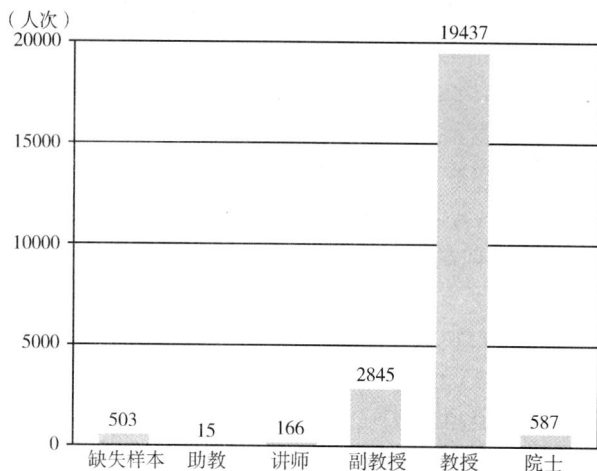

图 5 - 2　学者型独立董事职称

5.1.5　教育水平

图 5 - 3 统计了 2002 ~ 2013 年 A 股主板市场所有学者型独立董事的教育水平。样本期内，共搜集到 23475 人次学者型独立董事的教育水平信息，占所有学者型独立董事总人次的 99.67%。数据显示，学者型独立董事的最低学历为大专，仅占 0.25%；有 81.27% 的学者型独立董事具有硕士研究生及以上学历，有接近六成（59.29%）的学者型独立董事具有博士研究生学历。这说明学者型独立董事是受过较高教育水平的一类群体，具有较强的学习能力和理论基础。

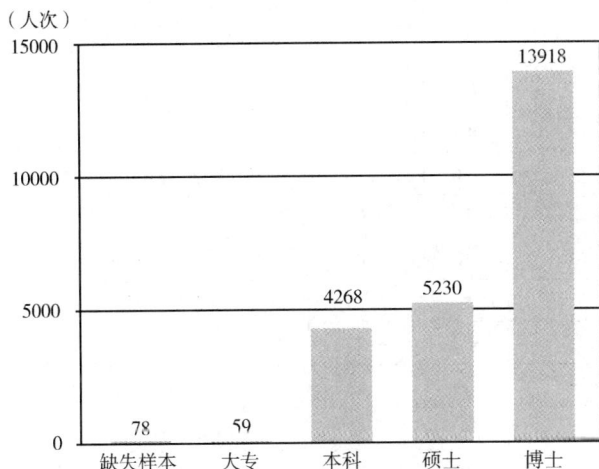

图 5 - 3　学者型独立董事教育水平

5.1.6　第一学历

表 5 - 4 统计了 2002 ~ 2013 年 A 股主板市场所有学者型独立董事的第一学历信息。样本期内，共搜集到 20680 人次的学者型独立董事第一学历信息，约占所有学者型独立董事总人次的 87.80%。数据显示，学者型独立董事第一学历集中在著名财经类院校的现象更为明显。其中，第一学历来自上海财经大学、厦门大学、中国人民大学、中南财经政法大学和北京大学的学者型独立董事人次最多，累计拥有独立董事席位数 3530 个。进一步分析发现，这 3530 人次的独立董事分别在 113 所高校或研究机构任职，并且覆盖了包括香港在内的

23 个地区（省份或直辖市）。

表 5 - 4　　　　　　　　　　　　学者型独立董事第一学历

编号	学校名称	席位	占比（%）	编号	学校名称	席位	占比（%）
1	上海财经大学	897	4.34	27	辽宁大学	228	1.10
2	厦门大学	707	3.42	28	山西财经大学	213	1.03
3	中国人民大学	702	3.39	29	兰州大学	184	0.89
4	中南财经政法大学	612	2.96	30	上海交通大学	184	0.89
5	北京大学	612	2.96	31	重庆大学	180	0.87
6	湖南大学	560	2.71	32	中南大学	179	0.87
7	复旦大学	559	2.70	33	东北大学	175	0.85
8	清华大学	535	2.59	34	同济大学	167	0.81
9	江西财经大学	467	2.26	35	华东政法大学	165	0.80
10	安徽财经大学	446	2.16	36	北京工商大学	163	0.79
11	西安交通大学	426	2.06	37	天津大学	156	0.75
12	东北财经大学	418	2.02	38	四川大学	154	0.74
13	武汉大学	382	1.85	39	山东财经大学	150	0.73
14	浙江大学	380	1.84	40	合肥工业大学	145	0.70
15	西南财经大学	349	1.69	41	武汉理工大学	145	0.70
16	吉林大学	340	1.64	42	北京科技大学	133	0.64
17	南京大学	311	1.50	43	西南大学	132	0.64
18	南开大学	308	1.49	44	吉林财经大学	129	0.62
19	山东大学	287	1.39	45	东南大学	122	0.59
20	西南政法大学	283	1.37	46	大连理工大学	121	0.59
21	中央财经大学	282	1.36	47	哈尔滨工业大学	120	0.58
22	安徽大学	280	1.35	48	安徽师范大学	119	0.58
23	华中科技大学	261	1.26	49	中山大学	115	0.56
24	天津财经大学	252	1.22	50	西北大学	112	0.54
25	首都经济贸易大学	242	1.17	51	其他高校	5852	28.30
26	华东师范大学	239	1.16	52	合计	20680	100.00

图 5 - 4 进一步按海外高校、九校联盟（C9）、"985"工程院校（不含 C9 高校）、"211"工程院校（不含"985"工程院校）和其他院校统计了学者型独立董事的第一学历信息。其中，第一学历来自海外和港、澳、台地区高校的学者型独立董事为 118 人次（0.57%），来自海外的 118 名学者型独立董事以俄罗斯（29 人次）、法国（25 人次）、美国（24 人次）、中国台湾地区（17 人次）和加拿大（16 人次）居多。来自 C9 高校的学者型独立董事为 3200 人次（15.47%），来自其他"985"工程院校（不含 C9 高校）的学者型独立董事为 5698 人次（27.55%），来自"211"工程院校（不含"985"工程院校）的学者型独立董事为 5046 人次（24.40%），来自其他高校的学者型独立董事为 6618 人次（32%）。也就是说，从第一学历来看，学者型独立董事的教育水平整体略优于其他背景的独立董事。

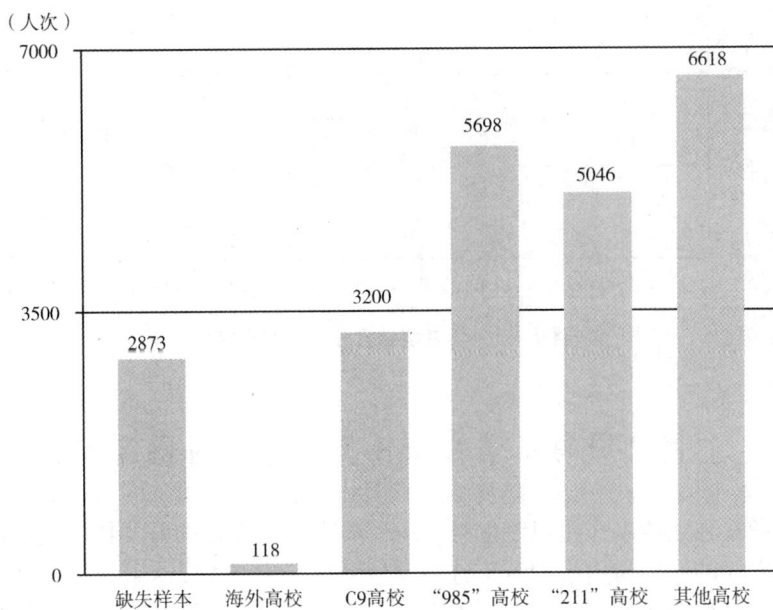

图 5 - 4　学者型独立董事第一学历

5.1.7　年龄

图 5 - 5 描述了 2002 ~ 2013 年 A 股主板市场所有学者型独立董事的年龄分布情况。数据显示，学者型独立董事的年龄主要集中在 40 ~ 59 周岁，占所有

独立董事的 77%。学者型独立董事的平均年龄为 50.84 周岁，中位数为 49 周岁，略低于其他背景的独立董事。同时，学者型独立董事的年龄差异仍然较大，有 10 人次（0.04%）的学者型独立董事年龄小于 30 周岁，最小为 27 周岁；有 32 人次（0.14%）的学者型独立董事年龄大于 79 周岁，最大为 85 周岁。

（人次）

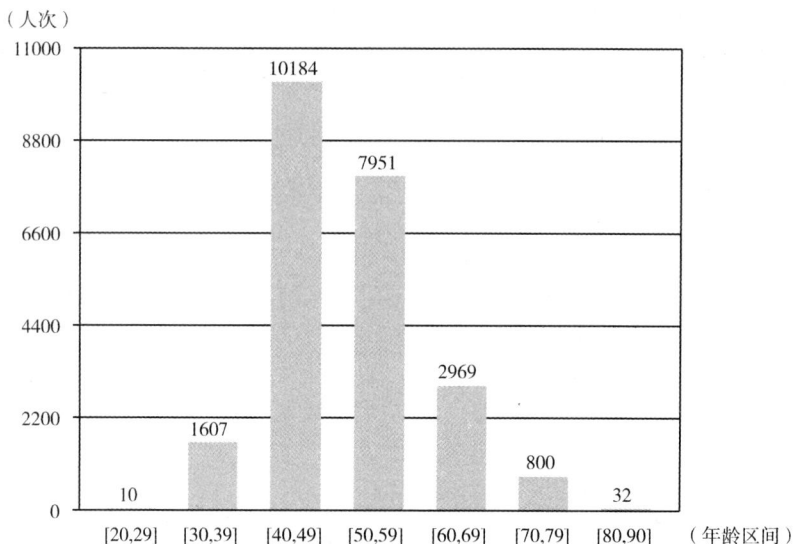

图 5-5 学者型独立董事年龄分布

5.2 上市公司聘请学者担任独立董事的影响因素研究

在考察独立董事作用机制的环节中，研究人员面临的首要挑战是如何将独立董事发挥的作用与内生的董事选聘程序分离开来（Adams et al.，2010）；并且，这一挑战会随着独立董事（Anderson et al.，2011）和聘任公司（Coles et al.，2008；Wintoki，2007）的异质性而加剧。更好地理解独立董事的选聘程序对理解独立董事在董事会中扮演的角色至关重要（White et al.，2014）。因此，研究上市公司聘请学者担任独立董事的影响因素将是本章实证部分拟探讨的首要问题。

数据统计结果显示，2002~2013 年，我国 A 股上市公司共聘请了 8607 名

（54449 人次）独立董事，其中有 3101 名（23553 人次）独立董事来自高校、党校、研究院等学术机构。这 3101 名学者型独立董事主要集中在经济管理（42.11%，不含会计学），会计学（30.50%），理、工学（13.40%），法学（10.45%），医学（1.85%）等学科领域。上市公司在聘请独立董事时，可能会综合考虑监督、专业技能、社会网络、声誉等因素。相对于其他背景的独立董事，学者型独立董事在知识储备和专业技能上存在优势，上市公司很可能会根据自身需求选择与公司相匹配的独立董事类型；同时，不同地区学者型独立董事的供给可能也是影响上市公司聘请学者担任独立董事的重要因素之一。本章接下来将从需求和供给的角度对上市公司聘请学者担任独立董事的影响因素进行探讨。

5.2.1 理论分析与假设提出

上市公司当地董事劳动力市场（local director labor market）的供给会对企业的董事会构成产生影响已经得到越来越多文献的支持（Audretsch，Stephan，1996；Audretsch，Lehmann，2006；Knyazeva et al.，2013）。如 Knyazeva 等（2013）研究发现，由于交通和时间成本较低以及沟通上的便利，独立董事更偏好于在当地上市公司任职。而当公司所在地周边存在较多法律、金融和技术领域专家时，上市公司聘请以上背景独立董事的概率大大增加；反之，当公司所在地周边独立董事候选人较少时，上市公司被迫在更大范围内选聘独立董事以满足强制性要求（Knyazeva et al.，2013）。在我国，学者型独立董事构成了整个独立董事群体的最重要组成部分（占所有独立董事的比例高达 43.3%）。当所在地高校数量较多时，学者型独立董事的供给较为充裕，上市公司选择该类独立董事的空间较大；反之，当所在地高校数量较少时，学者型独立董事的供给大大减少，上市公司聘请学者担任独立董事的能力受到限制。他们要么以其他类型的独立董事作为替代，要么以较远的距离作为聘请学者担任独立董事的代价。

图 5 - 6 按省份（直辖市）列示了我国 A 股上市公司在 2002 ~ 2013 年"至少有一名学者独立董事的上市公司比例"和"至少有一名学者独立董事的上市公司中学者所占比例"的分布情况。横轴按照 2002 ~ 2013 年各省份（直辖市）高校平均数量由小到大依次排列。其中，西藏在 2002 ~ 2013 年平均每年有 5 所高校，排名最后；福建在 2002 ~ 2013 年平均每年有 67 所高校，排名居中；江苏在 2002 ~ 2013 年平均每年有 127 所高校，排名第一。从图形分布

可以看出，对于高校数量大于67所（中位数）的15个地区，仅有4个地区的学者型独立董事比例小于中位数（y轴上的虚线）；而对于高校数量小于67所（中位数）的15个地区，仅有4个地区的学者型独立董事比例大于中位数（y轴上的虚线）。也就是说，无论是"至少有一名学者独立董事的上市公司比例"还是"至少有一名学者独立董事的上市公司中学者所占比例"，学者型独立董事比例大于中位数的上市公司均更多地集中在高校数量较多的省份（直辖市）。这说明，上市公司所在地学者的供给情况的确会对上市公司选聘学者型独立董事产生影响。这一观点同样得到Francis等（2015）的证实。作者研究发现，企业与高校之间的地理距离会影响上市公司对学者型独立董事的选聘。基于以上分析，提出本章第一个假设：

H5-2-1：其他条件一定的情况下，所在地区的学者型独立董事供给越大，上市公司聘请学者担任独立董事的概率越大。

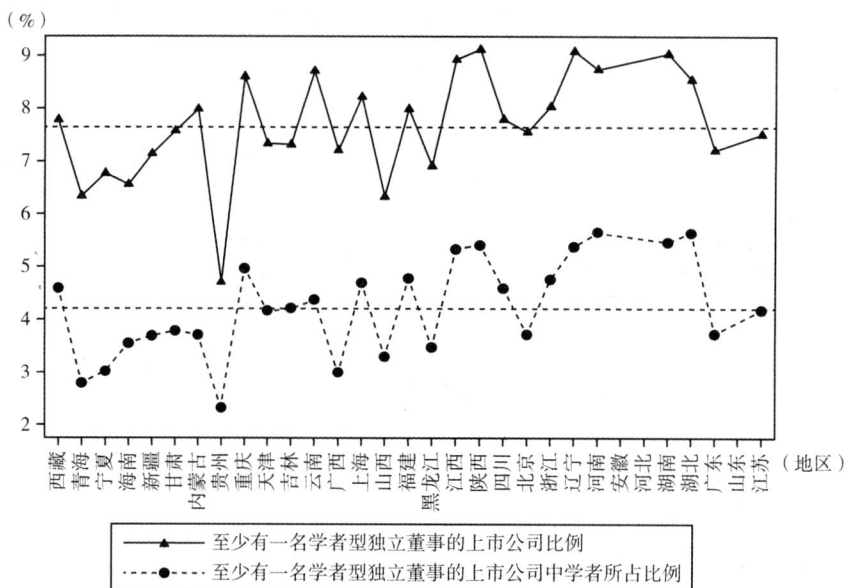

图5-6 学者型独立董事的地区分布情况

伴随着生产经营的多元化和公司治理的不断完善，上市公司对独立董事独立性和专业性的要求日趋加强。没有足够的解决争端的经验、才能、精力和责任心是无法胜任独立董事的实际需求的（芦海滨、赖崇斌，2010）。组织运营的复杂性和不确定性也日益要求董事会构成多元化，以便为公司提供全面的信息咨询和丰富的资源纽带。董事个人的人力资本和社会资本能够为公司提供不同的建议、咨询、公关以及沟通渠道，公司对特定资源与外部纽带的需求会反映到董事会构成当中（Pfeffer、Salancik，1978）。企业资源理论认为，知识作为一种关键性资源为创业型企业提供着竞争优势（Agrawal et al.，2005；Al-varez、Barney，2004；Wernerfelt，1984）。而通过吸引具有学术背景的管理人员和董事是企业获取这种关键性资源的两大策略（Audretsch 和 Lehmann，2006）。图 5－8 按行业①展现了我国 A 股上市公司在 2002～2013 年"至少有一名学者独立董事的上市公司比例"和"至少有一名学者独立董事的上市公司中学者所占比例"的分布情况。图形显示，各行业至少有一名学者型独立董事的上市公司比例为 28.57%～100%，差异较大。其中，Q"卫生和社会工作"行业最低，P"教育"行业最高；各行业至少有一名学者型独立董事的上市公司中学者所占比例为 26.67%～64.07%。其中，Q"卫生和社会工作"最低，F"批发和零售业"最高。

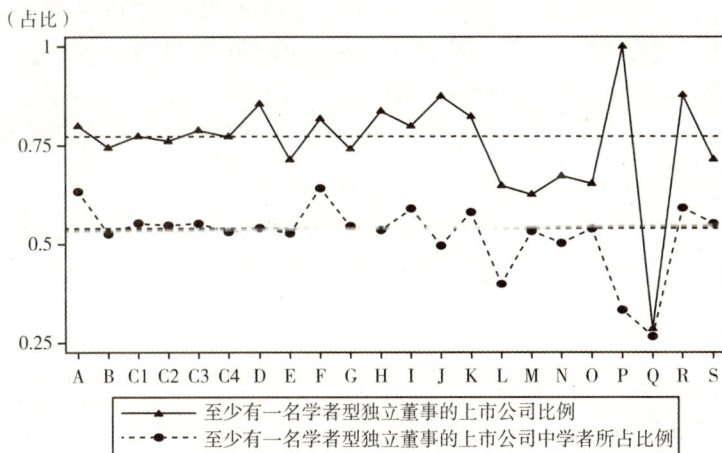

图 5－7　学者型独立董事的行业分布情况

---

①　各代码对应的行业名称如下：A 农、林、牧、渔业；B 采掘业；C 制造业；D 电力、热力、燃气及水的生产和供应业；E 建筑业；F 批发和零售业；G 交通运输、仓储和邮政业；H 住宿和餐饮业；I 信息传输、软件和信息技术服务业；J 金融业；K 房地产业；L 租赁和商务服务业；M 科学研究和技术服务业；N 水利、环境和公共设施管理业；O 居民服务、修理和其他服务业；P 教育；Q 卫生和社会工作；R 文化、体育和娱乐业；S 综合。

学者型独立董事在不同行业的差异分布同样得到 Audretsch 和 Lehmann（2006），Francis 等（2015）等学者的证实。Audretsch 和 Lehmann（2006）研究发现，企业的董事会构成不仅内生于所在地区的候选人供给情况，同样取决于企业所处的行业特征，如是否为高科技产业。Francis 等（2015）同样发现，高科技行业和金融行业更偏好聘请学者型独立董事，而部分制造业和批发、零售业更不可能聘请学者型独立董事。一方面，知识型和技术型企业倾向于选址在诸如高校这样的知识源（knowledge source）附近；另一方面，地理上的接近性的确也为企业带来了竞争优势（Almeida、Kogut，1997；Audretsch、Lehmann，2006 等）。由于学者通常是某一研究领域的专家，如财务、法律、金融等。这些学术背景有助于企业获得和吸收外部知识溢出（external knowledge spillover），从而提高企业的竞争优势（Audretsch、Lehmann，2006）。White 等（2014）同样发现，信息成本较高的高成长型企业更倾向于聘请具有专业化知识的学者型独立董事（如高校排名来自前 25 名的学者）。对于经营业务较为复杂、行业竞争较为激烈且处于成长阶段的上市公司来说，他们对专业化知识和高水平人才的需求更为强烈。"学习曲线效应"认为，随着对某一领域知识的掌握和经验的积累，人们会花费较少的时间来处理复杂任务（Yelle，1979）。而来自知名高校或研究机构的学者，他们往往拥有优秀的理论背景和快速的学习能力，能够更好地把握宏观趋势、处理经营活动中面临的各类复杂问题。基于以上分析，提出本章第二个假设：

H5-2-2：其他条件一定的情况下，业务复杂度和成长性越高、行业竞争越激烈的上市公司，其聘请学者担任独立董事的概率越大。

5.2.2 研究设计

1. 研究样本与数据来源

本章实证分析数据以证监会强制要求上市公司聘请独立董事的首年——2002 年为样本起点，并取 2013 年为样本终点。本书使用的独立董事个人信息数据通过"百度"手工搜集整理得到。每年各地区高校数量、教职工人数和专任教师人数信息来自《中国统计年鉴》；其他数据均来自国泰安 CSMAR 数据库，部分缺失数据由作者根据年报补充得到。对于初始样本进行了如下筛选：（1）剔除金融保险类样本；（2）剔除数据缺失样本。最终得到 13460 个公司年观测值。为了避免极端值的影响，对所有连续变量上下两侧各 1% 的观测值进行了 Winsorize 处理。本章数据处理使用 STATA 计量分析软件进行。

2. 模型设定与变量定义

对于研究假设 H5 - 2 - 1 和假设 H5 - 2 - 2，构建回归模型（5 - 1）进行检验。为了减轻内生性问题，我们对所有解释变量进行了滞后一期处理。如果假设 5 - 2 - 1 成立，则模型（5 - 1）中 b_1 系数显著为正；如果假设 H5 - 2 - 2 成立，则模型（5 - 1）中 b_2、b_4 系数显著为正，b_3 系数显著为负。

$$Scholar_t = a + b_1 * University\_N_{t-1} + b_2 * Complex_{t-1} + b_3 * Compete_{t-1}$$
$$+ b_4 * Growth_{t-1} + b * \sum Control_{t-1} + e \qquad (5-1)$$

模型涉及的主要变量定义如下：

（1）被解释变量。学者型独立董事（*Scholar*）。本章衡量学者型独立董事的主要指标为学者型独立董事占所有独立董事的比例（*Scholar_P*）。为了确保研究结论更为稳健，我们同样从学者型独立董事数量（*Scholar_N*）和学者型独立董事哑变量（*Scholar_D*）等维度进行了补充检验。

（2）考察变量。

① 当地高校数量（*University_N*）。为当年上市公司所在省份（直辖市）高校总数的自然对数。

② 业务复杂度（*Complex*）。用上市公司当年涉及行业的个数度量。

③ 行业竞争度（*Compete*）。用上市公司所在行业营业收入最高的前三大公司占所在行业总收入比例的平方和度量。*Compete* 取值越大，则行业竞争度越低。

④ 成长能力（*Growth*）。用总资产增长率度量。

其中，当地高校数量（*University_N*）用来衡量学者型独立董事的供给情况；上市公司业务复杂度（*Complex*）、行业竞争度（*Compete*）和成长能力（*Growth*）用来衡量上市公司对学者型独立董事的需求。

（3）控制变量。*Control* 包含了由一系列控制变量组成的向量。具体包括：企业规模（ln*size*）、财务杠杆（*LEV*）、盈利能力（*ROA*）、股权性质（*SOE*）、机构持股比例（*Instihold*）、高管持股（*Mshare*）、董事长总经理两职合一（*Dual*）、独立董事比例（*Indirector*）、审计质量（*Big*4）、股权集中度（*Zindex*）、行业（*Industry*）和年份（*Year*）等。具体变量的定义方法参见表 5 - 5。

表 5 - 5   主要变量的定义和说明

符　号	变量说明
被解释变量	
Scholar_P	学者型独立董事比例：学者型独立董事占独立董事总人数的比例
Scholar_N	学者型独立董事数量：学者型独立董事总人数
Scholar_D	学者型独立董事哑变量：存在学者型独立董事则取为 1，否则为 0
考察变量	
University_N	当地高校数量：当年上市公司所在地区高校总数取自然对数
Complex	业务复杂度：上市公司当年涉及行业的个数
Compete	行业竞争度：上市公司所在行业营业收入最高的前三大公司占所在行业总收入比例的平方和。Compete 取值越大，则行业竞争度越低
Growth	成长能力：取期末总资产与期初总资产之差与期初总资产之比
控制变量	
lnsize	公司规模：公司年末总资产的自然对数
LEV	财务杠杆：取期末总负债与总资产的比值
ROA	盈利能力：总资产报酬率 = 净利润/期末总资产
SOE	股权性质哑变量：国有企业时，SOE 取值为 1，否则取 0
Instihold	机构持股：取机构持股比例
Mshare	高管持股：取管理层持股比例
Dual	两职合一哑变量：董事长和总经理两职合一则取 1，否则取 0
Indirector	独立董事比例：独立董事占董事会总人数的比例
Big4	审计质量：若公司当年聘请四大会计师事务所①，则取 1，否则取 0
Zindex	股权集中度：取第一大股东与第二大股东持股比例的比值
Industry	行业虚拟变量：CSRC 标准
Year	年份虚拟变量

---

① 由于早期数据包括安达信事务所，为行文方便，对国际"四大"和"五大"，统称"四大"。具体地，当上市公司聘请以下会计师事务所时，Big4 取 1，否则取 0，安达信华强、毕马威华振、安永华明、德勤华永、普华大华、中信永道、普华永道中天。

5.2.3 实证结果与分析

1. 变量描述性统计

表5-6报告了主要变量的描述性统计结果。被解释变量的描述性统计结果显示：样本期内，有78.2%的上市公司至少聘请了一名学者型独立董事；平均每家上市公司聘请的学者型独立董事人数为1.489个；学者型独立董事约占所有独立董事的43.2%。可以看出，学者型独立董事三种度量维度的描述性结果均在一定程度上体现出学者在我国独立董事市场中不容忽视的地位。考察变量的描述性统计结果显示：样本期内，上市公司所在地的平均高校数量约为71所①，最少9所，最多156所，差异较为明显。上市公司平均涉及的行业数为3.896个，业务复杂度最低的公司仅涉及1个行业，而业务复杂度最高的公司涉及了9个行业。同时，不同行业的竞争程度差异明显。上市公司所在行业营业收入最高的前三大公司占所在行业总收入比例的平方和最小为0.004，最大为0.865，均值为0.075。有超过50%的上市公司成长机会为正，最小为-0.504，最大为2.197，均值为0.159。

控制变量的描述性统计结果显示：样本期内，上市公司的规模差异较大，规模最大的上市公司约为规模最小公司的3533倍。上市公司的财务杠杆均值为0.546，最小为0.081，最大为2.401。有超过75%的上市公司盈利水平为正。有70.3%的上市公司为国有企业。上市公司的机构平均持股比例约为16.9%，最高达75.3%。而管理层持股比例较低，平均仅为0.6%。独立董事的平均比例为36%，略高于《指导意见》要求的1/3；然而，仍然有部分上市公司未达到以上标准。有12.2%的上市公司董事长和总经理由一人担任。有7.3%的上市公司聘请了四大会计师事务所。上市公司股权集中度普遍较高，约50%的上市公司第一大股东持股比例接近第二大股东持股比例的6倍，且最高达373.5倍。

2. 单变量检验

按照上市公司当年是否聘请了学者型独立董事，将总样本划分为"至少有一名学者型独立董事的样本"（*Scholar_D* = 1）和"不存在学者型独立董事的样本"（*Scholar_D* = 0）。表5-7报告了至少有一名学者型独立董事样本（*Scholar_D* = 1）与不存在学者型独立董事样本（*Scholar_D* = 0）间所有考察变

---

① ln(71)≈4.266，下同。

表 5-6

变量描述性统计

变量名称	变量符号	观测值	均值	标准差	最小值	P25	中位数	P75	最大值
Panel A：被解释变量									
学者型独立董事比例	Scholar_P	13460	0.432	0.315	0	0.250	0.333	0.667	1
学者型独立董事人数	Scholar_N	13460	1.489	1.116	0	1	1	2	4
学者型独立董事哑变量	Scholar_D	13460	0.782	0.413	0	1	1	1	1
Panel B：考察变量									
当地高校数量	University_N	13460	4.266	0.522	2.197	4.078	4.344	4.625	5.050
业务复杂度	Complex	13460	3.896	1.780	1	2.571	3.850	5	9.000
行业竞争度	Compete	13460	0.075	0.151	0.004	0.010	0.016	0.059	0.865
成长能力	Growth	13460	0.159	0.358	-0.504	-0.009	0.088	0.224	2.197
Panel C：控制变量									
企业规模	Insize	13460	21.60	1.362	18.54	20.73	21.45	22.27	26.71
财务杠杆	LEV	13460	0.546	0.302	0.081	0.378	0.521	0.657	2.401
盈利能力	ROA	13460	0.021	0.086	-0.495	0.009	0.028	0.0540	0.214
股权性质	SOE	13460	0.703	0.457	0	0	1	1	1
机构持股比例	Instihold	13460	0.169	0.188	0	0.020	0.091	0.269	0.753
高管持股比例	Mshare	13460	0.006	0.039	0	0	0	0	0.327
两职合一	Dual	13460	0.122	0.328	0	0	0	0	1
独立董事比例	Indirector	13460	0.360	0.090	0.143	0.333	0.333	0.375	0.714
审计质量	Big4	13460	0.073	0.260	0	0	0	0	1
股权集中度	Zindex	13460	25.23	54.62	1.012	1.938	5.721	21.71	373.5

量的均值和中值检验结果。考察变量的单变量检验结果显示：相比较 *Scholar_D* = 0 组，*Scholar_D* = 1 组上市公司所在地的高校数量显著更多、上市公司的业务复杂度更高、成长性更强。并且，除行业竞争程度外，以上差异均至少在5% 的水平上显著。这初步印证了本章研究假设 H5 - 2 - 1 和假设 H5 - 2 - 2 的推断。控制变量的单变量检验结果显示：至少聘请了一名学者型独立董事的上市公司更可能为国有企业、更不可能出现董事长与总经理两职合一的现象，其规模更大、盈利能力更强。

表 5 - 7　　　　　　　　　　　　　　单变量检验

变量名称	变量符号	*Scholar_D* = 1 组			*Scholar_D* = 0 组			均值 T 检验	中值 Z 检验
		N	均值	中值	N	均值	中值		
当地高校数量	(*University_N*)	10528	4.281	4.344	2932	4.211	4.290	6.445 ***	4.182 ***
业务复杂度	*Complex*	10528	3.913	3.875	2932	3.837	3.750	2.055 **	2.093 **
行业竞争度	*Compete*	10528	0.074	0.016	2932	0.076	0.017	-0.486	-1.494
成长能力	*Growth*	10528	0.165	0.092	2932	0.137	0.076	3.652 ***	4.524 ***
企业规模	lnsize	10528	21.64	21.48	2932	21.46	21.34	6.161 ***	6.411 ***
财务杠杆	*LEV*	10528	0.539	0.522	2932	0.569	0.515	-4.709 ***	-0.386
盈利能力	*ROA*	10528	0.023	0.028	2932	0.014	0.026	4.936 ***	4.086 ***
股权性质	*SOE*	10528	0.721	1	2932	0.638	1	8.747 ***	8.723 ***
机构持股比例	*Instihold*	10528	0.169	0.092	2932	0.171	0.090	-0.528	0.841
高管持股比例	*Mshare*	10528	0.007	0	2932	0.005	0	1.711 *	0.063
两职合一	*Dual*	10528	0.117	0	2932	0.141	0	-3.393 ***	-3.392 ***
独立董事比例	*Indirector*	10528	0.361	0.333	2932	0.358	0.333	1.444	2.637 ***
审计质量	*Big4*	10528	0.074	0	2932	0.071	0	0.475	0.474
股权集中度	*Zindex*	10528	25.08	6	2932	25.76	4.916	-0.602	4.269 ***

注：*、**、*** 分别表示 10%、5% 和 1% 的显著性水平（双尾）。

3. 相关系数检验

表 5 - 8 报告了主要变量间的 Pearson（左下部分）及 Spearman（右上部分）相关性检验。相关系数矩阵显示，除学者型独立董事比例（*Scholar_P*）与行业竞争程度（*Compete*）的 Spearman 相关系数不显著外，学者型独立董事比例（*Scholar_P*）与所在地高校数量（*University_N*）、上市公司业务复杂度

（*Complex*）、行业竞争程度（*Compete*）和成长能力（*Growth*）均在 1% 的水平
上显著。这说明，上市公司所在地高校数量越多、上市公司业务复杂度越高、
行业竞争程度越大、成长能力越强，其聘请学者型独立董事的概率越大。相关
系数检验结果进一步印证了本章研究假设 H5 - 2 - 1 和假设 H5 - 2 - 2 的推断。
此外，除了盈利能力（*ROA*）与财务杠杆（*LEV*）之间的 Pearson 相关系数为
-0.425 以外①，其他各变量间相关系数的绝对值均不超过 0.4，这说明解释
变量、控制变量之间不存在高度的相关关系。接下来将进一步控制其他变量，
进行多元回归分析。

4. 基本假设检验

表 5 - 9 报告了模型（5 - 1）的回归结果。为了控制年度和行业固定效
应，我们在所有模型中均加入了年度和行业哑变量。在计算回归方程的标准差
时，我们对年份进行了 Cluster②，用以控制相同年份间的组内相关性。第（1）
列至（3）列的被解释变量依次为学者型独立董事比例（*Scholar_P*）、学者型
独立董事数量（*Scholar_N*）和学者型独立董事哑变量（*Scholar_D*）③。回归结
果显示，在学者型独立董事的三种度量方式下，上市公司所在省份（直辖市）
高校的数量（*University_N*）均与学者型独立董事变量（*Scholar*）在 1% 的水平
上显著正相关。这说明，当地学者供给越大，上市公司聘请学者担任独立董事
的概率也越大，本章研究假设 H5 - 2 - 1 通过检验。同时，上市公司业务复杂
度（*Complex*）和成长能力（*Growth*）与学者型独立董事变量（*Scholar*）均至
少在 10% 的水平上显著正相关，上市公司行业竞争程度（*Compete*）与学者型
独立董事变量（*Scholar*）均在 1% 的水平上显著负相关。这说明，上市公司的
业务复杂度越高、行业竞争越激烈、成长能力越强，则对学者型独立董事的需
求越大，本章研究假设 5 - 2 通过检验。

控制变量的回归结果显示：大规模的上市公司更倾向于聘请学者型独立董
事，这一结果与 Francis 等（2015）的研究结论相一致，说明大规模公司对学
者型独立董事更具有吸引力。财务杠杆与学者型独立董事在 1% 的水平上显著

---

① 稳健性测试中去掉其一，不改变结果。
② 当对公司层面（firm）、行业层面（industry）或地区层面（place）进行 cluster 时，回归结果大
致保持一致。
③ 当被解释变量为学者型独立董事比例（*Scholar_P*）时，采用 OLS 回归；当被解释变量为学者型
独立董事数量（*Scholar_N*）时，采用 Poisson 回归；当被解释变量为学者型独立董事哑变量（*Scholar_D*）
时，采用 Probit 回归；下同。

表 5 - 8

相关系数矩阵

变量名称	变量符号	1	2	3	4	5	6	7	8	9	10	11	12	13	14	15
1 学者型独立董事比例	Scholar_P		0.029c	0.034c	-0.002	0.058c	0.041c	-0.009	0.061c	0.038c	0.012	0.024c	-0.028c	-0.024c	-0.014	0.052c
2 当地高校数量	University_N	0.053c		0.027c	0.096c	0.017b	0.161c	0.049c	0.060c	-0.065c	0.075c	0.027c	0.017a	0.231c	0.038c	-0.007
3 业务复杂度	Complex	0.036c	0.026c		0.057c	0.055c	0.205c	0.031c	0.039c	0.052c	0.019b	0.131c	-0.012	0.020b	0.062c	0.028c
4 行业竞争度	Compete	-0.036c	0.044c	0.035c		0.025c	0.132c	-0.014	0.070c	0.039c	0.049c	-0.031c	0.015a	0.105c	0.048c	0.001
5 成长能力	Growth	0.048c	-0.003	0.022b	0.043c		0.327c	0.014	0.364c	0.037c	0.097c	0.024c	-0.036c	-0.011	0.070c	0.031c
6 企业规模	lnsize	0.033c	0.157c	0.199c	0.117c	0.232c		0.150c	0.217c	0.227c	0.083c	0.077c	-0.089c	0.112c	0.290c	0.161c
7 财务杠杆	LEV	-0.054c	0.011	-0.035c	0.014	-0.105c	-0.095c		-0.350c	-0.036c	0.035c	-0.015a	0.009	0.099c	-0.035c	-0.061c
8 盈利能力	ROA	0.060c	0.066c	0.063c	0.058c	0.311c	0.248c	-0.425c		-0.002	0.171c	0.023a	-0.018b	0.012	0.117c	0.037c
9 股权性质	SOE	0.037c	-0.016a	0.054c	0.032c	0.015a	0.243c	-0.110c	0.045c		-0.027c	-0.043c	-0.128c	-0.103c	0.092c	0.226c
10 机构持股比例	Instihold	-0.008	0.038c	0.003	0.032c	0.039c	0.022b	0.045c	0.064c	-0.004		0.009	0.021b	0.082c	0.057c	-0.234c
11 高管持股比例	Mshare	0.042c	0.052c	-0.035c	0.052c	0.087c	-0.018b	-0.039c	0.041c	-0.198c	-0.015a		0.022c	-0.074c	-0.054c	-0.024c
12 两职合一	Dual	-0.028c	0.006	-0.008	0.001	-0.018b	-0.097c	0.040c	-0.043c	-0.128c	0.021b	0.065c		0.040c	-0.027c	-0.063c
13 独立董事比例	Indirector	-0.029c	0.193c	0.027c	0.069c	-0.028c	0.102c	0.092c	0.002	-0.108c	0.058c	0.052c	0.038c		0.032c	-0.033c
14 审计质量	Big4	-0.018b	0.047c	0.064c	0.058c	0.039c	0.367c	-0.046c	0.085c	0.092c	0.040c	-0.022b	-0.027c	0.026c		-0.042c
15 股权集中度	Zindex	-0.016a	-0.024c	-0.015c	-0.040c	-0.037c	0.030c	-0.071c	-0.004	0.153c	-0.128c	-0.056c	-0.047c	-0.070c	-0.008	

注：a，b，c 分别表示变量间 Pearson（左下部分）及 Spearman（右上部分）相关性检验在 10%，5%，1% 水平上显著（双尾）。

负相关，说明财务杠杆越低的上市公司越倾向于聘请学者型独立董事，这可能是因为财务杠杆在一定程度上反映了企业的相关风险，而学者型独立董事更偏好在稳健型上市公司任职。盈利能力与学者型独立董事在1%的水平上显著正相关（除第（3）列外），说明上市公司上一期的盈利能力同样是学者型独立董事决定是否加入公司的考量标准。股权性质与学者型独立董事在1%的水平上显著正相关，说明学者型独立董事更偏好在国有企业任职。这可能是因为一方面，高校与国有企业天然的存在一定的联系，如具有相同的最终控制人；另一方面，国有企业的经营风险较小，独立董事更不可能由于企业过失而承担连带责任。机构持股比例、审计质量均与学者型独立董事至少在10%的水平上显著负相关（除第（2）列外），说明机构持股比例越高以及聘请四大会计师事务所的上市公司，更不倾向于聘请学者型独立董事。这可能是因为，机构持股、聘请四大会计师事务所和聘请学者型独立董事是完善公司治理的不同途径，三者之间存在一定的替代性。高管持股比例与学者型独立董事在1%的水平上显著，这一结果与 Francis 等（2015）的研究结论相一致。两职合一与学者型独立董事在1%的水平上显著负相关，说明董事长与总经理两职合一的上市公司更不倾向于聘请学者担任独立董事。同时，股权集中度低的上市公司也更倾向于聘请学者担任独立董事。

表 5-9　　　　　上市公司聘请学者担任独立董事的影响因素研究

变量名称	变量符号	（1）*Scholar_P*	（2）*Scholar_N*	（3）*Scholar_D*
当地高校数量	*University_N*	0.039 *** (9.200)	0.093 *** (8.589)	0.177 *** (3.029)
业务复杂度	*Complex*	0.006 *** (6.930)	0.009 *** (3.684)	0.020 * (1.779)
行业竞争度	*Compete*	−0.090 *** (−4.343)	−0.157 *** (−2.725)	−0.954 *** (−3.203)
成长能力	*Growth*	0.017 ** (2.157)	0.036 * (1.828)	0.138 ** (2.304)
企业规模	lnsize	−0.001 (−0.391)	0.042 *** (8.056)	0.031 * (1.911)
财务杠杆	*LEV*	−0.032 *** (−3.721)	−0.069 *** (−2.923)	−0.219 *** (−3.604)

续表

变量名称	变量符号	(1) Scholar_P	(2) Scholar_N	(3) Scholar_D
盈利能力	ROA	0.162 *** (4.056)	0.400 *** (4.229)	0.385 (1.172)
股权性质	SOE	0.036 *** (7.145)	0.120 *** (9.617)	0.392 *** (6.321)
机构持股	Instihold	-0.025 * (-2.065)	-0.023 (-0.611)	-0.242 *** (-2.963)
高管持股	Mshare	0.332 *** (4.157)	0.774 *** (4.507)	1.728 ** (2.381)
两职合一	Dual	-0.024 *** (-3.444)	-0.065 *** (-4.514)	-0.147 *** (-2.804)
独立董事比例	Indirector	-0.106 *** (-3.678)	0.136 (1.364)	0.128 (0.600)
审计质量	Big4	-0.043 *** (-5.135)	-0.047 ** (-2.200)	-0.134 ** (-2.196)
股权集中度	Zindex	-0.000 *** (-4.297)	-0.001 *** (-7.745)	-0.001 *** (-3.209)
常数项	Constant	0.244 *** (4.851)	-1.243 *** (-8.051)	-0.608 (-1.458)
行业和年份	Industry & Year	Control	Control	Control
观测数	Obs#	13460	13460	13458
调整后 R^2	Adj - R^2/Pseudo R^2	0.0348	0.0134	0.0227
F 值/卡方统计量	F Value/LR chi2	11.56	540.87	319.97

注：*、**、*** 分别表示10%、5%和1%的显著性水平（双尾）。

5. 拓展性检验

在本章以上部分，从供给和需求的角度对上市公司聘请学者担任独立董事的影响因素进行了分析。表5-9的回归结果显示，学者型独立董事更倾向于在规模较大、产权性质为国有的上市公司任职。由于不同规模、不同产权性质的上市公司对学者型独立董事的吸引力不同。那么，对于不同规模的上市公司、在不同产权性质下，各种影响因素在上市公司聘请学者担任独立董事的行为决策中发挥的作用是否会呈现出差异呢？本章接下来将从公司规模和产权性质两个维度进一步对上市公司聘请学者担任独立董事的影响因素进行深入剖析。

（1）公司规模的影响分析。上市公司聘请学者担任独立董事的来源有两种：当地学者[①]和外地学者。Audretsch 和 Lehmann（2006）认为，小规模公司吸引科学家、工程师等专业人士的能力相对有限。而为了吸引更优秀的独立董事，大规模公司也倾向于在距离更远的地区聘请独立董事；同时，为了获得知名公司的董事席位，独立董事也愿意承担更大的距离成本（Knyazeva et al.，2013）。由于不同规模的上市公司对独立董事的吸引能力存在较大差异，这不禁引起我们的思考：在不同规模下，上市公司聘请学者担任独立董事的影响因素存在差异吗？为了解答这一疑问，表 5 – 10 按照上市公司当年期末总资产是否高于行业中值，将全样本分为"大规模组"（规模不小于当年同行业中位数的组）和"小规模组"（规模小于当年同行业中位数的组），分组对本章两个假设重新进行了检验。在计算回归方程的标准差时，我们同样对年份进行了Cluster[②]，用以控制相同年份间的组内相关性。

表 5 – 10 的回归结果显示：在学者型独立董事的三种度量方式下，"大规模组"公司中"当地高校数量"的回归系数在显著性水平和系数大小上均高于"小规模组"公司，且这一差异均在 1% 的水平上统计显著。进一步的数据统计发现：6749 家"小规模组"公司累计聘请了 9470 人次的学者型独立董事，平均每家约 1.40 人次；其中，来自当地的学者约占 63.23%，来自外地的学者约占 36.77%；而 6711 家"大规模组"公司累计聘请了 10710 人次的学者型独立董事，平均每家约 1.60 人次；其中，来自当地的学者约占64.86%，来自外地的学者约占 35.14%。这说明大规模的上市公司不仅对距离较远的学者具有更大的吸引力，同时也聘请了更多本地的学者。

上市公司业务复杂度的分样本回归结果显示：在学者型独立董事的三种度量方式下，"大规模组"和"小规模组"分样本回归中，业务复杂度与学者型独立董事均至少在 5% 的水平上显著正相关。且显著性水平和系数大小在两组之间并不存在统计上的差异。这说明，无论公司规模大小，业务复杂度越高的上市公司越有动机聘请学者担任独立董事。

[①] 上市公司所在省份或直辖市。

[②] 当对公司层面（firm）、行业层面（industry）或地区层面（place）进行 cluster 时，回归结果大致保持一致。

表 5 - 10　按规模分组下的学者型独立董事聘请影响因素分析

变量名称	变量符号	大规模组			小规模组		
		(1) Scholar_P	(2) Scholar_N	(3) Scholar_D	(4) Scholar_P	(5) Scholar_N	(6) Scholar_D
当地高校数量	University_N	0.068*** (13.85)	0.160*** (11.67)	0.430*** (6.092)	0.023*** (2.997)	0.054*** (2.476)	0.038 (0.634)
业务复杂度	Complex	0.007*** (4.888)	0.012*** (3.090)	0.032** (2.376)	0.004*** (4.630)	0.011*** (3.747)	0.020** (2.227)
行业竞争度	Compete	0.092*** (4.293)	0.258*** (3.586)	0.622* (1.906)	-0.191*** (-4.273)	-0.496*** (-3.761)	-1.736*** (-3.620)
成长能力	Growth	0.005 (0.492)	0.008 (0.308)	0.129* (1.666)	0.018* (1.974)	0.061*** (2.458)	0.164* (1.635)
财务杠杆	LEV	0.042*** (2.940)	0.173*** (6.028)	0.304 (1.522)	-0.040*** (-3.692)	-0.119*** (-3.780)	-0.312*** (-3.900)
盈利能力	ROA	0.334*** (3.101)	0.905*** (4.357)	0.813 (0.824)	0.111** (2.706)	0.269** (2.425)	0.308 (1.008)
股权性质	SOE	0.049*** (7.369)	0.183*** (11.392)	0.646*** (7.842)	0.023** (2.740)	0.079*** (3.508)	0.208*** (3.126)
机构持股	Instihold	0.025 (0.976)	0.058 (0.854)	-0.038 (-0.213)	-0.078*** (-5.128)	-0.099*** (-2.828)	-0.409*** (-4.978)
高管持股	Mshare	0.070 (1.197)	0.319** (1.931)	0.305 (0.662)	0.529*** (6.038)	1.136*** (7.861)	3.226** (2.330)

续表

变量名称	变量符号	大规模组			小规模组		
		(1) Scholar_P	(2) Scholar_N	(3) Scholar_D	(4) Scholar_P	(5) Scholar_N	(6) Scholar_D
两职合一	Dual	-0.029* (-1.946)	-0.081** (-2.263)	-0.239** (-1.975)	-0.024*** (-3.544)	-0.074*** (-4.140)	-0.089 (-1.563)
独立董事比例	Indirector	-0.159** (-2.880)	0.073 (0.550)	-0.046 (-0.106)	-0.044 (-1.423)	0.217** (2.279)	0.335 (1.234)
审计质量	Big4	-0.029*** (-4.172)	0.0270 (1.333)	-0.124 (-1.465)	-0.097*** (-3.847)	-0.147** (-2.381)	-0.352 (-1.178)
股权集中度	Zindex	0.000 (0.445)	-0.000* (-1.841)	0.000 (0.714)	-0.000*** (-5.385)	-0.001*** (-6.836)	-0.001*** (-3.172)
常数项	Constant	-0.021 (-0.306)	-0.623*** (-6.575)	-1.428*** (-3.504)	0.368*** (6.083)	-0.341*** (-3.086)	0.620** (2.075)
行业和年份	Industry & Year	Control	Control	Control	Control	Control	Control
观测数	Obs#	6711	6711	6710	6749	6749	6742
调整后 R^2	Adj - R^2/ Pseudo R^2	0.0596	0.0169	0.0504	0.0403	0.0152	0.0256
F值/卡方统计量	F Value/LR chi2	10.89	350.37	339.10	7.30	313.12	188.53

注：*、**、*** 分别表示10%、5%和1%的显著性水平（双尾）。

上市公司所在行业竞争程度的分样本回归结果显示：在"大规模组"中，在学者型独立董事的三种度量方式下，行业竞争度与学者型独立董事均至少在10%的水平上显著正相关。然而，在"小规模组"中，在学者型独立董事的三种度量方式下，行业竞争度与学者型独立董事均在1%的水平上显著负相关。这说明，对于大规模公司而言，公司所处的行业竞争越激烈，其聘请学者担任独立董事的概率反而越低；而对于小规模公司而言，公司所处的行业竞争越激烈，其聘请学者担任独立董事的概率显著越高。这可能是因为，处于垄断地位的大规模公司对学者型独立董事的吸引力更大；处于激烈竞争行业的小规模公司对学者型独立董事的需求更大。

上市公司成长能力的分样本回归结果显示：在"大规模组"中，仅在哑变量度量方式下，学者型独立董事与成长能力在10%的水平上显著正相关。然而，在"小规模组"中，在学者型独立董事的三种度量方式下，成长能力与学者型独立董事均至少在10%的水平上显著正相关。这说明，上市公司所处的成长阶段对大规模公司聘请学者担任独立董事的决策并不存在太大影响；而对于小规模公司而言，其成长能力越强，则聘请学者担任独立董事的概率显著越大。这可能是因为，小规模公司吸引科学家、工程师等专业人士的能力相对有限（Audretsch、Lehmann，2006），其聘请学者担任独立董事的成本也更高。因此，只有在公司需求较大时（如处于成长阶段时），才会聘请学者担任独立董事。进一步的数据统计发现：6742 家"小规模组"公司中，有76.48%的上市公司至少聘请了一名学者担任独立董事；而 6711 家"大规模组"公司中，有79.94%的上市公司至少聘请了一名学者担任独立董事。

（2）产权性质的影响分析。表 5-9 的回归结果显示，学者型独立董事更偏好在国有企业任职。由于国有企业与非国有企业在投资主体、社会资本、经营目标、营业风险等方面存在较大差异。那么，学者型独立董事在不同产权性质的上市公司之间进行选择时，其关注的公司特征是否存在差异？为了解答这一疑问，表 5-11 按照产权性质不同，将全样本分为"国有企业组"和"非国有企业组"，分组对本章两个假设重新进行了检验。在计算回归方程的标准差时，我们同样对年份进行了 Cluster①，用以控制相同年份间的组内相关性。

表 5-11 的回归结果显示：在"国有企业组"，在学者型独立董事的三种

---

① 当对公司层面（firm）、行业层面（industry）或地区层面（place）进行 cluster 时，回归结果大致保持一致。

表5-11　按产权性质分组下的学者型独立董事聘请影响因素分析

变量名称	变量符号	国有企业组			非国有企业组		
		(1) Scholar_P	(2) Scholar_N	(3) Scholar_D	(4) Scholar_P	(5) Scholar_N	(6) Scholar_D
当地高校数量	University_N	0.068*** (10.68)	0.149*** (9.442)	0.333*** (4.404)	-0.005 (-0.697)	-0.002 (-0.113)	-0.052 (-1.112)
业务复杂度	Complex	0.006*** (4.654)	0.010*** (2.979)	0.016 (0.955)	0.006* (2.019)	0.011 (1.546)	0.073*** (3.418)
行业竞争度	Compete	-0.061*** (-2.977)	-0.094* (-1.629)	-0.448* (-1.826)	-0.127** (-2.161)	-0.389** (-2.429)	-2.150*** (-2.801)
成长能力	Growth	0.019** (2.224)	0.041* (1.760)	0.182*** (2.705)	0.009 (0.600)	0.017 (0.485)	0.085 (0.811)
企业规模	lnsize	-0.000 (-0.254)	0.044*** (5.465)	0.092*** (4.416)	-0.010* (-2.130)	0.015 (1.243)	-0.145*** (-3.993)
财务杠杆	LEV	-0.001 (-0.011)	0.027 (0.853)	-0.056 (-0.483)	-0.049*** (-3.702)	-0.137*** (-3.576)	-0.373*** (-3.511)
盈利能力	ROA	0.220*** (3.772)	0.577*** (5.866)	0.259 (0.798)	0.104* (1.906)	0.222 (1.241)	0.471 (0.981)
机构持股	Instihold	-0.059*** (-4.543)	-0.082** (-2.028)	-0.492*** (-4.736)	0.046** (2.636)	0.148*** (3.065)	0.269* (1.726)
高管持股	Mshare	-0.529 (-1.631)	-1.456* (-1.875)	2.377 (0.533)	0.370*** (4.242)	0.879*** (4.772)	1.659*** (2.567)

续表

变量名称	变量符号	国有企业组			非国有企业组		
		(1) Scholar_P	(2) Scholar_N	(3) Scholar_D	(4) Scholar_P	(5) Scholar_N	(6) Scholar_D
两职合一	Dual	-0.007 (-0.491)	-0.022 (-0.807)	-0.092 (-0.783)	-0.039*** (-4.092)	-0.116*** (-4.407)	-0.191*** (-2.476)
独立董事比例	Indirector	-0.073 (-1.725)	0.243* (1.800)	0.584 (1.235)	-0.120** (-2.322)	-0.006 (-0.045)	-0.425 (-1.514)
审计质量	Big4	-0.048*** (-4.538)	-0.059** (-2.204)	-0.299*** (-3.963)	-0.000 (-0.001)	0.074 (1.428)	0.534** (2.305)
股权集中度	Zindex	-0.000** (-2.161)	-0.000*** (-4.165)	-0.000 (-0.688)	-0.000*** (-3.738)	-0.002*** (-4.935)	-0.002*** (-3.248)
常数项	Constant	-0.132 (-1.565)	-1.400*** (-5.193)	-2.319*** (-3.526)	0.465*** (3.196)	-0.333 (-1.277)	4.033*** (4.809)
行业和年份	Industry & Year	Control	Control	Control	Control	Control	Control
观测数	Obs#	9292	9292	9289	4165	4165	4155
调整后 R^2	Adj-R^2/Pseudo R^2	0.0495	0.0149	0.0281	0.0552	0.0248	0.0377
F值/卡方统计量	F Value/LR chi2	11.99	419.37	258.06	6.53	303.66	181.78

注：*、**、*** 分别表示10%、5%和1%的显著性水平（双尾）。

度量方式下，当地高校数量与学者型独立董事均在1%的水平上显著正相关。而在"非国有企业组"，学者型独立董事的三种度量方式与当地高校数量的相关性均不显著。进一步的数据统计发现：9292家国有企业上市公司累计聘请了14540人次的学者型独立董事，平均每家约1.56人次；其中，来自当地的学者约占68.75%，来自外地的学者约占31.25%；而4165家非国有企业上市公司累计聘请了5635人次的学者型独立董事，平均每家约1.35人次；其中，来自当地的学者约占52.77%，来自外地的学者约占47.23%。这说明学者型独立董事更偏好在当地的国有企业任职，而非国有企业由于吸引力相对有限，被迫在更远的范围内选择独立董事以满足自身发展的需求。

上市公司业务复杂度、行业竞争度和成长能力的分样本回归结果显示：在"国有企业组"中，除哑变量度量方式下外，学者型独立董事与上市公司业务复杂度均在1%的水平上显著正相关；在学者型独立董事的三种度量方式下，上市公司行业竞争度和成长能力与学者型独立董事均至少在10%的水平上显著相关。在"非国有企业组"中，除数量度量方式下外，学者型独立董事与上市公司业务复杂度均至少在10%的水平上显著正相关；在学者型独立董事的三种度量方式下，上市公司行业竞争度与学者型独立董事均至少在5%的水平上显著负相关；在学者型独立董事的三种度量方式下，上市公司成长能力与学者型独立董事的相关性均不显著。这就是说，无论上市公司产权性质如何，业务复杂度越高和行业竞争越激烈的上市公司越有动机聘请学者担任独立董事。然而，公司成长能力仅对国有企业聘请学者担任独立董事的行为存在影响。

控制变量的分样本回归结果显示：在"非国有企业组"中，财务杠杆、董事长和总经理两职合一、股权集中度与学者型独立董事显著负相关，机构和高管持股比例与学者型独立董事显著正相关。也就是说，学者更偏好在经营风险低（财务杠杆低）、公司治理好（董事长和总经理两职分离、股权集中度低、机构和高管持股比例高）的非国有企业任职；然而，在选择国有企业时，并不存在以上差异。这一结果同样与"学者型独立董事更偏好在国有企业任职，非国有企业吸引学者型独立董事的能力相对有限"的观点相一致。

5.2.4 稳健性测试

1. 改变对学者型独立董事供给的度量

在基本假设检验中，使用上市公司所在地的高校数量来衡量当地学者型独立董事的供给情况。然而，规模不同的高校其教职工数量差异显著。如2004

年安徽省和湖南省的高校数量均为 81 所。但是，2004 年安徽省高校的教职工人数为 50116 人、专任教师为 29538 人；而 2004 年湖南省高校的教职工人数为 72227 人、专任教师为 38345 人。如 2012 年湖南省的高校数量为 121 所，湖北省的高校数量为 122 所。但是，2012 年湖南省高校的教职工人数为 96322 人、专任教师为 62541 人；2012 年湖北省高校的教职工人数为 127921 人、专任教师为 80665 人①。由于学者型独立董事候选人的供给情况直接取决于当地高校或研究机构中学者型人才的数量，而非高校或研究机构的数量。因此，仅仅使用上市公司所在地区的高校数量来度量学者型独立董事的供给存在一定的片面性。在接下来的检验中，使用上市公司所在地区的教职工人数（*University_Staff*）和专任教师人数（*Full-Time_Teachers*）取自然对数作为稳健性测试。

表 5 - 12 报告了模型（5 - 1）的稳健性检验结果。在计算回归方程的标准差时，同样对年份进行了 Cluster②，用以控制相同年份间的组内相关性。第（1）列 ~（3）列的回归结果显示，当使用上市公司所在地区的教职工人数（*University_Staff*）度量学者型独立董事的供给情况时，在学者型独立董事的三种度量方式下，当地教职工人数与学者型独立董事均在 1% 的水平上显著正相关。第（4）列 ~（6）列的回归结果显示，当使用上市公司所在地区的专任教师人数（*Full-Time_Teachers*）度量学者型独立董事的供给情况时，在学者型独立董事的三种度量方式下，当地专任教师人数与学者型独立董事均在 1% 的水平上显著正相关。而在第（1）列 ~（6）列中，表征企业对学者型独立董事需求的变量以及其他控制变量的回归结果均大致保持不变。以上稳健性测试结果说明本章研究结论较为稳定。

2. 改变对学者型独立董事需求的度量

在基本假设检验中，使用上市公司当年涉及行业的个数来度量公司的业务复杂度；使用上市公司所在行业营业收入最高的前三大公司占所在行业总收入比例的平方和度量公司的行业竞争度；使用总资产增长率度量公司的成长能力。作为稳健性测试，使用上市公司当年主营业务涉及地区的个数来度量公司的业务复杂度；使用上市公司所在行业营业收入最高的前一大（五大和十大）公司占所在行业总收入比例的平方和度量公司的行业竞争度；使用托宾 Q 度量

---

① 《中国统计年鉴》"各地区普通高等学校（机构）教职工情况"数据。

② 当对公司层面（firm）、行业层面（industry）或地区层面（place）进行 cluster 时，回归结果大致保持一致。

表 5 - 12　上市公司聘请学者担任独立董事的影响因素分析（稳健性测试）

变量名称	变量符号	(1) Scholar_P	(2) Scholar_N	(3) Scholar_D	(4) Scholar_P	(5) Scholar_N	(6) Scholar_D
当地教职工人数	University_Staff	0.029***(5.983)	0.067***(4.858)	0.153***(2.798)			
当地专任教师人数	Full-Time_Teachers				0.030***(7.408)	0.072***(6.646)	0.142***(2.803)
业务复杂度	Complex	0.006***(7.100)	0.009***(3.789)	0.021*(1.814)	0.006***(7.013)	0.009***(3.743)	0.021*(1.800)
行业竞争度	Compete	-0.089***(-4.306)	-0.158***(-2.708)	-0.951***(-3.196)	-0.089***(-4.308)	-0.156***(-2.700)	-0.951***(-3.195)
成长能力	Growth	0.017**(2.187)	0.038*(1.848)	0.141**(2.347)	0.017**(2.166)	0.037*(1.838)	0.139**(2.319)
企业规模	lnsize	-0.001(-0.614)	0.041***(8.237)	0.028*(1.800)	-0.001(-0.467)	0.042***(8.140)	0.030*(1.886)
财务杠杆	LEV	-0.031***(-3.620)	-0.067***(-2.866)	-0.216***(-3.581)	-0.032***(-3.683)	-0.068***(-2.894)	-0.218***(-3.603)
盈利能力	ROA	0.165***(4.077)	0.409***(4.249)	0.392(1.188)	0.164***(4.071)	0.405***(4.222)	0.391(1.186)
股权性质	SOE	0.035***(6.989)	0.118***(9.429)	0.389***(6.215)	0.036***(7.188)	0.120***(9.690)	0.392***(6.335)
机构持股	Instihold	-0.027**(-2.192)	-0.0270(-0.700)	-0.248***(-3.026)	-0.026*(-2.140)	-0.0260(-0.673)	-0.246***(-3.003)

续表

变量名称	变量符号	(1) Scholar_P	(2) Scholar_N	(3) Scholar_D	(4) Scholar_P	(5) Scholar_N	(6) Scholar_D
高管持股	Mshare	0.337*** (4.298)	0.787*** (4.665)	1.747** (2.421)	0.336*** (4.262)	0.782*** (4.614)	1.745** (2.415)
两职合一	Dual	-0.025*** (-3.493)	-0.066*** (-4.559)	-0.150*** (-2.823)	-0.025*** (-3.505)	-0.066*** (-4.576)	-0.150*** (-2.829)
独立董事比例	Indirector	-0.106*** (-3.673)	0.134 (1.344)	0.124 (0.581)	-0.106*** (-3.687)	0.135 (1.348)	0.127 (0.592)
审计质量	Big4	-0.045*** (-5.315)	-0.051** (-2.374)	-0.145** (-2.391)	-0.044*** (-5.214)	-0.049** (-2.269)	-0.137** (-2.251)
股权集中度	Zindex	-0.000*** (-4.289)	-0.001*** (-7.801)	-0.001*** (-3.199)	-0.000*** (-4.246)	-0.001*** (-7.735)	-0.001*** (-3.157)
常数项	Constant	0.088 (1.168)	-1.563*** (-6.555)	-1.497** (-2.105)	0.092 (1.426)	-1.598*** (-7.898)	-1.336** (-2.065)
行业和年份	Industry & Year	Control	Control	Control	Control	Control	Control
观测数	Obs#	13460	13460	13458	13460	13460	13458
调整后 R²	Adj-R²/Pseudo R²	0.0344	0.0133	0.0229	0.0345	0.0134	0.0227
F 值/卡方统计量	F Value/LR chi2	11.43	534.49	323.71	11.47	538.56	320.29

注：*、**、***分别表示 10%、5% 和 1% 的显著性水平（双尾）。

公司的成长能力，重新对本章以上的检验进行了回归。上述稳健性检验结果与前文结果并无实质性差异，说明本章结论较为稳定。

5.3 学者型独立董事违规的声誉惩罚与溢出效应 *

独立董事制度作为一种权力制衡与监督的制度安排，在现代公司治理中有着重要作用。在我国来自高校、党校、研究院等事业单位的学者构成了独立董事群体的最重要组成部分，占比43.3%。对专业知识的把握和对职业声誉的看重是学者型独立董事区别于其他独立董事的重要特征。中国素有尊师重教的传统，学者作为社会普遍公认的高层知识分子，有着良好的社会形象与认同感。公司治理层有知名学者的引入，除了能促进公司发展决策，对于公司来说也是重要的无形资产，此时独立董事相当于是上市公司的形象代言人，投资者对有知名学者担任独立董事的上市公司也会更多一份信赖[①]。由于更高的道德预期，学者型独立董事也会更加顾虑负面行为对其职业生涯带来的不良影响。

由于未能对任职公司的失当行为尽到勤勉尽责义务，而遭受监管部门处罚是导致独立董事声誉受损的重要原因之一。数据显示，2003～2013年，我国沪深A股主板市场共有458人次的独立董事因任职公司信息披露违规而招致证监会或交易所的处罚，其中学者型独立董事占36.03%。辛清泉等（2013）研究发现，独立董事受罚后其担任的董事职位数量有明显下降，这一下降更可能是独立董事风险规避的结果，而非声誉惩罚的表现；同时，处罚宣告日前后短窗口内独立董事任职的其他上市公司并未出现明显的股价下跌。正如上文分析所述，由于更高的认同感和社会期望值，当同时遭受监管部门处罚时，市场对学者型独立董事的惩罚可能会呈现出不同的特征。如市场是否会作出更为负面的反应？处罚宣告日前后短窗口内，学者型独立董事任职的其他上市公司是否会出现更大的股价跌幅？学者型独立董事遭受处罚是否又会对同一高校其他学者的聘请行为产生溢出效应？

以沪、深两市2003～2013年A股上市公司为样本，本章对以上问题进行

---

　　* 本节部分内容发表于英文期刊 *China Journal of Accounting Research*。具体信息如下：Quan Yi, Li Sihai. Are Academic Independent Directors Punished More Severely When They Engage in Violations? *China Journal of Accounting Research*，2017.10（1）：71 - 86.

　　① 引自《教授成独立董事主力　声誉是把双刃剑》，http：//news. ifeng. com/gundong/detail_2011_ 05/05/6171735_0. shtml? _from_ralated.

了探讨。研究发现：（1）市场对学者型独立董事的违规行为作出了更加严厉的惩罚。具体表现为：当任职公司出现信息披露违规，独立董事由于未能尽到勤勉尽责义务而遭受证监会或交易所处罚时，市场对有学者型独立董事被罚的公司作出了更为负面的反应；同时，与非学者型独立董事相比，在处罚宣告日前后短窗口内，学者型独立董事任职的其他上市公司也出现了更大的股价跌幅。（2）学者型独立董事遭受处罚在一定程度上对同一高校其他学者的聘请行为产生了影响，表现出负面溢出效应。本章研究结论对资本市场参与者和企业管理层均具有重要的实践指导意义。对于资本市场参与者而言，本章研究有助于投资者甄别声誉惩罚更为严重的公司，从而调整投资组合，降低投资损失；对于管理层而言，上市公司在享受知名学者担任独立董事带来的积极作用的同时，也需要避免其失当行为引致的更为负面的影响。

本章可能的研究贡献在于：首先，已有文献有关于独立董事背景的研究主要从"资源支持"的角度进行，如商业银行背景的独立董事可以显著增加公司的债务总额（Booth，Deli，1999；Güner et al.，2008；刘浩等，2012）；投资银行背景的独立董事有助于公司发行更多的债券（Güner et al.，2008）；学术背景的独立董事有助于进入和吸收外部知识溢出（Audretsch、Lehmann，2006）等，而鲜有文献对不同背景独立董事的"声誉惩罚"进行考察，本章对学者型独立董事因任职公司信息披露违规而遭受监管处罚后的声誉惩罚与溢出效应的探讨拓展了不同背景独立董事经济后果的研究。其次，现有研究发现，市场对企业违规的反应程度与违规类型（伍利娜、高强，2002）、外罚的公开性和力度（胡延平、陈超，2004）显著相关。本章在上述研究的基础上，发现市场对企业违规的反应程度还取决于是否有学者型独立董事同时遭受处罚，反映了个体声誉对组织的"双刃"效应，知名学者出任独立董事在给公众带来多一份信赖的同时，也会由于自己的失当行为导致任职公司遭受更大的惩罚，本章研究为企业违规的不同市场反应提供了新的证据。最后，研究拓展深化了企业违规方面的研究文献，现有关于违规的研究大多是从企业或经营管理人员违规的层面进行探讨的，本章在现有研究的基础上，进一步细化了受罚独立董事的不同背景，并且探讨了独立董事违规惩罚的溢出效应。

5.3.1　理论分析与假设提出

为了进一步完善上市公司治理结构，促进上市公司规范运作，2001 年 8 月 16 日，中国证券监督管理委员会发布《关于在上市公司建立独立董事制度的指导意见》（以下简称《指导意见》）。《指导意见》规定：各境内上市公司应当按照本指导意见的要求修改公司章程，聘任适当人员担任独立董事。在我国，独立董事履行监督职能的主要动机为规避法律风险和声誉风险。学术界关于独立董事背景的研究主要从"资源支持"的角度进行切入的，认为独立董事在其行业内的影响，能够为公司的成功经营提供重要的资源支持（Pfeffer，1972；Zahra、Pearce，1989；Pfeffer、Salancik，2003）。不同背景的独立董事可以为任职公司带来不同的资源也得到越来越多学者的证实。如具有管理背景的独立董事可以为公司提供低成本的融资资源（Johnson et al.，1996）；具有政治关联背景的外部董事可以帮助公司游说政策部门，提高获取相关利益的能力（Agrawal、Knoeber，2001）；具有商业银行背景的独立董事可以显著增加公司的债务总额（Booth、Deli，1999；Burak et al.，2008；刘浩等，2012）；具有学术背景的独立董事有助于进入和吸收外部知识溢出（external knowledge spillover），从而提高公司的竞争优势（Audretsch、Lehmann，2006）；审计委员会成员的会计财务专家背景可以提高公司的财务报表质量（DeFond et al.，2005；Krishnan、Visvanathan，2008；Dhaliwal et al.，2010 等）；法律背景的董事在监督管理层、降低公司诉讼风险和提高公司价值等方面发挥了重要的作用（Litov et al.，2013）；伴随着投资银行家加入董事会，公司则会发行更多的债券（Burak et al.，2008）。外部董事以其丰富的商业经验，运用技术和市场知识，通过参与重要战略的构建，可以帮助公司管理层解决经营问题（Weisbach，1988）。

目前鲜有文献探讨当由于任职公司违规而导致独立董事遭受监管处罚时，市场对不同背景独立董事的声誉惩罚是否存在差异。虽有伍利娜和高强（2002）、胡延平和陈超（2004）等学者对违规的不同市场反应进行了检验，但研究视角局域于企业层面。辛清泉等（2013）着眼于独立董事个体层面，对上市公司虚假陈述案件中独立董事遭受监管处罚这一现象进行了研究，发现独立董事受罚后其担任的董事职位数量有明显下降，处罚宣告日前后短窗口内独立董事任职的其他上市公司并未出现明显的股价下跌。不过辛清泉等（2013）研究的前提是认为市场会对遭受监管处罚的所有独立董事处以同样的声誉惩罚。然而，由于市场对不同群体的道德预期不同，对于道德预期更高的群体，市场很可能更难接受其负面行为，从而作出更为严厉的惩罚。

独立董事的监督效果在理论上是其履职能力与意愿的联合函数。前者依赖于独立董事的专业知识与精力，后者则取决于独立董事的独立性以及对声誉的维护。从专业知识来看，有 86.93% 的学者型独立董事具有教授头衔，有 2.52% 的学者型独立董事具有"中国科学院院士"或"中国工程院院士"的学术称号。这说明学者型独立董事不仅是某一学术领域的专家，同时也是所在领域具有较高专业影响力的群体。部分学者甚至直接参与政府决策咨询，对政府重大措施的出台具有一定的影响力。从精力来看，不同于政府和事业单位等朝九晚五的工作模式，高校教师多数实行弹性工时制，他们协调各项工作时间的空间更大。工作时间上的自由性和灵活性将有助于学者型独立董事投入更多的精力。从独立性来看，Jiang 和 Murphy（2007）认为，与其他独立董事相比，学者更不可能与公司内部人存在关联；同时，由于学者拥有更高的声誉，他们更可能形成自己的思考和判断，从而在一定程度上保证了独立性。从对声誉的维护来看，出任公司的独立董事，就相当于是将自己的职业声誉抵押给了这家公司①，如果履职公司出现重大法律或经营问题，独立董事的社会声誉也将受到严重损害（叶康涛等，2011）。"师者，传道授业解惑也"、"以身立教"、"品德垂范"、"为人师表"一直是整个社会对教师寄予的厚望，学者也将更加注重对自己声誉的维护。

通过以上分析，我们认为从履职的能力和意愿来看，相比较非学者型独立董事，学者型独立董事可以更好地履行相关职能。也就是说，当有学者型独立董事由于未能尽到勤勉尽责义务而遭受监管部门处罚时，很可能其任职公司的违规行为更为隐蔽。而当更多的负面信息同时释放时，必然会引起更大的股价跌幅。从这一角度来讲，市场会对有学者型独立董事被罚的公司作出更为负面的反应。另一方面，高校教师是我国社会中具有较高道德修养和文化素质的职业群体，是培养高层次人才的实践主体，具有较大的社会影响力和很高的社会期望值。由于更高的认同感和社会期望值，当遭受监管部门处罚时，市场很可能同时对学者型独立董事施加更严厉的声誉惩罚，而对学者型独立董事的这一惩罚很可能同时体现在任职公司和其他兼任公司，存在溢出效应。基于以上分析，提出本章的两个假设：

H5-3-1：当任职公司出现违规，并且独立董事由于未能尽到勤勉尽责义务而遭受监管部门处罚时，市场会对有学者型独立董事被罚的公司作出更为负面的反应。

---

① 引自《教授成独立董事主力　声誉是把双刃剑》，http://news.ifeng.com/gundong/detail_2011_05/05/6171735_0.shtml?_from_ralated。

H5 - 3 - 2：与非学者型独立董事相比，在处罚宣告日前后短窗口内，学者型独立董事任职的其他上市公司会出现更大的股价跌幅。

5.3.2 研究设计

1. 研究样本与数据来源

研究假设 H5 - 3 - 1 的样本为2003～2013 年发生信息披露违规并导致独立董事遭受证监会或交易所处罚的 A 股上市公司；研究假设 H5 - 3 - 2 的样本为2003～2013 年受罚独立董事兼任的其他 A 股上市公司。文中使用的独立董事信息通过高管个人简历手工搜集整理得到。其他数据均来自国泰安 CSMAR 数据库，部分缺失数据由作者根据年报补充得到。对于初始样本，进行了如下筛选：（1）剔除金融保险类样本；（2）剔除数据缺失样本。最终得到 112 个存在独立董事遭受监管处罚的公司年观测值和 103 个存在独立董事遭受监管处罚的其他兼任公司年观测值。为了避免极端值的影响，对所有连续变量上下两侧各 1% 的观测值进行了 Winsorize 处理。本章数据处理使用 STATA 计量分析软件进行。

2. 模型设定与变量定义

对于研究假设 H5 - 3 - 1，构建回归模型（5 - 2）进行检验。如果假设 H5 - 3 - 1 成立，则模型（5 - 2）中 b_1 系数显著为负。

$$CAR = b_0 + b_1 * Scholar + b_2 * Penalty + b \sum Control + e \quad (5-2)$$

对于研究假设 H5 - 3 - 2，构建回归模型（5 - 3）进行检验。如果假设 H5 - 3 - 2 成立，则模型（5 - 3）中 b_1 系数显著为负。

$$CAR = b_0 + b_1 * Scholar + b_2 * Penalty + b_3 * Same\_City + b \sum Control + e$$
$$(5-3)$$

模型涉及的主要变量定义如下：

（1）被解释变量。累计超额回报（*CAR*）。本章以违规公告日为事件日，将［-251，-11］共 241 天选定为估计期，利用市场模型估算单日超常收益率（*AR*）和各窗口期的累积超常收益率（*CAR*）。

（2）考察变量。学者型独立董事哑变量（*Scholar*）。若由于企业违规而遭受监管处罚的独立董事中有学者型独立董事，则 *Scholar* 取值为 1，否则为 0。

（3）控制变量。参照已有研究，本章实证模型对以下变量进行了控制：违规处罚类型（*Penalty*）、同城哑变量（*Same_City*）、独立董事比例（*Rindi-*

rector)、公司规模（ln*size*）、股权集中度（*First*）、盈利能力（*ROA*）、成长能力（*Growth*）、年份（*Year*）、行业（*Industry*）和地区（*Place*）等。具体变量的定义方法见表 5 – 13。

表 5 – 13　　　　　　　　　　主要变量的定义和说明

符　号	变量说明
被解释变量	
*CAR*_ – 2, 2	累计超额回报 1：［ – 2, 2］窗口期的累计超额回报率
*CAR*_ – 1, 1	累计超额回报 2：［ – 1, 1］窗口期的累计超额回报率
*CAR*_1, 5	累计超额回报 3：［1, 5］窗口期的累计超额回报率
*CAR*_1, 10	累计超额回报 4：［1, 10］窗口期的累计超额回报率
考察变量	
Scholar	学者型独立董事哑变量：若由于企业信息披露违规而遭受监管处罚的独立董事中有学者型独立董事，则 *Scholar* 取值为 1，否则为 0
控制变量	
Penalty	违规处罚类型：以批评为基准，设置三个虚拟变量。若所受的最严重处罚为公开谴责 *Penalty_gkqz*、警告 *Penalty_jg* 或罚款 *Penalty_fk*，则相应哑变量取值为 1，否则为 0
Same_City	同城哑变量：若违规独立董事兼任公司与违规公司处于同一城市，则 *Same_City* 取值为 1，否则为 0
Rindirector	独立董事比例：独立董事总人数与董事会总人数之比
ln*size*	公司规模：公司年末总资产的自然对数
First	股权集中度：第一大股东持股比例
ROA	盈利能力：总资产报酬率 ＝ 净利润/期末总资产
Growth	成长能力：取期末总资产与期初总资产之差与期初总资产之比
Year	年份虚拟变量
Industry	行业虚拟变量：CSRC 标准
Place	地区虚拟变量：上市公司所在省份

5.3.3　实证结果分析

1. 样本描述性统计

表 5 – 14 Panel A 报告了样本的年度分布情况。2003 ~ 2013 年，共有 112

家上市公司因为信息披露违规最终导致 299 人次的独立董事遭受处罚①。其中，受罚学者型独立董事 115 人，约占 38.46%，略低于学者型独立董事的比例 43.3%；非学者型独立董事 184 人，约占 61.54%。Panel B 按年度报告了受罚独立董事的处罚类型。其中，公开谴责最为普遍，约占 36.13%。通常情况下，针对某一违规行为，警告和罚款会同时使用。因此处罚类型的合计数 346 大于违规独立董事总人数 299。样本期内，针对独立董事的罚款金额为 3 万~5 万元，其中有 44 人次（约 93.62%）的独立董事罚款金额为3 万元。

表 5 - 14　　　　　　　　　　　样本年度分布情况

年　份	2003	2004	2005	2006	2007	2008	2009	2010	2011	2012	2013	合计
Panel A：样本分布												
独立董事受罚的违规公司数	6	8	21	19	15	13	9	9	7	1	4	112
受罚学者型独立董事人数	4	6	21	21	21	13	9	5	7	1	7	115
受罚非学者型独立董事人数	7	16	33	37	20	22	19	16	8	3	3	184
Panel B：处罚类型												
通报批评	0	0	12	11	14	15	13	13	0	0	0	78
公开谴责	11	20	32	41	16	2	0	1	2	0	0	125
警告	0	2	11	6	11	17	14	7	13	4	10	95
罚款	0	1	0	0	4	10	13	2	6	4	8	48
合计	11	23	55	58	45	44	40	23	21	8	18	346

　　图 5 - 8 按"学者型独立董事"和"非学者型独立董事"分类列示了处罚类型的样本分布情况。可以看出，两种类型独立董事最普遍的处罚方式均为公开谴责。然而，学者型独立董事遭受批评和公开谴责的比例略低于非学者型独

---

① 实际上，2003~2013 年，共有 165 家上市公司因为信息披露违规而导致 458 人次的独立董事遭受处罚。其中，有 53 家上市公司因为退市、长期停盘、数据缺失等原因，无法计算 CAR 值。因此，纳入回归模型的违规样本仅 112 家。

立董事，遭受警告和罚款的比例略高于非学者型独立董事。从违规处罚力度来看，相比较非学者型独立董事，学者型独立董事较为严重。正如前文分析，从履职的能力和意愿来看，相比较非学者型独立董事，学者型独立董事可以更好地履行相关职能①。因此，当有学者型独立董事由于未能尽到勤勉尽责义务而遭受监管部门处罚时，很可能其任职公司的违规行为更为隐蔽和严重。然而，学者型独立董事与非学者独立董事在违规处罚力度上并不存在统计上的差异（均值检验结果为：t = 1. 379，p = 0. 177；中值检验结果为：z = 1. 368，p = 0. 174）。伍利娜和高强（2002）、胡延平和陈超（2004）研究发现，市场对企业违规的反应程度与违规类型、处罚的公开性和力度显著相关。为了避免本章研究结论受违规类型和处罚力度的影响，在多元回归中，对独立董事的处罚程度进行了控制。

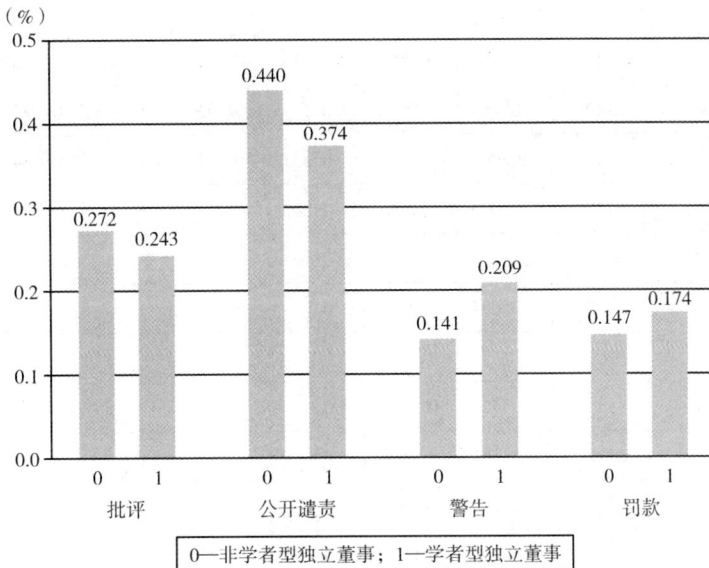

图 5 – 8　按独立董事类型分样本统计的处罚类型

2. 变量描述性统计

表 5 – 15 Panel A 和 Panel B 分别报告了研究假设 H5 – 3 – 1 和研究假设

---

① 从学者型独立董事比例（43.3%）与违规学者型独立董事比例（38.46%）的比较可知，学者型独立董事出现违规的概率的确低于非学者型独立董事。

H5 - 3 - 2 主要变量的描述性统计结果。对比 Panel A 和 Panel B 的数据可以看出，违规公告日前后四个短窗口内，违规事件发生公司（Panel A）的累计超额回报均略低于兼任公司（Panel B），与杨玉凤等（2008）的研究结论相一致。违规样本中，有63.4%的上市公司至少有一名学者型独立董事遭受处罚；违规学者型独立董事的兼任公司数约占所有违规独立董事兼任数的57.3%。违规独立董事最普遍的处罚为公开谴责。有31.1%的兼任公司与违规公司位于同一城市。此外，违规事件发生公司的资产规模、盈利能力和成长能力也均低于兼任公司。

表 5 - 15　　　　　Panel A：研究假设 H5 - 3 - 1 变量描述性统计

	N	均值	标准差	最小值	P25	中位数	P75	最大值
被解释变量								
$CAR\_-2, 2$	112	0.006	0.063	-0.158	-0.034	-0.002	0.043	0.190
$CAR\_-1, 1$	112	0.003	0.049	-0.151	-0.020	-0.003	0.029	0.161
$CAR\_1, 5$	112	-0.002	0.068	-0.331	-0.034	0.001	0.034	0.236
$CAR\_1, 10$	112	-0.003	0.096	-0.268	-0.050	-0.009	0.037	0.261
考察变量								
$Scholar$	112	0.634	0.484	0	0	1	1	1
控制变量								
$Penalty\_gkqz$	112	0.429	0.497	0	0	0	1	1
$Penalty\_jg$	112	0.161	0.369	0	0	0	0	1
$Penalty\_fk$	112	0.179	0.385	0	0	0	0	1
$Rindirector$	112	0.360	0.061	0.167	0.333	0.333	0.400	0.500
$lnsize$	112	20.64	0.991	18.64	19.93	20.56	21.28	23.10
$First$	112	0.305	0.142	0.085	0.194	0.272	0.404	0.706
ROA	112	-0.151	0.409	-1.994	-0.175	0.004	0.029	0.348
$Growth$	112	-0.069	0.320	-0.818	-0.210	-0.050	0.060	1.155

Panel B：研究假设 H5 – 3 – 2 变量描述性统计

	N	均值	标准差	最小值	P25	中位数	P75	最大值
Panel A：被解释变量								
*CAR_* – 2，2	103	0.002	0.058	– 0.153	– 0.030	0.002	0.030	0.222
*CAR_* – 1，1	103	0.003	0.042	– 0.155	– 0.016	– 0.003	0.024	0.158
*CAR_*1，5	103	0.012	0.102	– 0.187	– 0.031	0.003	0.034	0.799
*CAR_*1，10	103	0.012	0.156	– 0.222	– 0.059	– 0.004	0.049	1.122
Panel B：考察变量								
Scholar	103	0.573	0.497	0	0	1	1	1
Panel C：控制变量								
Penalty_gkqz	103	0.350	0.479	0	0	0	1	1
Penalty_jg	103	0.175	0.382	0	0	0	0	1
Penalty_fk	103	0.184	0.390	0	0	0	0	1
Same_City	103	0.311	0.465	0	0	0	1	1
Rindirector	103	0.350	0.048	0.200	0.333	0.333	0.364	0.500
ln*size*	103	21.36	1.108	18.90	20.55	21.19	22.01	24.66
First	103	0.339	0.139	0.123	0.231	0.330	0.441	0.668
ROA	103	0.013	0.086	– 0.272	0.004	0.022	0.049	0.220
Growth	103	0.085	0.272	– 0.593	– 0.022	0.042	0.180	1.039

3. 相关系数检验

表 5 – 16 Panel A 和 Panel B 分别报告了研究假设 H5 – 3 – 1 和研究假设 H5 – 3 – 2 主要变量间的 Pearson（左下部分）及 Spearman（右上部分）相关系数矩阵。系数矩阵结果显示，学者型独立董事哑变量 *Scholar* 与超额市场回报 *CAR_* – 2，2 负相关但不显著。相关系数检验结果并没有很好地支持本章的研究假设，我们接下来需要进一步控制其他变量，进行多元回归分析。此外，除了 Panel A 中盈利能力（*ROA*）与成长能力（*Growth*）之间的 Pearson 和 Spearman 相关系数分别为 0.58 和 0.59、资产规模（ln*size*）与成长能力（*Growth*）之间的 Pearson 和 Spearman 相关系数分别为 0.44 和 0.43 以外[①]，其

---

① 稳健性测试中去掉其一，不改变结果。

他各变量间相关系数的绝对值均不超过 0.4，这说明解释变量、控制变量之间不存在高度的相关关系。接下来将进一步控制其他变量，进行多元回归分析。

表 5 – 16　　　　　　Panel A：研究假设 H5 – 3 – 1 变量相关系数矩阵

	1	2	3	4	5	6	7	8	9	10
1 CAR_ - 2,2	1	0.04	0.02	- 0.07	- 0.07	- 0.02	- 0.03	0.01	0.08	0.02
2 Scholar	0.07	1	- 0.17a	0.13	0.064	0.03	0.03	- 0.14	0.10	0.00
3 Penalty_gkqz	0.01	- 0.17a	1	- 0.38c	- 0.40c	- 0.02	0.08	0.16a	- 0.32c	- 0.11
4 Penalty_jg	- 0.07	0.13	- 0.38c	1	- 0.20b	0.06	- 0.04	- 0.04	0.06	- 0.04
5 Penalty_fk	- 0.08	0.06	- 0.40c	- 0.20b	1	0.01	- 0.14	- 0.05	0.18a	0.09
6 Rindirector	- 0.03	0.01	- 0.01	0.09	- 0.05	1	0.07	- 0.06	0.10	0.08
7 lnsize	- 0.00	- 0.01	0.09	0.00	- 0.17a	0.10	1	0.10	0.13	0.43c
8 First	- 0.05	- 0.10	0.18a	- 0.07	- 0.02	- 0.00	0.12	1	- 0.01	0.09
9 ROA	0.05	0.18a	- 0.13	0.04	0.14	0.19b	0.30c	0.12	1	0.59c
10 Growth	0.03	- 0.03	- 0.07	- 0.05	0.07	0.13	0.44c	0.14	0.58c	1

Panel B：研究假设 H5 – 3 – 2 变量相关系数矩阵

	1	2	3	4	5	6	7	8	9	10	11
1 CAR_ - 2, 2	1	- 0.13	- 0.11	- 0.00	0.10	0.02	0.10	- 0.10	- 0.04	0.13	- 0.06
2 Scholar	- 0.08	1	- 0.11	0.08	- 0.03	0.06	- 0.02	0.03	0.02	0.08	- 0.03
3 Penalty_ gkqz	- 0.15	- 0.11	1	- 0.33c	- 0.36c	0.08	- 0.11	- 0.04	0.10	0.09	0.04
4 Penalty_ jg	- 0.00	0.08	- 0.33c	1	- 0.22b	- 0.03	0.07	0.11	0.01	0.01	- 0.06
5 Penalty_ fk	0.05	- 0.03	- 0.36c	- 0.22b	1	0.1	- 0.02	- 0.11	- 0.16	- 0.06	- 0.12
6 Same_ City	- 0.00	0.07	0.08	- 0.03	0.10	1	0.11	0.08	0.00	- 0.02	- 0.13
7 Rindirector	0.01	0.02	- 0.20b	0.21b	0.01	0.15	1	0.24b	0.02	- 0.03	0.10
8 lnsize	- 0.16a	0.06	- 0.04	0.08	- 0.06	0.07	0.27c	1	0.16	0.21b	0.34c
9 First	- 0.07	0.05	0.10	0.03	- 0.17a	- 0.02	- 0.05	0.16	1	0.12	0.27c
10 ROA	0.19b	0.13	- 0.01	0.11	- 0.07	- 0.06	0.00	0.26c	0.17a	1	0.28c
11 Growth	- 0.05	- 0.06	0.04	- 0.05	- 0.11	- 0.15	0.09	0.28c	0.23b	0.38c	1

注：a、b、c 分别表示变量间 Pearson（左下部分）及 Spearman（右上部分）相关性检验在 10%、5%、1% 水平上显著（双尾）。

4. 基本假设检验

（1）研究假设 H5 - 3 - 1：有学者型独立董事遭受处罚 vs 无学者型独立董事遭受处罚。

表 5 - 17 报告了研究假设 H5 - 3 - 1 的回归结果。为了控制年度、行业和地区固定效应，在所有模型中均加入了年度、行业和地区虚拟变量。为了与辛清泉等（2013）的研究结果进行对比，计算了违规公告日前后各 1 天和 2 天时间窗口的累计超额回报 $CAR\_-1, 1$ 和 $CAR\_-2, 2$。此外，还计算了违规公告日后 5 天和后 10 天窗口的累计超额回报 $CAR\_1, 5$ 和 $CAR\_1, 10$。表 5 - 17 回归结果显示，除违规公告日后 10 天窗口的累计超额回报 $CAR\_1, 10$ 以外，其他时间窗口的累计超额回报与学者独立董事哑变量 Scholar 均至少在 10% 的水平上显著负相关。这一回归结果说明，与非学者型独立董事相比，在处罚宣告日前后短窗口内，市场的确对有学者型独立董事遭受处罚的违规公司作出了更为负面的反应。本章研究假设 H5 - 3 - 1 通过检验。与此同时，学者型独立董事（Scholar）的回归系数分别为 - 0.054、- 0.028、- 0.036 和 - 0.059，那么意味着学者型独立董事受到处罚给股东财富带来最大的负向影响是 - 0.054[①]，即 5 天的时间窗口为千分之五十四，平均每天超过 1%。而每天 1% 的股价跌幅已经足以需要引起投资者的重视了。

表 5 - 17　　　　　　　有无学者型独立董事遭受处罚的市场反应检验

变量名称	变量符号	(1) $CAR\_-2, 2$	(2) $CAR\_-1, 1$	(3) $CAR\_1, 5$	(4) $CAR\_1, 10$
学者型独立董事	Scholar	- 0.054 * （- 2.001）	- 0.028 * （- 1.692）	- 0.036 * （- 1.769）	- 0.059 （- 1.611）
违规处罚类型	Penalty_gkqz	0.028 （0.783）	0.014 （0.643）	0.043 （1.587）	0.069 （1.441）
违规处罚类型	Penalty_jg	0.006 （0.164）	- 0.012 （- 0.503）	0.030 （1.027）	0.062 （1.196）
违规处罚类型	Penalty_fk	- 0.065 * （- 1.706）	- 0.022 （- 0.949）	- 0.019 （- 0.667）	- 0.050 （- 0.976）

---

①　通过对不同时间窗口回归系数的比较可知，违规前后短窗口的市场反应比十天中长期窗口更为负面。

变量名称	变量符号	(1) CAR_ -2, 2	(2) CAR_ -1, 1	(3) CAR_1, 5	(4) CAR_1, 10
独立董事比例	*Rindirector*	-0.069 (-0.342)	-0.069 (-0.561)	-0.116 (-0.750)	0.196 (0.719)
公司规模	lnsize	0.018 (1.187)	0.002 (0.196)	-0.003 (-0.297)	-0.015 (-0.738)
股权集中度	*First*	-0.178* (-1.859)	-0.125** (-2.125)	-0.122 (-1.662)	-0.208 (-1.596)
盈利能力	*ROA*	0.097** (2.634)	0.024 (1.071)	0.062** (2.197)	0.131** (2.623)
成长能力	*Growth*	-0.117*** (-5.620)	-0.036*** (-2.792)	-0.042** (-2.619)	-0.109*** (-3.863)
截距项	*Constant*	-0.324 (-0.824)	-0.036 (-0.150)	0.079 (0.261)	0.292 (0.546)
年度/行业/地区	*Year & Industry & Place*	Control	Control	Control	Control
观测数	Obs#	112	112	112	112
调整后 R^2	Adj - R^2	0.4243	0.1520	0.2054	0.2958
F 值	F Value	2.50	1.36	1.53	1.85

注：*、**、*** 分别表示 10%、5% 和 1% 的显著性水平（双尾）。

控制变量的回归结果显示：违规处罚类型中，仅有罚款 *Penalty_fk* 在违规前后五天的短窗口下与累计超额回报显著负相关。微弱的证据表明，独立董事惩罚越严重，市场反应越负面。公司股权集中度 *First* 与累计超额回报显著负相关，说明第一大股东持股比例越高，市场反应越负面；盈利能力 *ROA* 与累计超额回报显著正相关，说明公司盈利能力越强，市场反应越正面；公司成长能力 *Growth* 与累计超额回报至少在 5% 的水平上显著负相关，说明成长能力高的违规公司市场反应反而更为负面。

（2）研究假设 H5-3-2：受罚学者型独立董事兼任公司 vs 受罚非学者型独立董事兼任公司。

表 5-18 报告了研究假设 H5-3-2 的回归结果。为了控制年度和行业固

定效应，在所有模型中均加入了年度和行业虚拟变量①。表 5 - 18 回归结果显示，除违规公告日后 5 天窗口的累计超额回报 *CAR*_1，5 以外，其他时间窗口的累计超额回报与学者独立董事哑变量 *Scholar* 均至少在 10% 的水平上显著负相关。这一回归结果说明，与非学者型独立董事相比，在处罚宣告日前后短窗口内，学者型独立董事任职的其他上市公司出现了更大的股价跌幅。表 5 - 18 报告了研究假设 H5 - 3 - 2 在一定程度上通过检验。控制变量的回归结果显示，同城哑变量 *Same_City* 与累计超额回报的相关性不显著。说明违规独立董事兼任公司的市场反应并不受兼任公司与违规公司是否处于同一城市的影响。兼任公司规模 ln*size* 与累计超额回报显著负相关，说明兼任公司的规模越大，市场反应越负面。导致这一结果的可能原因是大规模公司的关注度更高。兼任公司的盈利能力 *ROA* 与累计超额回报至少在 5% 的水平上显著正相关，说明兼任公司的盈利能力越强，市场反应越正面，与研究假设 H5 - 3 - 1 的回归结果相一致。

表 5 - 18　　　　受罚学者型独立董事与非学者型独立董事
兼任公司的市场反应检验

变量名称	变量符号	(1) *CAR*_-2，2	(2) *CAR*_-1，1	(3) *CAR*_1，5	(4) *CAR*_1，10
学者型独立董事	*Scholar*	-0.026** (-2.218)	-0.015* (-1.749)	-0.027 (-1.270)	-0.058* (-1.786)
违规处罚类型	*Penalty_gkqz*	-0.039** (-2.293)	-0.023* (-1.843)	-0.054* (-1.782)	-0.063 (-1.343)
违规处罚类型	*Penalty_jg*	-0.008 (-0.449)	-0.015 (-1.113)	-0.040 (-1.244)	0.004 (0.079)
违规处罚类型	*Penalty_fk*	0.028 (1.498)	0.007 (0.504)	0.067* (1.965)	0.076 (1.446)
同城哑变量	*Same_City*	0.004 (0.304)	0.003 (0.303)	-0.021 (-0.935)	-0.027 (-0.767)

续表

变量名称	变量符号	(1) CAR_ -2, 2	(2) CAR_ -1, 1	(3) CAR_1, 5	(4) CAR_1, 10
独立董事比例	Rindirector	0.220 (1.558)	0.198 * (1.890)	0.078 (0.304)	0.031 (0.078)
公司规模	lnsize	-0.017 *** (-2.773)	-0.010 ** (-2.258)	-0.024 ** (-2.217)	-0.037 ** (-2.177)
股权集中度	First	-0.034 (-0.833)	-0.044 (-1.443)	-0.071 (-0.956)	-0.097 (-0.848)
盈利能力	ROA	0.246 *** (3.444)	0.184 *** (3.485)	0.540 *** (4.179)	0.934 *** (4.710)
成长能力	Growth	-0.039 (-1.490)	-0.037 * (-1.910)	-0.117 ** (-2.458)	-0.227 *** (-3.108)
截距项	Constant	0.212 (1.255)	0.128 (1.021)	0.500 (1.635)	1.130 ** (2.404)
年度/行业/地区	Industry & Year	Control	Control	Control	Control
观测数	Obs#	103	103	103	103
调整后 R^2	Adj - R^2	0.1875	0.1451	0.2167	0.2110
F 值	F Value	1.71	1.52	1.85	1.83

注：* 、** 、*** 分别表示 10%、5% 和 1% 的显著性水平（双尾）。

5. 进一步的探讨

（1）财务背景学者型独立董事的声誉惩罚。《关于在上市公司建立独立董事制度的指导意见》规定，各境内上市公司应当按照本指导意见的要求修改公司章程，聘任适当人员担任独立董事，其中至少包括一名会计专业人士（会计专业人士是指具有高级职称或注册会计师资格的人士）。上市公司可以通过聘请高校会计学者、会计师事务所从业人员、公司财务人员等途径来满足监管机构对会计专业人士的要求。DeFond 等（2005），Krishnan 和 Visvanathan（2008），Dhaliwal 等（2010）等学者研究发现，审计委员会成员的会计财务专家背景可以提高公司的财务报表质量。董事会中具有财务或会计背景的独立董事，则上市公司盈余信息质量较好（吴清华、王平心，2007；胡奕明、唐松莲，2008）。对于董事会或审计委员会拥有财务专家型独立董事的公司，其财务报表重述的概率显著更低（Agrawal、Chadha，2005）。

如果财务背景的独立董事能显著降低财务报表重述的概率，而市场对学者型独立董事又存在更高的道德预期。那么，市场是否会对有财务背景学者型独立董事遭受监管处罚的信息披露违规作出更为严厉的惩罚呢？为了检验这一设想，我们构造了财务背景学者型独立董事哑变量 *Scholar_Accounting*，具体定义方法为：若由于企业信息披露违规而遭受监管处罚的独立董事中有财务背景的学者型独立董事，则 *Scholar_Accounting* 取值为1，否则为0。表5-19 报告了这一检验的回归结果。可以看出，财务背景的学者型独立董事哑变量 *Scholar_Accounting* 与违规公告日前后短窗口内的超额市场回报均不显著。也就是说，市场并没有对有财务背景学者型独立董事遭受处罚的信息披露违规作出更为负面的反应。控制变量的回归结果与表5-17 大体保持一致。

表 5 - 19　　　财务背景学者型独立董事遭受处罚的市场反应检验

变量名称	变量符号	(1) $CAR\_-2,2$	(2) $CAR\_-1,1$	(3) $CAR\_1,5$	(4) $CAR\_1,10$
财务背景学者型独立董事	*Scholar_Accounting*	- 0.030 (- 0.875)	- 0.007 (- 0.319)	0.009 (0.358)	0.008 (0.181)
违规处罚类型	*Penalty_gkqz*	0.025 (0.703)	0.013 (0.573)	0.041 (1.481)	0.066 (1.352)
违规处罚类型	*Penalty_jg*	- 0.006 (- 0.153)	- 0.016 (- 0.669)	0.028 (0.924)	0.057 (1.068)
违规处罚类型	*Penalty_fk*	- 0.083 ** (- 2.198)	- 0.032 (- 1.383)	- 0.033 (- 1.144)	- 0.072 (- 1.412)
独立董事比例	*Rindirector*	- 0.064 (- 0.311)	- 0.064 (- 0.501)	- 0.101 (- 0.636)	0.217 (0.779)
公司规模	ln*size*	0.021 (1.334)	0.003 (0.276)	- 0.004 (- 0.325)	- 0.015 (- 0.719)
股权集中度	*First*	- 0.135 (- 1.416)	- 0.098 * (- 1.678)	- 0.077 (- 1.056)	- 0.139 (- 1.076)
盈利能力	*ROA*	0.098 ** (2.554)	0.023 (0.990)	0.058 * (1.984)	0.126 ** (2.437)
成长能力	*Growth*	- 0.120 *** (- 5.462)	- 0.036 *** (- 2.673)	- 0.040 ** (- 2.364)	- 0.107 *** (- 3.608)

变量名称	变量符号	(1) $CAR\_-2, 2$	(2) $CAR\_-1, 1$	(3) $CAR\_1, 5$	(4) $CAR\_1, 10$
截距项	$Constant$	-0.402 (-0.997)	-0.072 (-0.293)	0.040 (0.131)	0.227 (0.417)
年度/行业/地区	$Year \& Industry \& Place$	Control	Control	Control	Control
观测数	Obs#	112	112	112	112
调整后 R^2	$Adj - R^2$	0.3925	0.1117	0.1643	0.2647
F 值	F Value	2.32	1.26	1.40	1.73

注：*、**、***分别表示10%、5%和1%的显著性水平（双尾）。

（2）学者型独立董事违规对任职高校其他学者聘请行为的溢出效应。在研究假设 H5-3-1 和假设 H5-3-2 中，分别从任职公司和兼任公司两个维度对受监管处罚的学者型独立董事的声誉惩罚进行了检验。俞欣等（2011）研究发现，五粮液公司被调查给白酒行业带来了传染效应，导致竞争者的股票价格下降。刘启亮等（2014）同样发现，白培中腐败案不仅使事件公司的股价下跌，而且由于信息传递作用，同样也对同行业公司产生了传染效应。Chiu 等（2012）认为，盈余管理行为会通过公司之间共享董事进行传播，而存在盈余管理行为的董事其兼任的其他公司也更可能进行盈余管理。陈仕华和陈钢（2013）同样发现，财务重述行为可以通过高管联结关系在企业之间进行扩散。

由于来自同一高校的学者型独立董事具有较大的同质性，当一名独立董事遭受处罚时，很可能导致上市公司和投资者对同一高校的其他独立董事信心降低，从而对同一高校其他学者的聘请行为产生负面溢出效应。为了印证这一设想，分年度对受罚学者型独立董事所在高校前后 3 年的聘请情况进行了统计。如图 5-9 所示，横轴反映了违规当年（0 年）与违规前后 3 年的时间窗口①，纵轴反映了来自违规学者型独立董事所在高校的学者型独立董事占当年所有学者型独立董事的比例。可以看出，当任职高校当年出现学者型独立董事遭受处罚后，在接下来的 2~3 年内，来自该高校的独立董事比例在大多数年份均出现不同程度的下降（2005 年、2007 年、2008 年和 2009 年），或更小程度的增长（2006 年和 2010 年）。这一结果说明，学者型独立董事遭受处罚在一定程

---

① 由于需要反映前后各 3 年的数据，故年度区间为 2005~2010 年。

度上对同一高校其他学者的聘请行为产生了影响，表现出负面溢出效应。

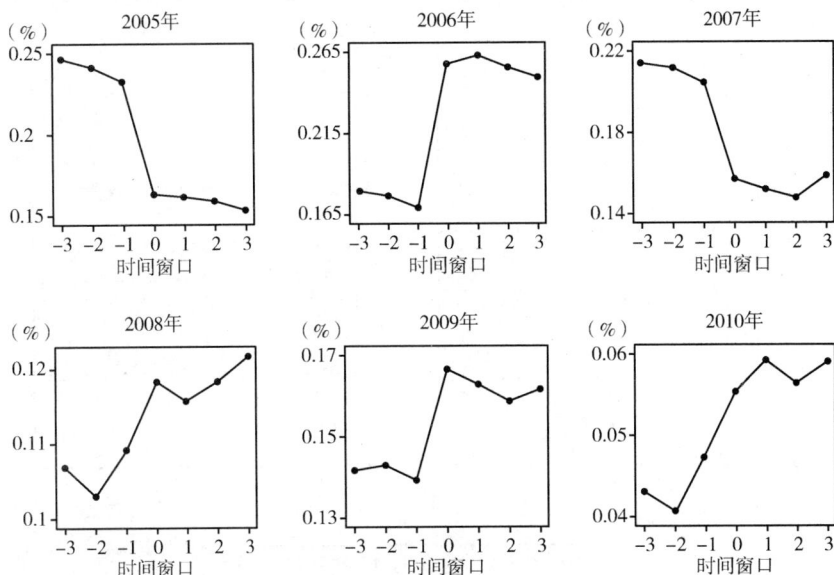

图 5 – 9　违规学者型独立董事所在高校的学者型独立董事聘请情况

（3）独立董事违规对任职公司后续聘请独立董事行为的影响。辛清泉等
（2013）研究发现，49% 的受罚独立董事在处罚年度末之前便已离开涉案公
司。也就是说，大部分涉案公司面临着重新选聘独立董事的问题。那么，一个
随之而来的问题是：独立董事遭受处罚是否对涉案公司独立董事的后续聘请行
为产生了影响？为了解答这一疑问，本章接下来对受罚独立董事的离职情况以
及涉案公司的后续聘请行为进行了考察。图 5 – 10 按处罚前、处罚中和处罚后
分组列示了受罚学者型独立董事和非学者型独立董事的离职时间分布情况。可
以看出，在 305 人次的受罚独立董事中，有 124（40.66%）人次的独立董事
在处罚之前年度便已离开涉案公司；有 53（17.38%）人次的独立董事在处罚
当年离开了涉案公司；有 128（41.97%）人次的独立董事继续留任①，且继续
留任的学者型独立董事居多。

接下来，进一步比较了涉案上市公司在受罚前后 3 年中所聘独立董事的个

---

① 继续留任的 128 人次独立董事中，有 57 人次在处罚后第一年离职，39 人次在处罚后第
二年离职。

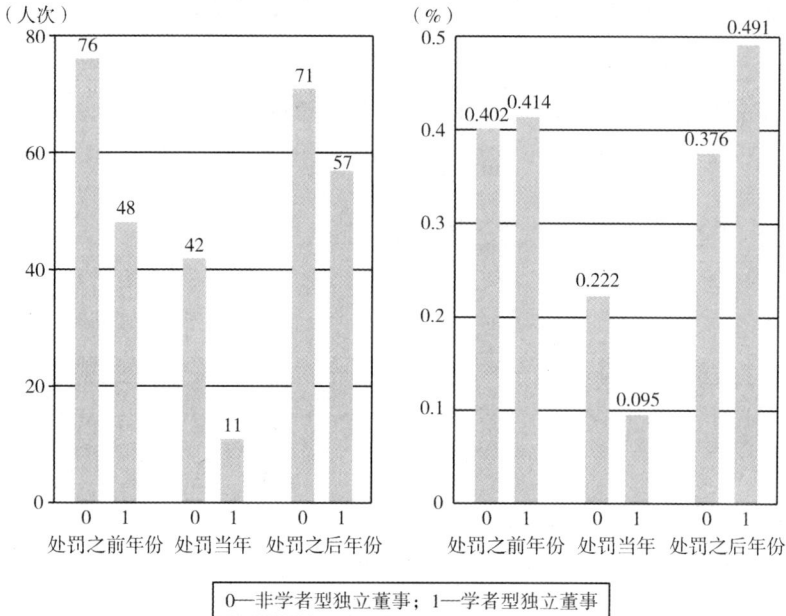

0—非学者型独立董事；1—学者型独立董事

图 5 – 10　受罚独立董事离职时间分布

人特征差异。我们从独立董事人数、独立董事比例、学者型独立董事比例、独立董事平均兼任个数、平均年龄、平均教育水平、女性独立董事比例、独立董事全职工作地点与上市公司所在地一致性（是否为同一城市）、独立董事籍贯与上市公司所在地一致性（是否为同一城市）以及独立董事全职工作地与上市公司所在地之间的空间距离等维度进行了考察，单变量检验结果如表 5 – 20 所示。可以看出，涉案公司在违规处罚后，聘请了更多的独立董事①，并且这些独立董事的平均兼任家数更多、平均年龄更大、平均教育水平更高、女性独立董事所占比重更大、更多的为当地独立董事（籍贯一致性）。违规处罚后，涉案上市公司所聘独立董事的平均监督距离由 623.1 公里缩短到 564.0 公里，有一定程度的下降，然而却不显著。以上结果与违规上市公司通过聘请更多资深、稳健独立董事来树立企业正面形象的目的相一致。

---

　　① 为了防止这一结果是由于随着独立董事制度的不断完善，上市公司所聘独立董事整体呈现上升趋势。根据同年度、同行业、规模最接近原则对违规样本进行了一一配对，发现以上结论同样成立。

表 5 – 20 违规前后涉案公司独立董事个人特征的差异检验

变量名称	违规前三年 [-3, -1]			违规后三年 [1, 3]			均值 T 检验	中值 Z 检验
	N	均值	中值	N	均值	中值		
独立董事人数	314	3.115	3	306	3.278	3	-2.170**	-2.302**
独立董事比例	313	0.345	0.333	306	0.389	0.364	-5.597***	-6.064***
学者型独立董事比例	314	0.406	0.333	306	0.396	0.333	0.395	0.074
兼任个数	314	1.407	1.200	306	1.437	1.333	-0.688	-1.943**
年龄	314	3.867	3.864	306	3.910	3.906	-3.907***	-3.689***
教育水平	314	3.695	3.667	305	3.852	4	-2.987***	-3.015***
女性比例	314	0.128	0	306	0.158	0	-1.736*	-2.131**
工作地一致性	314	0.366	0.333	306	0.352	0.333	0.464	0.494
籍贯一致性	314	0.059	0	306	0.087	0	-1.836*	-1.323
空间距离	312	623.1	469.0	281	564.0	418.9	1.350	1.188

注：*、**、*** 分别表示 10%、5% 和 1% 的显著性水平（双尾）。

（4）排除竞争性假设的检验。在基本假设检验中，发现市场对学者型独立董事的违规行为作出了更为严厉的惩罚。然而，当公司治理水平较差、投资者保护程度较低时，违规更严重的企业可以通过借助学者型独立董事的声誉和社会形象来向市场传递企业的正面信息。当这类公司由于更严重的违规行为而受到更严厉的市场惩罚时，很可能导致我们之前观察到的学者型独立董事和更严厉的市场惩罚之间的正向关系是一种伪回归。为了排除这一竞争性假设，本章接下来按照是否有学者型独立董事遭受处罚，将违规样本分为两组，并且对两组的公司治理水平进行单变量检验。如果检验结果发现，"有学者型独立董事受罚组"的公司治理水平更差，则我们将无法排除以上竞争性假设；反之，则说明以上竞争性假设并不成立。

表 5 – 21 报告了按"有无学者型独立董事遭受处罚"分组下的单变量检验结果。我们分别从独立董事比例、董事长和总经理两职合一、股权集中度、审计质量（是否聘请了国际四大所）、机构持股比例、管理层持股比例、资金占用（经规模调整后的关联交易产生的应收与应付项目之差）和市场化水平（樊纲等（2011）各省区市场化指数总体评分）八个维度对两组的公司治理水平进行了检验。单变量检验结果显示，有学者型独立董事受罚组和无学者型独立董事受罚组的以上八个指标均不存在显著差异。并且，所有违规公司均未聘

请国际四大会计师事务所。单变量检验结果说明，有学者型独立董事受罚组和无学者型独立董事受罚组在公司治理水平上并不存在显著差异，即以上竞争性假设并不成立。

表 5 – 21 　　　　　　　　　排除竞争性假设的单变量检验

变量名称	有学者型独立董事受罚组			无学者型独立董事受罚组			均值 T 检验	中值 Z 检验
	N	均值	中值	N	均值	中值		
独立董事比例	72	0.360	0.333	43	0.360	0.333	0.050	0.323
两职合一	71	0.099	0	41	0.146	0	− 0.755	− 0.757
股权集中度	72	0.297	0.264	43	0.320	0.285	− 0.837	− 1.185
审计质量	72	0	0	43	0	0	—	—
机构持股	68	0.000	0	41	0.000	0	0.954	0.550
管理层持股	72	0.001	0	43	0.000	0	0.854	− 0.849
资金占用	71	0.111	0.018	42	0.104	0.022	0.093	− 0.582
市场化水平	72	7.707	7.785	43	7.339	7.270	0.884	0.702

6. 稳健性检验[①]

为了进一步提高本章研究结论的可靠性，做了以下稳健性检验。第一，使用违规学者独立董事人数代替违规学者独立董事哑变量重新对本章研究假设 H5 – 3 – 1 进行检验。第二，剔除同一年度出现多次违规的样本重新对本章研究假设进行检验。当同一年度出现多次违规时，利用市场模型估算累计超额回报（CAR）会出现时间窗口上的重叠，为了避免这一处理对回归结果产生影响，剔除同一年度出现多次违规的样本重新对本章研究假设进行检验。第三，改变违规处罚力度（Penalty）的度量方式重新对本章研究假设进行检验。在正文中，通过给所有受罚独立董事的处罚方式进行赋值，并取最大值的方式来度量违规处罚力度。作为稳健性测试，通过取所有受罚独立董事处罚总得分的方式重新对本章研究假设进行检验。上述稳健性检验结果与前文结果并无实质性差异，说明本章结论较为稳健。

---

① 限于文章篇幅，本部分结果未予列示。如需查看，可向作者索要。

5.3.4　结论与总结

以往对独立董事背景的研究往往基于"资源支持理论",认为独立董事在其行业内的影响,能够为公司的发展提供重要的资源支持,本章的研究拓展了独立董事背景的经济后果研究,选择对学者型独立董事因任职公司信息披露违规而遭受监管处罚后的声誉惩罚与溢出效应进行了探讨。研究发现:市场对学者型独立董事的违规行为作出了更加严厉的惩罚,具体表现为:当任职公司出现信息披露违规,独立董事由于未能尽到勤勉尽责义务而遭受证监会或交易所处罚时,市场对有学者型独立董事被罚的公司作出了更为负面的反应;同时,与非学者型独立董事相比,在处罚宣告日前后短窗口内,学者型独立董事任职的其他上市公司也出现了更大的股价跌幅;学者型独立董事遭受处罚在一定程度上对同一高校其他学者的聘请行为产生了影响,表现出负面溢出效应。本章研究提供了市场差别化对待不同背景独立董事违规行为的经验证据,反映了个体声誉对组织的"双刃"效应,研究为我国资本市场的监管以及公司治理决策提供了经验证据的支持。当然,本章研究也存在一定的不足。如不同学者的社会影响力也存在差异,市场对不同影响力学者的违规反应亦会不同。在接下来的研究中,可以细化学者型独立董事的不同学校类别。如"985"工程院校、"211"工程院校等,进一步进行深入分析。

5.4　本章小结

在本章中,首先从专业背景、籍贯、任职高校、职称、教育水平、第一学历和年龄等方面逐一描述了学者型独立董事的个体特征。从专业背景来看,学者型独立董事更多地集中在会计、经济管理和法学等专业。其中,从事会计学专业研究的学者型独立董事约占 30.50%,这与《指导意见》对独立董事中至少包括一名会计专业人士的要求相吻合。从籍贯来看,学者型独立董事主要集中在经济或教育发展水平较高的地区。其中,人数最多的四大省份依次为浙江、江苏、山东和湖南。从任职高校来看,来自中国人民大学、上海财经大学、清华大学、北京大学和厦门大学的学者型独立董事最多。从学术职称来看,有 87.02% 的学者型独立董事具有教授头衔,表现出较强的专业知识技能。从教育水平来看,有 59.29% 的学者型独立董事具有博士研究生学历,表现出较强的学习能力。从第一学历来看,来自上海财经大学、厦门大学、中国人民大学、中南财经政法大学和北京大学的学者型独立董事人次最多。从年龄来看，学者型独立董事主要集中在 40 ~ 59 周岁，略年轻于其他背景的独立董事。

其次，从供给和需求的角度对上市公司聘请学者担任独立董事的影响因素进行了分析。同时，进一步考察了不同规模和不同产权性质下，上市公司聘请学者担任独立董事的决策差异。全样本的回归结果显示：从供给的角度来看，当地高校数量（教职工或专任教师人数）越多，则上市公司聘请学者担任独立董事的概率越大；从需求的角度来看，上市公司的业务复杂度越高、行业竞争越激烈、成长能力越强，则聘请学者担任独立董事的概率越大。

最后，对学者型独立董事违规的声誉惩罚与溢出效应进行了检验。研究发现市场对学者型独立董事的违规行为作出了更加严厉的惩罚。具体表现为：当任职公司出现信息披露违规，独立董事由于未能尽到勤勉尽责义务而遭受证监会或交易所处罚时，市场对有学者型独立董事被罚的公司作出了更为负面的反应；同时，与非学者型独立董事相比，在处罚宣告日前后短窗口内，学者型独立董事任职的其他上市公司也出现了更大的股价跌幅。学者型独立董事遭受处罚在一定程度上对同一高校其他学者的聘请行为产生了影响，表现出负面溢出效应。

第6章　独立董事的分析师任职背景研究[*]

　　证券分析师作为信息中介在信息不完全流动的资本市场上，通过股票评级和盈利预测等方式向投资者提供信息（Grossman，Stiglitz，1980）。随着中国资本市场的跨越式发展，中国的证券研究行业急剧扩张，证券分析师的市场影响力也越来越大，然而其研究报告却受到越来越多的质疑和争议（蔡庆丰和陈娇，2011）。其中的一个质疑焦点即为：证券分析师是否适合担任上市公司独立董事？担任了上市公司独立董事的分析师发布的预测报告还是否可信？2012年5月23日，杨治山内幕交易案的东窗事发，更是将这一质疑推向高潮。数据显示，自2002年中国证监会强制要求境内上市公司聘任独立董事以来，共有21家A股上市公司（103家公司/年）累计聘请了12位时任证券分析师担任公司独立董事。进一步对12名独立董事分析师的背景进行考察后我们发现，其中有8名分析师在2003~2012年至少有5年入选"新财富最佳分析师"；同时，这些分析师发布的平均评级（135条）和盈余（1178条）预测数也远大于未担任独立董事的分析师发布的平均评级（51条）和盈余（132条），分别是后者的近3倍和9倍。由此可见，虽然被聘为独立董事的分析师绝对人数较少，但他们却向资本市场提供着大量的预测信息，加之新财富最佳分析师头衔在分析师行业的影响力，这些分析师无疑在资本市场中发挥着举足轻重的作用。因此，研究该类分析师发布预测信息的质量则显得尤为迫切和重要。

　　此外，聘任分析师担任独立董事的上市公司（以下简称"聘任上市公司"）所在行业与被聘为独立董事的分析师（以下简称"独立董事分析师"）跟踪行业的匹配结果显示，高达91.3%的上市公司聘请了同行业的分析师担任公司独立董事。Cohen等（2012）同样发现，1993~2006年，共有51家美

---

　　* 本章部分内容发表于中文期刊《财经研究》。具体信息如下：全怡，陈冬华，李真. 独立董事身份提高了分析师的预测质量吗？［J］. 财经研究，2014（11），97-107.

国上市公司聘任了同行业的证券分析师担任独立董事。然而，作者更多的是从独立董事的监管角色对这一现象进行了探讨。胡奕明等（2003）研究发现，采用"公司调研"可以提高分析质量，但是可能由于上市公司接待意愿和调查成本等原因，证券分析师通过走访调查、电话访谈等途径来主动搜寻"第一手"材料做得还不够。那么，独立董事分析师在行使独立董事职责的过程中，能否获得一些公司特有以及行业相关的信息来提高自己的预测质量呢？本章节将通过对分析师独立董事的来源以及独立董事身份能否提高分析师的预测质量等一系列问题进行研究，并在此基础上探讨上市公司聘请分析师担任独立董事的动机。我们认为，对于上述问题的深入研究有助于我们从分析师和独立董事的双重视角理解分析师担任独立董事这一现象是否合理，并为监管部门制定相关政策提供一定的理论依据。

6.1 理论分析与研究假设

6.1.1 分析师独立董事的来源研究

为进一步完善上市公司治理结构，促进上市公司规范运作，2001 年 8 月 16 日，中国证券监督管理委员会发布了《关于在上市公司建立独立董事制度的指导意见》（以下简称《指导意见》）。《指导意见》要求，各境内上市公司应当聘任适当人员担任独立董事，其中至少包括一名会计专业人士。上市公司独立董事是指不在公司担任除董事外的其他职务，并与其所受聘的上市公司及其主要股东不存在可能妨碍其进行独立客观判断的关系的董事。这是《指导意见》对上市公司聘任独立董事专业背景的要求。因此，在达到上述要求的前提下，上市公司可以结合实际需求，自主决定所聘独立董事的职业背景。证券分析师是依法取得证券投资咨询执业资格，并在证券经营机构就业，主要就与证券市场相关的各种因素进行研究和分析，并向投资者发布投资价值报告等，以书面或者口头的方式向投资者提供上述报告及分析、预测或建议等服务的专业人员。从以上规定和定义可以看出，《指导意见》并没有对证券分析师担任独立董事进行限制，在技术层面上，分析师是独立于上市公司的（Cohen et al.，2012）。

根据 Johnson 等（1996）的研究框架，董事会的职能包括控制、服务和资源依赖三个方面。控制（control）职能要求董事会代表股东利益监督管理层，以防止管理层侵占股东的利益；服务（service）职能主要是指董事会向 CEO

提供建议和忠告；资源依赖（resource-dependence）职能将董事视为管理层获取关键资源的便捷通道，认为独立董事在其行业内的影响，能够为公司的成功经营提供重要的资源支持（Pfeffer，1972；Pfeffer，Salancik，1978；Zahra，Pearce，1989）。由于证券分析师从业需要拥有会计学、审计学和法律知识，他们既熟悉资本市场，又对行业有十分深入的研究。凭借敏锐的投资嗅觉、丰富的投资经验和社会关系网络，无论从控制、服务抑或是资源支持的角度来看，证券分析师职业背景无疑为履行独立董事职能提供了优势。如果上市公司决定聘任证券分析师担任独立董事，那么，具有何种特质的分析师更可能被管理层聘任呢？Cohen 等（2012）检验了预测乐观性和预测准确性在董事会聘任证券分析师担任独立董事过程中所起的作用。作者研究发现，董事会倾向于聘任预测准确性较差但较为乐观的分析师担任公司独立董事。O'Brien 等（2005）认为，由于可以提高公司估价，发行公司也更倾向于选择对公司发布利好预测的分析师所在的证券机构担任承销商。从需求的角度来看，管理层希望聘任自己的拥护者（cheerleaders）担任公司的独立董事，而非对立者；从供给的角度来看，由于职位的工作强度和风险与从业意愿负相关（Linck et al.，2009），分析师显然更希望在自己看好的公司担任独立董事。因此，无论从需求还是供给来看，出具乐观评级和预测的证券分析师都更可能被聘为上市公司独立董事。基于以上分析，我们提出本章节第一个假设：

H6-1：其他条件一定的情况下，上市公司更倾向于聘任对本公司发布乐观评级和预测的证券分析师担任独立董事。

6.1.2　独立董事分析师的预测质量研究

一些学者研究发现，总体来说，证券分析师作出的盈余预测在准确性方面要显著优于根据统计模型得到的盈余预测（岳衡，林小驰，2008），如随机游走模型（吴东辉，薛祖云，2005；方军雄，2007）；证券分析师的信息搜寻活动能够提高股票价格信息含量，降低股价同步性，提高资本市场运行效率（朱红军等，2007）。然而，一个更为基本的问题是，证券分析师搜寻信息的主要来源有哪些？Schipper（1991）研究发现，上市公司发布的公开信息是证券分析师进行盈余预测的重要信息来源；胡奕明等（2003）对国内证券分析师的问卷调查显示，除公开披露的信息外，私下交谈和传闻、新闻媒体、其他公司及本公司其他部门的"第二手"信息等也是分析师获取信息的重要途径。采用"公司调研"可以提高分析质量，但是可能由于上市公司接待意愿和调查成本等原因，证券分析师通过走访调查、电话访谈等途径来主动搜寻"第一手"材料做得还不够（胡奕明等，2003）。蔡卫星和曾诚（2010）也发现，分析师往往会放弃关注一些信息获取成本高的公司。然而，证券分析师的独立董事背景可以很好地克服这一难题。虽然很多分析师在出任独立董事之前都公开承诺，在任期内不发表关于聘任公司的任何研究报告。从我们搜集的数据来看，也鲜有证券分析师在担任独立董事期间发布与受聘上市公司有关的研究报告①。然而，聘任上市公司所在行业和独立董事分析师跟踪行业的匹配结果显示，高达91.3%的上市公司聘请了同行业的分析师担任公司独立董事，而这种行业信息很可能为分析师预测其他公司提供便利。当证券分析师被聘任为上市公司独立董事后，独立董事分析师一方面可以在履行独立董事职责的过程中，获取更多公司专有信息和行业相关信息；另一方面则可以建立更为广泛的关系网络，以增加高质量的信息渠道，形成及时、准确的信息网络，从而有助于更好地预测其他上市公司。基于以上分析，我们提出本章节第二个假设：

H6-2：其他条件一定的情况下，独立董事身份有助于提高分析师的预测质量。

6.2 研 究 设 计

6.2.1 研究样本与数据来源

由于证监会在2002年才强制要求上市公司聘任独立董事，故本章节选取2002~2012年所有A股上市公司为初始样本。书中用到的分析师预测和财务数据均来源于国泰安CSMAR数据库，最佳分析师数据来源于《新财富》杂志官方网站。对于初始数据，进行了如下处理：（1）剔除分析师姓名及报告发布日期缺失的样本；（2）剔除预测公布日晚于预测指标到期日的样本；（3）对于盈余预测数据，如果分析师在一年内对同一公司发布了多份报告，只保留符合要求的最后一份预测报告数据（Clement，Tse，2005；许年行等，2012）；（4）剔除金融保险类上市公司；（5）剔除数据缺失样本。为了避免极端值的影响，我们对所有连续变量上下两侧各1%的观测值进行了Winsorize处理。本章数据处理使用Excel和Stata计量分析软件进行。

---

① 其中，有2名证券分析师在担任独立董事期间，累计对聘任上市公司发布了24条预测（其中评级预测5条，盈余预测19条），仅占到总预测的0.83%。

6.2.2　模型设定与变量定义

针对前面提出的假设 H6 - 1，构建了如下的回归方程：

$$Logit(Hire) = \beta_0 + \beta_1 * Optimism + g * Control\ Variables + \varepsilon \quad (6-1)$$

在模型（6 - 1）中，*Hire* 表示独立董事分析师哑变量。若券商分析师被聘为上市公司独立董事，则 *Hire* 取值为 1，否则取值为 0。*Optimism* 是主要考察变量，表示预测乐观性，按照以下方法，分别构造了评级和盈余预测乐观性：①评级预测乐观性：CSMAR 提供了分析师的标准化评级：买入、增持、中性、减持和卖出。首先对 5 种标准化评级从 5 ~ 1 依次进行赋值，买入为 5、卖出为 1；然后按年度计算出每家上市公司跟踪分析师的一致预测评级，即预测评级的平均值；最后将每个分析师预测评级与一致预测评级作差，即为评级预测乐观性变量 *Optimism*1；②盈余预测乐观性：*Optimism*2 = （预测 EPS - 实际 EPS）/ 预测终止日的收盘价。*Control Variables* 表示由多个控制变量组成的向量，参照相关研究文献，我们控制了分析师的其他特征变量以及影响公司任命的因素：包括新财富最佳分析师哑变量（*Star*）：若当年入选新财富最佳分析师则取值为 1，否则为 0；分析师从业经验（*Experience*）：由分析师发布第一条预测与发布当前预测两者间的时间间隔天数取自然对数计算得到；承销商分析师哑变量（*Underwrite*）：若分析师所在券商当年与上市公司存在承销业务则取值为 1，否则为 0；分析师所在证券公司规模（*Brokersize*）：由当年分析师所在证券公司的分析师总人数取自然对数计算得到；分析师跟踪人数（*Following*）：由当年上市公司分析师跟踪人数加 1 取自然对数得到；机构持股比例（*Instihold*）：定义为当年上市公司的机构投资者持股比例；公司规模（lnsize）：由当年上市公司期末总资产取自然对数计算得到；公司上市年限（*Age*）：由公司上市年份加 1 取自然对数计算得到；股权性质哑变量（*SOE*）：若为国有企业，则取值为 0，否则为 1；财务杠杆（*Lev*）：定义为期末总负债与总资产的比值；总资产报酬率（*ROA*）：定义为净利润与期末总资产的比值；总资产增长率（*Growth*）：定义为期末与期初总资产的差值与期初总资产的比值。

为了检验假设 H6 - 2，构建了如下的回归方程：

$$Accuracy = \beta_0 + \beta_1 * Hire + \gamma * Control\ Variables + \varepsilon \quad (6-2)$$

在模型（6 - 2）中，被解释变量 *Accuracy* 表示分析师预测准确性，为了

能全面地度量分析师预测准确性，参照已有文献，采用以下三种计量方式：①Accuracy1 = |预测 EPS - 实际 EPS|/(|实际 EPS| + 0.5)；② Accuracy2 = |预测 EPS - 实际 EPS|/预测终止日的收盘价；③Accuracy3 = (预测 EPS - 实际 EPS)/预测终止日的收盘价。其中，Accuracy1 的分母加上 0.5 是为了避免实际盈余 Actual 趋近 0 时，分母为 0 的现象，从而保证公式的有效性（Huberts，Fuller，1995；管总平、黄文锋，2012）；Accuracy3 则为了进一步检验预测偏差的方向。主要解释变量 Hire 即为模型（6 - 1）中的被解释变量；Control Variables 在模型（6 - 1）的基础上增加了预测时间间隔变量（Horizon），计算方法为预测发布日与盈余公告日两者间的时间间隔天数取自然对数。

6.3 实证结果与分析

6.3.1 独立董事分析师概况描述

表 6 - 1 列示了被聘为独立董事的 12 名证券分析师累计担任独立董事的上市公司数、入选最佳分析师的次数以及发布的评级和盈余预测数。由表 6 - 1 数据可以看出，分析师担任独立董事的记录最高达 4 家，有 2 名分析师累计在 4 家上市公司担任独立董事，有 1 名、3 名和 6 名分析师分别累计在 3 家、2 家和 1 家上市公司担任独立董事。从入选最佳分析师次数的数据可以看出，被聘为独立董事的分析师大多有入选新财富最佳分析师的经历，并且有 2/3 的分析师（8 名）至少有 5 年被评为最佳分析师[①]。同时，在此过程中，独立董事分析师也向资本市场提供了大量的预测信息，分别是非独立董事分析师的近 3 倍（评级预测）和 9 倍（盈余预测）。对聘任上市公司行业分布的考察结果显示，聘任上市公司并没有集中在某一特定行业，而是累计覆盖了 68.18% 的行业（15/22），其中"传播与文化产业"位居榜首。此外，分析师独立董事的平均任职年限也较长，约为 5 年（103/21）。

---

① 由于新财富最佳分析师评选从 2003 年开始，而本章样本截止期为 2012 年，因此，入选最佳分析师的次数最高为 10 次。

表 6-1 独立董事分析师概况

分析师	担任独立董事数	入选最佳分析师次数	累计发布评级预测数	累计发布盈余预测数
杜丽虹	1	0	13	3
顾青	1	0	23	40
朱宝和	2	0	9	26
王德勇	2	2	9	14
许彪	1	5	131	282
杨治山	2	6	92	247
龚云华	1	6	122	309
谭晓雨	3	6	134	303
李质仙	4	7	114	302
毛长青	1	7	276	645
郑东	4	9	281	596
罗鹊	1	9	418	1368

6.3.2 检验样本说明

为了更直观地展示本书的研究结果。对检验样本做如下说明。如图 6-1 所示，在检验假设 H6-1 时，首先以是否担任独立董事为标准将所有证券分析师分为"独立董事分析师"和"非独立董事分析师"，以是否聘任分析师担任独立董事为标准将所有上市公司分为"聘任上市公司"和"非聘任上市公司"；然后，将"独立董事分析师"发布的关于"聘任上市公司"的评级预测和盈余预测分别界定为样本 A1 和 A2；将"独立董事分析师"发布的关于"非聘任上市公司"的评级预测和盈余预测分别界定为样本 B1 和 B2；将"非独立董事分析师"发布的关于"聘任上市公司"的评级预测和盈余预测分别界定为样本 C1 和 C2；将"非独立董事分析师"发布的关于"非聘任上市公司"的评级预测和盈余预测分别界定为样本 D1 和 D2。在多元回归中，分别检验了"独立董事分析师"和"非独立董事分析师"发布的关于"聘任上市公司"的评级预测（A1 vs C1）和盈余预测（A2 vs C2）是否存在差异；"独立董事分析师"发布的关于"聘任上市公司"和"非聘任上市公司"的评级预测（A1 vs B1）和盈余预测（A2 vs B2）是否存在差异；在稳健型测试中，检验了"独立董事分析师"和"非独立董事分析师"发布的所有评级预测（A1 + B1 vs C1 + D1）和盈余预测（A2 + B2 vs C2 + D2）是否存在差异。在图 6 – 1 最后的括号内，分别对各个子样本的样本量进行了列示。在检验假设 H6 – 2 时，一方面横向比较了在担任独立董事后，"独立董事分析师"与"非独立董事分析师"预测质量的差异；另一方面纵向比较了在担任独立董事前后，"独立董事分析师"的预测质量是否发生了改变①。

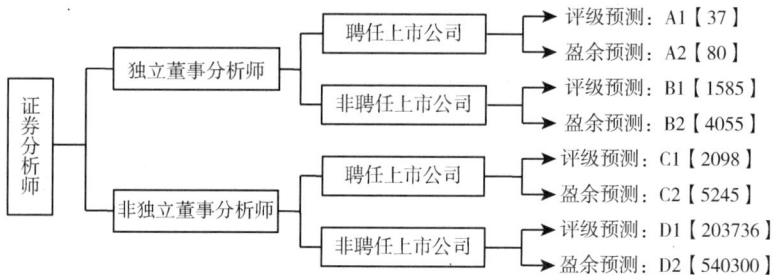

```
                              ┌─ 聘任上市公司 ──┬──► 评级预测: A1【37】
             ┌─ 独立董事分析师 ─┤               └──► 盈余预测: A2【80】
             │                └─ 非聘任上市公司 ─┬──► 评级预测: B1【1585】
 证券分析师 ─┤                                    └──► 盈余预测: B2【4055】
             │                ┌─ 聘任上市公司 ──┬──► 评级预测: C1【2098】
             └─ 非独立董事分析师─┤               └──► 盈余预测: C2【5245】
                              └─ 非聘任上市公司 ─┬──► 评级预测: D1【203736】
                                                 └──► 盈余预测: D2【540300】
```

图 6 – 1　假设 H6 – 1 检验样本说明

6.3.3　描述性统计分析

表 6 – 2 报告了各种维度下，分析师评级预测的分布情况和单变量检验结果。其中，Panel A1 列示了"独立董事分析师"发布的关于"聘任上市公司"的评级预测分布情况；Panel B1 列示了"独立董事分析师"发布的关于"非聘任上市公司"的评级预测分布情况；Panel C1 列示了"非独立董事分析师"发布的关于"聘任上市公司"的评级预测分布情况；Panel B1 + C1 + D1 列示了除 Panel A1 以外的所有其他评级预测分布情况。2002 ~ 2012 年，担任独立董事的 12 名分析师合计跟踪了 344 家 A 股上市公司，累计出具了 1622 条评级预测（A1 + B1）和 4135 条盈余预测（A2 + B2）。同时，在样本期内，"聘任上市公司"也被大量其他分析师跟踪：共计 102 个分析师累计出具了 2135 条评级预测（A1 + C1）和 5325 条盈余预测（A2 + C2）。

---

①　本章在每个假设检验中使用的样本均不相同，并且在检验同一假设时，也从不同维度进行了考察。由于在不同假设和不同维度下，不仅样本之间存在较大差异，考察变量也不尽相同，因此很难系统性地提供同一框架下所有变量的描述性统计结果。而分别提供三个检验样本在不同维度下的统计结果会占用较大篇幅。出于以上考虑，本章未在正文报告所有变量的描述性统计结果，如需查看，可向作者索要。

表 6 - 2　　　　　　　　　分析师独立董事来源的单变量检验

预测评级	Panel A1		Panel B1			Panel C1			Panel B1 + C1 + D1		
	%	Cum	%	Diff	Cum	%	Diff	Cum	%	Diff	Cum
买入	16.7	16.2	35.4	-18.7	35.4	32.0	-15.3	32.0	31.2	-14.5	31.2
增持	61.1	78.4	53.7	7.4	89.1	52.4	8.7	84.4	52.6	8.5	83.8
中性	22.2	100	10.4	11.8	99.5	14.9	7.3	99.3	15.4	6.8	99.2
减持	0.00	100	0.2	-0.2	99.7	0.3	-0.3	99.6	0.2	-0.2	99.4
卖出	0.00	100	0.3	-0.3	100	0.4	-0.4	100	0.6	-0.6	100
Chi-square				9.24			4.81			4.33	
P-value				0.06			0.31			0.36	

从表 6 - 2 统计结果来看，虽然只有 78.4% 的"独立董事分析师"对"聘任上市公司"出具了增持和买入的预测评级，略低于 Panel B1、Panel C1 和 Panel B1 + C1 + D1 中的对应比例 89.1%、84.4% 和 83.8%，表现为"独立董事分析师"对"聘任上市公司"出具的意见更不乐观；但是，"独立董事分析师"并未对"聘任上市公司"出具中性以下的评级，而 Panel B1、Panel C1 和 Panel B1 + C1 + D1 中减持和卖出的比例均不低于 0.2%，这一结果又表现为"独立董事分析师"对"聘任上市公司"出具的意见更乐观。由于分析师发布的预测评级由多种因素决定，因此，"独立董事分析师"是否对"聘任上市公司"发布了更为乐观的预测需要进一步的多变量检验。

6.3.4　多元回归分析

1. 分析师独立董事的来源研究

表 6 - 3 报告了与其他跟踪"聘任上市公司"的"非独立董事分析师"相比（公司固定效应），"独立董事分析师"是否对"聘任上市公司"发布了更乐观的评级预测（模型（1 - 1））和盈余预测（模型（1 - 2））；以及与自己跟踪的其他"非聘任上市公司"相比（分析师固定效应），"独立董事分析师"是否对"聘任上市公司"发布了更乐观的评级预测（模型（1 - 3））和盈余预测（模型（1 - 4））。在四个模型中，均报告了对年份和分析师两个维度同时进行 Cluster 的统计结果。回归结果显示：与其他跟踪"聘任上市公司"的"非独立董事分析师"相比，"独立董事分析师"对"聘任上市公司"发布了显著乐观的预测评级和盈余；然而，与自己跟踪的其他"非聘任上市公

司"相比,这一差异并不显著。导致这一结果的可能原因是:在被聘为独立董事之前,分析师无法预测将会被哪家上市公司聘任,因此无法系统性的仅对"聘任上市公司"发布乐观预测,而是会对所有跟踪公司采用同一策略。然而,乐观预测很可能传递了分析师的一种宽容和积极的态度。因此,整体发布乐观预测的分析师更容易被上市公司聘任。本章假设 H6 - 1 得到一定程度的支持。

其他变量的回归结果显示,最佳分析师和规模较大券商的分析师更容易被聘为独立董事;同时,除模型(1 - 5)外,承销商分析师哑变量与"独立董事分析师"哑变量均显著正相关,这一方面可能是因为上市公司更倾向于聘请来自承销商的分析师担任独立董事,另一方面也可能说明分析师可以凭借独立董事身份为其所在券商拉来承销业务;此外,分析师跟踪人数较少、上市年限较短以及业绩较好的上市公司也更倾向于聘请分析师担任独立董事。这一现象很可能是上市公司与分析师双方博弈的结果。一方面,分析师跟踪人数较少、上市年限较短的公司信息不对称程度更大,这类上市公司聘请分析师担任独立董事的边际收益也更大,因此具有更高的聘任意愿;另一方面,分析师也更倾向于在业绩看好的上市公司任职,因此业绩较好的上市公司也更容易聘请分析师担任独立董事。

表6-3 分析师独立董事的来源研究(评级预测)

Variable	(1 - 1) A1 vs C1	(1 - 2) A2 vs C2	(1 - 3) A1 vs B1	(1 - 4) A2 vs B2	(1 - 5) A1 + B1 vs C1 + D1	(1 - 6) A2 + B2 vs C2 + D2
Optimism1	0. 4183 ** (2. 2987)		0. 0389 (0. 8998)		0. 3842 *** (2. 8958)	
Optimism2		9. 6525 ** (2. 2151)		3. 9289 (0. 5825)		3. 1669 ** (2. 0939)
Star	1. 5371 ** (2. 1392)	2. 4627 *** (3. 1380)	0. 8581 * (1. 7893)	0. 9077 ** (2. 3683)	0. 8280 * (1. 7377)	1. 0680 ** (2. 1731)
Experience	0. 0461 (0. 2842)	- 0. 1297 (- 0. 5600)	0. 0000 (- 0. 0097)	- 0. 0984 (- 0. 9476)	0. 1807 ** (1. 9319)	0. 1495 (1. 5213)
Brokersize	1. 0088 * (1. 8373)	1. 3845 ** (2. 0271)	- 0. 1743 (- 0. 2891)	- 0. 1101 (- 0. 2169)	1. 6502 *** (2. 9697)	1. 7974 *** (3. 2203)

续表

Variable	(1-1) A1 vs C1	(1-2) A2 vs C2	(1-3) A1 vs B1	(1-4) A2 vs B2	(1-5) A1 + B1 vs C1 + D1	(1-6) A2 + B2 vs C2 + D2
Instihold	-0.8770 (-0.5378)	1.2196 (0.5332)	-3.7971*** (-3.6914)	-3.9851*** (-4.6616)	-0.1041 (-0.2506)	0.3959 (1.0715)
Underwrite	3.6418** (2.2753)	3.8364* (1.8648)	2.4219** (2.2070)	1.8897* (1.8684)	0.3126 (1.5183)	0.7850*** (4.8213)
Following	-0.9826* (-1.7834)	-0.1612 (-0.2040)	-0.0104 (-0.2968)	-0.2920 (-0.7375)	-0.5105*** (-3.3034)	-0.5306*** (-3.0319)
Lnsize	-0.1692 (-0.7169)	-0.3015 (-0.9615)	-0.2622 (-1.1883)	-0.2105 (-0.7771)	-0.1054 (-0.9852)	-0.1946* (-1.6953)
Age	-0.9091** (-1.9492)	-0.7521* (-1.6329)	-0.3198 (-0.5999)	-0.0821 (-0.1856)	-0.3147*** (-2.7769)	-0.2123** (-2.0741)
ROA	8.0118** (2.0653)	12.1146** (2.2011)	3.9404 (1.0312)	7.3444** (2.1557)	5.6445*** (3.9442)	6.6827*** (5.2541)
Growth	-1.4326 (-0.8086)	-1.3366 (-0.9643)	-0.8661 (-0.9713)	-1.5943** (-1.9629)	-0.0874 (-0.3019)	-0.1551 (-0.5864)
Constant	-0.3307 (-0.0866)	-1.3524 (-0.2416)	3.9899 (0.8084)	3.2615 (0.5385)	-7.8579*** (-2.4998)	-6.6411** (-2.1739)
Fixed effect	Firm	Firm	Analyst	Analyst	NO	NO
Pseudo R²	0.2206	0.3110	0.1116	0.1157	0.0973	0.1256
Observations	1689	863	1226	720	101371	52828

注：系数下方括号内是系数的 z 值，＊、＊＊、＊＊＊分别表示在10%、5%和1%的显著性水平（双尾）。

2. 独立董事分析师的预测质量研究

本章接下来分别从预测准确性、预测及时性和预测频率三个维度来检验独立董事身份对分析师预测质量的影响。表 6-4 报告了在预测准确性的三种不同度量方式下，"独立董事分析师"的预测准确性情况。其中，模型（2-1）~模型（2-3）横向比较了在担任独立董事后，"独立董事分析师"与其他"非独立董事分析师"预测准确性的差异；模型（2-4）~模型（2-6）纵向比较了在担任独立董事前后，"独立董事分析师"预测准确性的变化。在六个模型中，均报告了对年份和分析师两个维度同时进行 Cluster 的统计结果。回归结果显示，无论是与其他"非独立董事分析师"的横向比较，还是与担任独立董事之前的纵向比较，"独立董事分析师"的预测准确性均更差，这种更差的预测准确性表现为更为乐观的预测。这说明，虽然独立董事身份为证券分析师获取更多的信息提供了便利，然而"独立董事分析师"却未必有动机提供更精确的信息。如为了获得连任或被其他公司聘为独立董事的机会，"独立董事分析师"在发布预测报告时，可能会系统性地传递一种"宽容"的信号，而分析师传递这一信号的途径即为发布更乐观的预测报告。本章假设 H6-2 没有得到支持。

表6-4　　　　独立董事分析师的预测质量研究——预测准确性

Variable	(2-1) 独立董事 vs 非独立董事 Accuracy1	(2-2) 独立董事 vs 非独立董事 Accuracy2	(2-3) 独立董事 vs 非独立董事 Accuracy3	(2-4) 担任前 vs 担任后 Accuracy1	(2-5) 担任前 vs 担任后 Accuracy2	(2-6) 担任前 vs 担任后 Accuracy3
Hire	0.0167 (1.1924)	0.0028 * (1.7163)	0.0044 ** (2.1452)	0.0146 ** (2.0570)	0.0044 *** (2.8901)	0.0060 ** (2.0376)
Underwrite	0.0048 (0.3237)	0.0006 (0.4325)	-0.0007 (-0.4228)	-0.0436 (-0.6114)	0.0044 (0.2277)	0.0071 (0.3644)
Experience	0.0022 *** (2.7876)	0.0003 ** (2.4468)	0.0004 ** (2.2616)	0.0157 *** (3.1835)	0.0012 (1.4005)	0.0014 (1.4890)
Brokersize	-0.0025 (-1.6105)	-0.0001 (-0.5594)	0.0002 (0.7972)	-0.0700 (-1.6097)	-0.0137 ** (-2.2023)	-0.0152 *** (-2.7863)
Star	0.0027 (0.5317)	0.0001 (0.1759)	0.0003 (0.4771)	-0.0126 (-0.2163)	0.0025 (0.7811)	0.0034 (0.9000)
Horizon	0.0008 *** (8.5219)	0.0001 *** (4.9658)	0.0001 *** (4.1427)	0.0007 *** (6.4023)	0.0001 *** (3.9497)	0.0001 *** (4.1918)
Instihold	0.0015 (0.1346)	-0.0064 *** (-2.8073)	-0.0044 ** (-2.3787)	-0.0139 (-0.3516)	-0.0137 *** (-2.6431)	-0.0090 * (-1.7954)
Following	0.0043 (0.7879)	-0.0020 *** (-4.3911)	0.0011 (1.5314)	0.0220 (1.3343)	-0.0006 (-0.2985)	0.0032 ** (2.0534)
Lnsize	-0.0064 (-1.4818)	0.0021 *** (3.9059)	0.0001 (0.2452)	0.0026 (0.1945)	0.0035 * (1.7295)	0.0010 (0.4900)
ROA	-1.2652 *** (-6.6111)	-0.1500 *** (-4.0611)	-0.2194 *** (-5.2387)	-1.0433 *** (-3.0870)	-0.1176 ** (-2.0731)	-0.1662 *** (-3.2369)
Growth	-0.0353 *** (-2.6374)	-0.0079 *** (-3.1510)	-0.0109 *** (-5.5569)	-0.0390 (-1.3615)	-0.0137 *** (-3.2622)	-0.0157 *** (-7.3755)

续表

Variable	(2-1) 独立董事 vs 非独立董事 Accuracy1	(2-2) 独立董事 vs 非独立董事 Accuracy2	(2-3) 独立董事 vs 非独立董事 Accuracy3	(2-4) 担任前 vs 担任后 Accuracy1	(2-5) 担任前 vs 担任后 Accuracy2	(2-6) 担任前 vs 担任后 Accuracy3
Age	0.0097 *** (4.2937)	0.0005 (1.1913)	0.0002 (0.4703)	0.0344 * (1.8026)	0.0037 (1.4515)	0.0037 (1.2871)
Constant	0.1380 (1.5148)	-0.0415 *** (-3.2466)	-0.0006 (-0.0475)	0.1270 (0.3500)	-0.0233 (-0.4635)	0.0240 (0.4666)
Adj R^2	0.2445	0.2811	0.2807	0.1793	0.2028	0.2025
Observations	56613	56605	56605	720	720	720

注：系数下方括号内是系数的 z 值，* 、** 、*** 分别表示在 10%、5% 和 1% 的显著性水平（双尾）。

　　这一结果值得反思，数据显示，被上市公司聘为独立董事的分析师大多就职于国内一流券商，并且多次入选新财富最佳分析师，这一结果也在一定程度上反映了中国证券分析师在独立性方面存在的问题。在与分析师的访谈中，一些分析师也纷纷表示：由于中国股市存在卖空限制，一般看空的报告很少，而看多就成为成名的主要途径，即使看错成本也很低，而一旦预测对了，就会开始拥有影响力。

　　Cooper 等（2001）研究发现，预测更及时的分析师，即主导分析师（lead analysts）比跟随分析师（follower analysts）对股价的影响更大，预测及时性比预测准确性具有更大的信息含量。那么，担任独立董事的分析师会不会因为更容易获取内部信息，而发布更多和更及时的预测报告呢？接下来，继续考察与任职之前相比，在担任独立董事之后，"独立董事分析师"是否发布了更多和更及时的预测报告。由于在 2002~2012 年，分析师发布预测报告的数量逐年递增，为了消除这一趋势，比较了标准化处理后①的预测数量。同时，参照 Cooper 等（2001）预测及时性的度量方法，构造了 Leader-Follower Ratio（LFR）变量。根据构建方法，该变量取值越大，则预测更及时。

　　表 6-5 报告了与任职之前相比，在担任独立董事之后，"独立董事分析师"预测频率（Panel A）和预测及时性（Panel B）变化的单变量检验结果。

---

　　① （担任后独立董事分析师每年平均预测数－当年非独立董事分析师平均预测数)/当年非独立董事分析师平均预测数 vs(担任前独立董事分析师每年平均预测数－当年非独立董事分析师平均预测数)/当年非独立董事分析师平均预测数。

Panel A 的结果显示，在担任独立董事后，分析师的确发布了更多的评级预测和盈余预测，且这一差异在 10% 的水平上显著；Panel B 的结果显示，在担任独立董事后，分析师发布的评级预测和盈余预测及时性有所提高，然而这一差异并不显著。在对发布预测报告的时间分布进行进一步的考察后，可以发现，在担任独立董事之前，独立董事分析师首次评级（盈余）预测时间与跟踪该公司所有分析师的首次评级（盈余）预测平均时差为 78.34（71.38）；而在担任独立董事后，"独立董事分析师"首次评级（盈余）预测时间与跟踪该公司所有分析师的首次评级（盈余）预测平均时差缩短为 71.71（67.97），及时性有微弱的提高。以上检验结果表明，在担任独立董事后，分析师的预测及时性并没有发生显著的变化，然而却发布了更多准确性更低（更乐观）的预测报告，独立董事身份并没有提高分析师的预测质量。本章假设 H6 – 2 仍然未通过检验。

表 6 – 5 　　独立董事分析师的预测质量研究——预测频率与预测及时性

	担任前		担任后		担任前 vs 担任后	
	观测值	均值	观测值	均值	Diff	T 值
Panel A（预测频率）						
评级预测	32	0.2156	48	0.7830	– 0.5674	– 1.9140 *
盈余预测	30	0.2942	43	0.9116	– 0.6174	– 1.9123 *
Panel B（预测及时性）						
评级预测	144	1.6539	316	1.8505	– 0.1966	– 0.2043
盈余预测	129	1.5278	305	1.7936	– 0.2658	– 0.2684

注：系数下方括号内是系数的 z 值，* 、** 、*** 分别表示在 10% 、5% 和 1% 的显著性水平（双尾）。

3. 稳健性检验

在对本章假设 H6 – 1 进行考察时，分别从"聘任上市公司"（公司固定效应）和"独立董事分析师"（分析师固定效应）两个维度进行了检验。然而，仅在"聘任上市公司"维度，发现了"独立董事分析师"乐观预测的微弱证据。由于公开数据库对分析师研究报告的收集始于 2001 年，且 2001 年和 2002 年的记录数据很少，但上市公司从 2002 年已经陆续开始聘任证券分析师担任独立董事。这导致在假设 H6 – 1 的检验样本中，"独立董事分析师"在聘任之前对"聘任上市公司"发布的预测报告非常有限。实际上，在聘任之前，仅

有 6 名"独立董事分析师"（50%）对 8 家"聘任上市公司"（38.1%）分别
累计发布了 27 条评级预测和 62 条盈余预测。如此少的观测记录很可能使我们
在假设 H6 - 1 中得出的结论并不可靠。为了消除这一疑虑，对全样本进行了
检验，将"独立董事分析师"发布的所有预测数据①与"非独立董事分析师"
进行了比较。表 6 - 3 模型（1 - 5）和模型（1 - 6）的回归结果显示，相对于
"非独立董事分析师"，"独立董事分析师"的确发布了显著乐观的预测评级和
盈余，本章假设 H6 - 1 得到进一步的支持。

　　在对假设 H6 - 2 进行检验时，考察了独立董事背景对"独立董事分析师"
跟踪的所有公司预测准确性的影响。然而，有人可能质疑，担任上市公司独立
董事只能使分析师获取聘任上市公司特有的信息和所在行业的信息，而这些信
息可能对预测其他行业公司影响有限。为了更精准地检验独立董事背景对分析
师预测同行业上市公司准确性的影响，仅保留了分析师发布的与聘任上市公司
同行业公司的预测数据，并且对模型（6 - 2）重新进行了回归。表 6 - 6 的回
归结果显示，当将预测样本限定在聘任上市公司所在行业后，无论是与其他
"非独立董事分析师"的横向比较，还是与任职之前的纵向比较，"独立董事
分析师"的预测准确性仍然较差，仍然表现得更为乐观。这说明独立董事身
份并没有提高分析师向资本市场提供信息的质量，本章的假设 H6 - 2 仍然没
有得到支持。

表 6 - 6　　独立董事分析师预测质量研究的稳健性检验——预测准确性

Variable	(2 - 1) 独立董事 vs 非独立董事 Accuracy1	(2 - 2) 独立董事 vs 非独立董事 Accuracy2	(2 - 3) 独立董事 vs 非独立董事 Accuracy3	(2 - 4) 担任前 vs 担任时 Accuracy1	(2 - 5) 担任前 vs 担任时 Accuracy2	(2 - 6) 担任前 vs 担任时 Accuracy3
Hire	0.0368 (1.3512)	0.0060 (1.6127)	0.0073 * (1.7239)	0.0481 (1.6204)	0.0100 *** (2.5338)	0.0123 *** (2.9023)
Underwrite	- 0.0056 (- 0.4236)	- 0.0003 (- 0.1768)	- 0.0004 (- 0.1890)	- 0.0523 (- 0.5700)	0.0076 (0.2934)	0.0109 (0.4349)
Experience	0.0017 (1.2698)	0.0003 * (1.7661)	0.0004 (1.4381)	0.0236 *** (3.6296)	0.0014 (1.4651)	0.0018 (1.3031)

---

①　包括聘任之前和聘任之后发布的所有数据。

续表

Variable	(2-1) 独立董事 vs 非独立董事 Accuracy1	(2-2) 独立董事 vs 非独立董事 Accuracy2	(2-3) 独立董事 vs 非独立董事 Accuracy3	(2-4) 担任前 vs 担任时 Accuracy1	(2-5) 担任前 vs 担任时 Accuracy2	(2-6) 担任前 vs 担任时 Accuracy3
Brokersize	-0.0064 *** (-2.6229)	-0.0003 (-0.9101)	0.0000 (0.0035)	-0.1131 ** (-2.1373)	-0.0166 ** (-2.0000)	-0.0196 ** (-2.4419)
Star	0.0050 (1.1352)	0.0003 (0.4479)	0.0009 (1.3116)	0.0015 (1.4154)	0.0049 (1.3734)	0.0064 * (1.8575)
Horizon	0.0009 *** (6.1941)	0.0001 *** (4.0976)	0.0001 *** (3.2911)	0.0008 *** (5.5478)	0.0001 *** (3.3093)	0.0001 *** (3.3138)
Instihold	0.0173 (1.1113)	-0.0055 ** (-2.2521)	-0.0044 (-1.4260)	-0.0137 (-0.2580)	-0.0152 *** (-2.7754)	-0.0084 (-1.0895)
Following	0.0113 (0.8039)	-0.0022 * (-1.7685)	0.0012 (0.8950)	0.0257 (1.3170)	-0.0004 (-0.1447)	0.0041 * (1.7797)
Lnsize	-0.0124 (-1.5681)	0.0020 *** (2.4992)	-0.0002 (-0.2044)	-0.0046 (-0.3209)	0.0032 (1.6378)	0.0006 (0.2503)
ROA	-1.3408 *** (-4.0012)	-0.1717 *** (-2.7882)	-0.2566 *** (-4.4076)	-1.3463 * (-1.7814)	-0.1390 (-1.2055)	-0.2150 ** (-2.2934)
Growth	-0.0193 (-0.9608)	-0.0073 * (-1.8051)	-0.0110 *** (-2.9925)	-0.0901 * (-1.7501)	-0.0180 ** (-2.3375)	-0.0210 *** (-3.3951)
Age	0.0146 *** (4.6737)	0.0009 (1.6191)	0.0002 (0.4115)	0.0517 *** (4.5426)	0.0049 * (1.9115)	0.0032 (1.5349)
Constant	0.3571 ** (2.0489)	-0.0384 ** (-2.3132)	0.0120 (0.6160)	0.3570 (0.7827)	-0.0144 (-0.2294)	0.0445 (0.6780)
Adj R²	0.2771	0.3130	0.3257	0.2018	0.2230	0.2395
Observations	28933	28926	28926	436	436	436

注：系数下方括号内是系数的 z 值，*、**、*** 分别表示在 10%、5% 和 1% 的显著性水平（双尾）。

6.4　进一步的研究

　　从从业背景来看，被上市公司聘为独立董事的分析师大多就职于国内一流券商，并且有着丰富的研究经验。如罗鹍和郑东连续 9 年蝉联该行业最佳分析师，李质仙和毛长青连续 7 年被评为所在行业的新财富最佳分析师……这不禁引起我们的思考：如果独立董事只是很多人诟病的"花瓶"或摆设，上市公司大可提名普通背景的独立董事，仅仅达到合规的标准。然而，为何会有上市公司聘任业界一流的分析师担任公司独立董事？其动机何在？"资源支持理论"或许为我们解答这一疑问提供了一定的依据。该理论认为，独立董事在其行业内的影响，能够为公司的成功经营提供重要的资源支持（Pfeffer，1972；Pfeffer，Salancik，1978；Zahra，Pearce，1989）。如具有政治背景董事会成员的公司在上市时的发行价格更高（Francis et al.，2009）；具有商业银行背景的独立董事可以显著增加公司的债务总额（Booth，Deli，1999；Guner et al.，2008；刘浩等，2012）；伴随着投资银行家加入董事会，公司则会发行更多的债券（Guner et al.，2008）。

根据《上市公司证券发行管理办法》，上市公司申请公开发行证券或者非公开发行新股，应当由保荐人保荐，并向中国证监会申报。而为了透彻了解发行人各方面情况、设计发行方案、成功销售股票，保荐人需要履行尽职调查的职责。作为连接上市公司与证券公司的纽带，证券分析师的行业研究以及撰写的投资价值研究报告则很可能为保荐人了解发行人提供研究支持。从"信号传递"的角度来看，证券分析师担任独立董事反映了"独立董事分析师"对"聘任上市公司"的认可和看好，从而减少了承销商与上市公司之间的信息不对称程度；从"关系资源"的角度来看，上市公司聘任证券分析师担任独立董事，很可能就是出于对市场资本的需求。因此，无论是信号传递效应，还是社会关系网络效应，独立董事的证券分析师背景均可能会对上市公司的再融资活动产生影响。那么，上市公司是否会通过聘任分析师担任独立董事以搭建与券商的关系，从而获得股权再融资便利呢？表 6 - 3 模型（1 - 3）和模型（1 - 4）的结果显示，机构持股比例较低的公司更倾向于聘请分析师担任独立董事。这很可能说明，引入机构投资者和聘任证券分析师担任独立董事是上市公司与券商搭建关系的两条途径，并且两者呈现出一定程度的替代关系。当机构持股比例较大时，上市公司聘任分析师担任独立董事的需求就会减小。为了考察这一设想是否成立，接下来检验了聘任分析师担任独立董事的上市公司是否发生了更多的股权再融资行为。

为了检验这一设想，构建了如下的回归方程：

$$Logit(Offering) = \beta_0 + \beta_1 * Hire + \lambda * Control\ Variables + \varepsilon \quad (6-3)$$

其中，*Offering* 表示股权再融资哑变量。借鉴 Ljungqvist 等（2009）的定

义，如果公司 i 在第 t 年或第 $t+1$ 年存在增发、配股的行为，则 *Offering* 取值
为 1，否则为 0。之所以以券商分析师担任独立董事当年和下一年来考察公司
的再融资行为，是因为再融资前，可能需要一定的时间对上市公司进行包装；
同时，中国的证券发行制度属于核准制，需要相关监管机构进行批复，周期一
般较长。在稳健性测试中，同样考察了公司 i 在第 t 年，第 $t-1$ 年和 $t+1$ 年的
再融资情况 *Offering*1 和 *Offering*2。主要解释变量 *Hire* 为表 6-6 中模型
（2-1）的被解释变量；参照相关研究文献，控制了影响公司再融资决策的因
素：包括机构持股比例（*Instihold*）、公司规模（ln*size*）、四大会计师事务所哑
变量（*Big*4）、股权性质（*SOE*）、财务杠杆（*Lev*）、总资产报酬率（*ROA*）、
总资产增长率（*Growth*）和公司上市年限（*Age*）。

由于与证券公司关系较密切的上市公司一方面更可能聘任分析师担任独立
董事；另一方面其股权再融资难度也相对较低。因此，直接检验聘任上市公司
的股权再融资行为可能存在较为严重的自选择问题。为了克服这一内生性问
题，根据公司规模和行业对聘任上市公司进行一一配对。表 6-7 报告了配对
后的检验结果，在三个模型中，均报告了对年份和上市公司两个维度同时进行
Cluster 的统计结果。回归结果显示，在再融资的三种度量方式下，与配对样
本相比，聘任上市公司均显著发生了更多的增发、配股行为。控制变量的回归
结果显示，机构投资者持股比例与再融资行为正相关。这进一步印证了我们的
推测：引入机构投资者和聘任证券分析师担任独立董事是上市公司与券商搭建
关系的两条途径，两者均能为上市公司股权再融资提供便利。

表 6-7　　　　　　　　　　聘任上市公司的股权再融资行为

Variable	(3-1) Offering	(3-2) Offering1	(3-3) Offering2
Hire	1.0710 *** (2.5248)	2.1748 * (1.7519)	0.9706 * (1.6834)
Instihold	4.1150 *** (2.6965)	10.0847 *** (4.9473)	3.1133 *** (3.2384)
lnsize	0.0088 (0.0522)	0.0628 (0.4492)	0.3362 *** (2.7816)
Big4	1.3642 ** (2.1012)	2.7170 * (1.7282)	0.6410 (1.4643)
SOE	1.3667 ** (2.2152)	1.8904 ** (2.3242)	1.6280 *** (2.7218)
Lev	2.3748 ** (2.2285)	1.1630 (0.4087)	1.7412 * (1.8463)
ROA	-4.5220 (-0.7854)	-1.6450 (-0.1411)	-2.672 (-0.5449)
Growth	4.3180 *** (6.0560)	7.7199 *** (7.2749)	3.1657 *** (4.7943)

续表

Variable	(3-1) Offering	(3-2) Offering1	(3-3) Offering2
Age	-0.3070 (-0.5957)	-0.6140 (-0.7305)	-0.2460 (-0.6170)
Constant	-5.6929 * (-1.6666)	-10.1011 ** (-2.2481)	-11.7702 *** (-3.9709)
Pseudo R^2	0.2325	0.4139	0.1925
Observations	206	206	206

注：系数下方括号内是系数的 z 值，*、**、*** 分别表示在 10%、5% 和 1% 的显著性水平（双尾）。

按照同行业、同年份、规模最接近原则进行配对，可能无法控制除行业和规模之外其他因素导致的再融资差异，如公司经营绩效、信息透明度等。为了更深入地检验"独立董事分析师"在股权再融资过程中发挥的作用，我们重新采用倾向性得分法（propensity score match）从企业规模、股权性质、机构持股比例、分析师跟踪人数、行业和年份六个维度重新对聘任上市公司进行了配对，并对模型（3-3）再次进行了检验。回归结果显示①，三种股权再融资变量均与聘任行为正相关，但只有 *offering*1 在 10% 的水平上显著（$p =$ 0.088），稳健性检验结果在一定程度上进一步支持了我们的设想。由于机构投资者持股比例可以在一定程度上反映上市公司与证券公司关系的密切程度。而皮尔森（-0.14）和斯皮尔曼（-0.15）相关系数均显示，上市公司机构投资者持股比例与聘任分析师担任独立董事行为负相关，这也在一定程度上消除了我们对内生性问题的疑虑。

6.5 本章小结

如果把资本市场比喻为经济体系的"大脑"，那么，市场信息则是"大脑"中流动的"血液"。就像"贫血"的"大脑"无法控制机体协调运动一样，缺乏信息的资本市场也无法引导实体经济中各种要素和资源进行有效配置（蔡庆丰、陈娇，2011）。证券分析师作为信息中介在信息不完全流动的资本市场上，通过股票评级和盈利预测等方式向投资者提供信息（Grossman，Stiglitz，1980）。以中国 2002～2012 年 A 股上市公司为样本，本章尝试对这一

① 该部分结果未在文章中报告，如需查看，可向作者索要。

信息中介中的重要特殊群体——独立董事分析师，进行了研究。深入探讨了这一特殊群体的来源以及这一特殊身份对预测质量的影响。研究发现：被聘为上市公司独立董事的证券分析师主要来自明星分析师；与其他跟踪聘任上市公司的非独立董事分析师相比，独立董事分析师对聘任上市公司发布了显著乐观的预测评级和盈余，但与独立董事分析师跟踪的非聘任上市公司相比，其并没有对聘任上市公司发布显著乐观的预测评级和盈余。由此可见，上市公司倾向于聘任更拥护自己的"乐观型"分析师，而非更了解自己的"准确型"分析师。而在担任独立董事后，分析师的预测及时性并未发生显著变化，预测频率有所提高，但预测准确性反而下降，表现得更为乐观。此外，进一步对上市公司聘任分析师担任独立董事的动机进行考察后发现，聘任分析师担任独立董事的上市公司获得了更多的股权再融资机会。

相比较现有文献，本章的研究意义在于：

首先，伴随着越来越多的证券分析师出任上市公司独立董事和随之而来的质疑和争议。出于行业自律，2011 年 8 月 15 日，中信证券对内下发《关于公司员工不得兼任上市公司独立董事的通知》（以下简称《通知》），《通知》规定：（1）公司员工不得担任上市公司的独立董事。（2）公司员工此前已担任上市公司独立董事的，应自本《通知》发布后一个月内向上市公司提请辞去上市公司独立董事职务。为了进一步规范证券公司、证券投资咨询机构发布证券研究报告行为，保护投资者合法权益，2012 年 6 月 19 日，依据《中国证券业协会章程》和《发布证券研究报告暂行规定》的有关要求，证监会也发布了《发布证券研究报告执业规范》，明确规定：证券公司、证券投资咨询机构应当明确要求证券分析师不得在公司内部部门或外部机构兼任有损其独立性与客观性的其他职务，包括担任上市公司的独立董事，该规定于 2012 年 9 月 1日起正式实施。从以上规定可以看出，"独立性和客观性受损"是证监会禁止分析师担任独立董事的主要原因。本章研究一方面从分析师（独立董事背景的分析师）的角度，论证了独立董事身份对分析师向资本市场传递高质量信息的负面影响；另一方面从独立董事（分析师背景的独立董事）的角度，论证了分析师背景的独立董事在有效配置市场资源中的负面作用。从而在一定程度上厘清了分析师担任独立董事对其独立性和客观性产生影响的路径，为证券业协会明确禁止证券分析师担任上市公司独立董事提供了一定的理论支持。

其次，细化了有关独立董事证券任职背景的研究。何贤杰等（2014）通过考察公司聘请证券背景独立董事与券商自营机构持股的关系，研究了证券背景独立董事对投资者获取上市公司信息公平性的影响。然而，由于无法直接观察到所有证券背景独立董事的个体行为，并不能判断他们在影响信息公平性中所起的作用。本章通过考察证券分析师背景的独立董事（证券背景包含但不限于证券分析师背景），从而克服了以上问题。正如 Cohen 等（2012）所言，通过考察证券分析师背景的独立董事，可以直接将分析师的个体行为（预测能力和乐观性）与上市公司的任命行为相联系。考察证券分析师背景的独立董事，不仅是本章区分于现有文献的一个重要方面，同时也是本章的一个创新之处。

再次，Cohen 等（2012）从独立董事监督职能的视角对分析师担任独立董事这一现象进行了考察。本章则考察了分析师独立董事的资源支持职能，是对现有文献的补充。

最后，伍燕然等（2012）认为情绪和利益驱动因素相结合才能更好地解释分析师预测的偏差；游家兴等（2013）研究发现，分析师会迎合投资者的先验信念而故意发布有偏的信息；Firth 等（2013）和 Gu 等（2013）找到了分析师通过对机构投资者持股公司发布乐观预测从而获取更多佣金收入的证据；本章则为分析师通过发布乐观信息来迎合上市公司管理层从而获得独立董事职位提供了证据。

第7章 研究总结与展望

7.1 主要结论

独立董事制度是通过在董事会中设立独立董事以形成权力制衡与监督的一种制度。其中，人员构成是影响董事会运作效率的重要因素之一。本书第 2 章对我国 A 股市场 2002～2013 年独立董事人员构成的统计结果显示：从职业背景来看，来自高校、党校、研究院等事业单位的学者构成了独立董事群体的最重要组成部分，约占 43.30%。从籍贯来看，独立董事主要集中在经济或教育发展水平较高的地区。其中，人数最多的四大省份依次为浙江、江苏、山东和湖南。从工作地点来看，北京、上海和广东是上市公司选拔独立董事最重要的三大区域。从教育水平来看，有 61.71% 的独立董事具有硕士研究生及以上文凭。从第一学历来看，来自上海财经大学、北京大学、中国人民大学、中南财经政法大学和清华大学的独立董事人次最多。从年龄来看，独立董事主要集中在 40～69 周岁。

在第 3 章中，以我国沪深两市 A 股上市公司为样本，首先使用独立董事兼职个数（横向经验）和任职年限（纵向经验）度量了独立董事的任职经验，然后从企业违规的视角检验了任职经验是否有助于独立董事更好地发挥监督职能。研究结果显示：（1）在抑制上市公司违规方面，具有较高任职经验的独立董事的确发挥了更好的公司治理作用；同时，独立董事的这一监督作用遵循"反木桶原理"。（2）上市公司所在地的法治化水平进一步强化了资深独立董事的这一监督作用。（3）细化任职经验的结果表明，独立董事的同行业和大规模公司任职经验在抑制企业违规中发挥了更好的监督作用。本章研究不仅丰富了独立董事个人特征和企业违规的相关文献，同时也为上市公司选聘独立董事提供了一定的借鉴。在接下来的研究中，可以进一步从工作经验多样性、离职、独立董事意见等维度对资深独立董事的公司治理绩效进行考察。

　　独立董事与任职公司之间的空间距离直接影响独立董事履行相关职责所要花费的时间。而履行相关职责耗费的时间和精力构成了独立董事所有成本的最重要组成部分（谭劲松等，2006）。可以说，我国独立董事与任职公司之间这种空间距离上的差异性为我们研究独立董事精力分配提供了良好的基础。本书第 4 章使用"独立董事亲自出席董事会会议的比例"和"当任职公司面临困境时，独立董事继续留在董事会的意愿"衡量其对任职公司的精力投入，从声誉和距离的视角对以下问题进行了探讨：同时任职多家公司的独立董事如何在不同公司之间分配自己有限的时间和精力？而投入时间和精力的差异是否又会对独立董事的公司治理绩效产生影响？研究发现：（1）同时任职多家公司的独立董事在精力分配上存在偏好，独立董事对声誉相对高、空间距离相对近、交通时间成本相对低和交通更便利的公司投入了更多的精力，表现为更多的亲自出席了以上任职公司的董事会会议。（2）当任职公司距离较远时，独立董事差别化对待不同声誉公司的现象更为明显。（3）同时任职多家公司的独立董事也更可能在任期未满时由于会计业绩恶化而离开声誉相对低、距离相对远的公司。（4）独立董事投入精力的不同会带来治理绩效上的差异。具体表现为，将所在公司视为相对高声誉公司的独立董事比例越大，则总经理超额薪酬越低、薪酬业绩敏感性越高；将所在公司视为相对近距离公司的独立董事比例越大，总经理超额薪酬越低。本章研究提供了多席位独立董事差别化对待不同公司的经验证据，不仅从理论上丰富了关于独立董事行为特征和治理绩效的研究，同时也从实务上为上市公司选聘独立董事提供了依据。

　　第 5 章，首先，从专业背景、籍贯、任职高校、职称、教育水平、第一学历和年龄等方面逐一描述了学者型独立董事的个体特征。从专业背景来看，学者型独立董事更多地集中在会计、经济管理和法学等专业。其中，从事会计学专业研究的学者型独立董事约占 30.50%，这与《指导意见》对独立董事中至少包括一名会计专业人士的要求相吻合。从籍贯来看，学者型独立董事主要集中在经济或教育发展水平较高的地区。其中，人数最多的四大省份依次为浙江、江苏、山东和湖南。从任职高校来看，来自中国人民大学、上海财经大学、清华大学、北京大学和厦门大学的学者型独立董事最多。从学术职称来看，有 87.02% 的学者型独立董事具有教授头衔，表现出较强的专业知识技能。从教育水平来看，有 59.29% 的学者型独立董事具有博士研究生学历，表现出较强的学习能力。从第一学历来看，来自上海财经大学、厦门大学、中国人民大学、中南财经政法大学和北京大学的学者型独立董事人次最多。从年龄来看，学者型独立董事主要集中在 40~59 周岁，略年轻于其他背景的独立董事。

其次，从供给和需求的角度对上市公司聘请学者担任独立董事的影响因素进行了分析。同时，进一步考察了不同规模和不同产权性质下，上市公司聘请学者担任独立董事的决策差异。全样本的回归结果显示：从供给的角度来看，当地高校数量（教职工或专任教师人数）越多，则上市公司聘请学者担任独立董事的概率越大；从需求的角度来看，上市公司的业务复杂度越高、行业竞争越激烈、成长能力越强，则聘请学者担任独立董事的概率越大。按规模大小分样本的回归结果显示：从供给的角度来看，无论公司规模如何，当地高校数量（教职工或专任教师人数）越多，则上市公司聘请学者担任独立董事的概率越大。然而，大规模公司聘请了显著多的学者型独立董事；大规模公司不仅对距离较远的学者具有更大的吸引力，同时也聘请了更多的本地学者。从需求的角度来看，无论公司规模如何，业务复杂度越高的上市公司越有动机聘请学者担任独立董事。上市公司所处的行业竞争程度和成长阶段对大规模公司聘请学者担任独立董事的决策均不存在太大影响；而对于小规模公司而言，公司所处的行业竞争越激烈、成长能力越强，则其聘请学者担任独立董事的概率显著越高。这可能是因为小规模公司吸引科学家、工程师等专业人士的能力相对有限（Audretsch，Lehmann，2006），其聘请学者担任独立董事的成本也更高。因此，只有在公司需求较大时（如处于高竞争行业和高成长阶段时），才会聘请学者担任独立董事。按产权性质分样本的回归结果显示：从供给的角度来看，学者型独立董事更偏好在当地的国有企业任职，国有企业聘请了显著多的学者型独立董事。由于非国有企业吸引学者担任独立董事的能力相对有限，当地高校数量（教职工或专任教师人数）对非国有企业聘请学者担任独立董事并不存在显著影响，非国有企业被迫在更远的范围内选择独立董事以满足自身发展的需求。从需求的角度来看，无论上市公司产权性质如何，业务复杂度越高、行业竞争越激烈、成长能力越强的上市公司越有动机聘请学者担任独立董事。然而，由于不同产权性质的上市公司吸引学者担任独立董事的能力存在差异，国有企业对学者型独立董事的需求更多地体现在数量上，而非国有企业对学者型独立董事的需求更多地体现在有无上。

最后，对学者型独立董事因任职公司信息披露违规而遭受监管处罚后的声誉惩罚与溢出效应进行了探讨。研究发现市场对学者型独立董事的违规行为作出了更加严厉的惩罚。具体表现为：当任职公司出现信息披露违规，独立董事由于未能尽到勤勉尽责义务而遭受证监会或交易所处罚时，市场对有学者型独立董事被罚的公司作出了更为负面的反应；同时，与非学者型独立董事相比，在处罚宣告日前后短窗口内，学者型独立董事任职的其他上市公司也出现了更大的股价跌幅。学者型独立董事遭受处罚在一定程度上对同一高校其他学者的聘请行为产生了影响，表现出负面溢出效应。

在第6章中，以我国2002~2012年A股上市公司为样本，尝试探讨了证券分析师的独立董事身份对其预测行为的影响。研究发现：被聘为上市公司独立董事的证券分析师主要来自明星分析师；与其他跟踪聘任上市公司的非独立董事分析师相比，独立董事分析师对聘任上市公司发布了显著乐观的预测评级和盈余，但与独立董事分析师跟踪的非聘任上市公司相比，其并没有对聘任上市公司发布显著乐观的预测评级和盈余。由此可见，上市公司倾向于聘任更拥护自己的"乐观型"分析师，而非更了解自己的"准确型"分析师。而在担任独立董事后，分析师的预测及时性并未发生显著变化，预测频率有所提高，但预测准确性反而下降，表现得更为乐观。此外，进一步对上市公司聘任分析师担任独立董事的动机进行考察后发现，聘任分析师担任独立董事的上市公司获得了更多的股权再融资机会。

7.2 未来研究方向与展望

独立董事的全职工作地点统计结果显示：北京、上海和广东是上市公司选拔独立董事最重要的三大地区。其中，来自北京的独立董事占所有独立董事席位数的28.11%。然而，北京的上市公司家数仅占所有上市公司总数的7.68%。这说明，北京除了为当地上市公司提供了大量独立董事外，也是其他地区独立董事候选人的重要选拔区域。那么，为什么会有如此多的异地上市公司聘请北京地区的独立董事呢？在接下来的研究中，将对这一问题进行探讨。

独立董事的第一学历统计结果显示：第一学历来自"985"工程院校的独立董事占38.93%；第一学历来自"211"工程院校的（学者型）独立董事占62.20%。其中，第一学历来自上海财经大学、北京大学、中国人民大学、中南财经政法大学和清华大学的独立董事人次最多；第一学历来自上海财经大学、厦门大学、中国人民大学、中南财经政法大学和北京大学的学者型独立董事人次最多，累计拥有独立董事席位数3530个。而这3530人次的独立董事分别在113所高校或研究机构任职，并且覆盖了包括香港在内的23个地区（省份或直辖市）。独立董事之间这种基于第一学历的校友关系如何对其治理行为产生影响，将是接下来研究中的一个重要问题。

学者型独立董事任职高校的统计结果显示：任职高校来自"985"工程院校的独立董事占 38.42%；任职高校来自"211"工程院校的独立董事占 58.89%。其中，任职高校来自中国人民大学、上海财经大学、清华大学、北京大学和厦门大学的学者型独立董事人数最多，累计拥有独立董事席位数 3372 个。虽然来自以上五所高校的学者型独立董事的全职工作地点仅集中在北京、上海和福建三个地区，然而他们却累计在 31 个省份（直辖市）的 507 家上市公司任职。学者型独立董事之间这种基于任职单位的同事关系如何对其履职产生影响，也将成为我们接下来的一个重要研究问题。

学者型独立董事专业背景的统计结果显示：仍然有 13.4% 的学者型独立董事拥有理工类（机械、纺织、冶金、通信、工程、化工等）、医学、农学等专业背景，这类与行业匹配的专业背景可能更多地发挥着服务与资源依赖的职能。在接下来的研究中，我们可以考察学者型独立董事这类与行业匹配的专业背景是否能在企业研发、并购等环节发挥作用。

2013 年 10 月 19 日，经中共中央批准，由中央组织部印发的《关于进一步规范党政领导干部在企业兼职（任职）问题的意见》（以下简称《意见》）要求限期对党政领导干部违规在企业兼职（任职）的现象进行清理。《意见》下发后，中央组织部对党政领导干部在企业兼职进行了集中规范清理。截至 2014 年 7 月，全国共清理党政领导干部在企业兼职 40700 多人次。面对独立董事供给的这一巨大缺口，很多上市公司将面临寻求新独立董事候选人的问题。那么，被清理的官员独立董事将被何种背景的独立董事所替代呢？不同背景新独立董事的进入，是否又会带来不同的市场反应呢？以上均是今后值得进一步研究的实证问题。

附　　录

《关于在上市公司建立独立董事制度的指导意见》

（证监发〔2001〕102 号）

为进一步完善上市公司治理结构，促进上市公司规范运作，现就上市公司建立独立的外部董事（以下简称"独立董事"）制度提出以下指导意见：

一、上市公司应当建立独立董事制度

（一）上市公司独立董事是指不在公司担任除董事外的其他职务，并与其所受聘的上市公司及其主要股东不存在可能妨碍其进行独立客观判断的关系的董事。

（二）独立董事对上市公司及全体股东负有诚信与勤勉义务。独立董事应当按照相关法律法规、本指导意见和公司章程的要求，认真履行职责，维护公司整体利益，尤其要关注中小股东的合法权益不受损害。独立董事应当独立履行职责，不受上市公司主要股东、实际控制人或者其他与上市公司存在利害关系的单位或个人的影响。独立董事原则上最多在 5 家上市公司兼任独立董事，并确保有足够的时间和精力有效地履行独立董事的职责。

（三）各境内上市公司应当按照本指导意见的要求修改公司章程，聘任适当人员担任独立董事，其中至少包括一名会计专业人士（会计专业人士是指具有高级职称或注册会计师资格的人士）。在 2002 年 6 月 30 日前，董事会成员中应当至少包括 2 名独立董事；在 2003 年 6 月 30 日前，上市公司董事会成员中应当至少包括1/3 独立董事。

（四）独立董事出现不符合独立性条件或其他不适宜履行独立董事职责的情形，由此造成上市公司独立董事达不到本《指导意见》要求的人数时，上市公司应按规定补足独立董事人数。

（五）独立董事及拟担任独立董事的人士应当按照中国证监会的要求，参加中国证监会及其授权机构所组织的培训。

二、独立董事应当具备与其行使职权相适应的任职条件

担任独立董事应当符合下列基本条件：

（一）根据法律、行政法规及其他有关规定，具备担任上市公司董事的资格；

（二）具有本《指导意见》所要求的独立性；

（三）具备上市公司运作的基本知识，熟悉相关法律、行政法规、规章及规则；

（四）具有五年以上法律、经济或者其他履行独立董事职责所必需的工作经验；

（五）公司章程规定的其他条件。

三、独立董事必须具有独立性

下列人员不得担任独立董事：

（一）在上市公司或者其附属企业任职的人员及其直系亲属、主要社会关系（直系亲属是指配偶、父母、子女等；主要社会关系是指兄弟姐妹、岳父母、儿媳女婿、兄弟姐妹的配偶、配偶的兄弟姐妹等）；

（二）直接或间接持有上市公司已发行股份1%以上或者是上市公司前十名股东中的自然人股东及其直系亲属；

（三）在直接或间接持有上市公司已发行股份5%以上的股东单位或者在上市公司前五名股东单位任职的人员及其直系亲属；

（四）最近一年内曾经具有前三项所列举情形的人员；

（五）为上市公司或者其附属企业提供财务、法律、咨询等服务的人员；

（六）公司章程规定的其他人员；

（七）中国证监会认定的其他人员。

四、独立董事的提名、选举和更换应当依法、规范地进行

（一）上市公司董事会、监事会、单独或者合并持有上市公司已发行股份1%以上的股东可以提出独立董事候选人，并经股东大会选举决定。

（二）独立董事的提名人在提名前应当征得被提名人的同意。提名人应当充分了解被提名人的职业、学历、职称、详细的工作经历、全部兼职等情况，并对其担任独立董事的资格和独立性发表意见，被提名人应当就其本人与上市公司之间不存在任何影响其独立客观判断的关系发表公开声明。

在选举独立董事的股东大会召开前，上市公司董事会应当按照规定公布上述内容。

（三）在选举独立董事的股东大会召开前，上市公司应将所有被提名人的有关材料同时报送中国证监会、公司所在地中国证监会派出机构和公司股票挂牌交易的证券交易所。上市公司董事会对被提名人的有关情况有异议的，应同时报送董事会的书面意见。

中国证监会在15个工作日内对独立董事的任职资格和独立性进行审核。对中国证监会持有异议的被提名人，可作为公司董事候选人，但不作为独立董事候选人。

在召开股东大会选举独立董事时，上市公司董事会应对独立董事候选人是否被中国证监会提出异议的情况进行说明。

对于本《指导意见》发布前已担任上市公司独立董事的人士，上市公司应将前述材料在本《指导意见》发布实施起一个月内报送中国证监会、公司所在地中国证监会派出机构和公司股票挂牌交易的证券交易所。

（四）独立董事每届任期与该上市公司其他董事任期相同，任期届满，连选可以连任，但是连任时间不得超过6年。

（五）独立董事连续3次未亲自出席董事会会议的，由董事会提请股东大会予以撤换。

除出现上述情况及《公司法》中规定的不得担任董事的情形外，独立董事任期届满前不得无故被免职。提前免职的，上市公司应将其作为特别披露事项予以披露，被免职的独立董事认为公司的免职理由不当的，可以作出公开的声明。

（六）独立董事在任期届满前可以提出辞职。独立董事辞职应向董事会提交书面辞职报告，对任何与其辞职有关或其认为有必要引起公司股东和债权人注意的情况进行说明。

如因独立董事辞职导致公司董事会中独立董事所占的比例低于本《指导意见》规定的最低要求时，该独立董事的辞职报告应当在下任独立董事填补其缺额后生效。

五、上市公司应当充分发挥独立董事的作用

（一）为了充分发挥独立董事的作用，独立董事除应当具有《公司法》和其他相关法律、法规赋予董事的职权外，上市公司还应当赋予独立董事以下特别职权：

1. 重大关联交易（指上市公司拟与关联人达成的总额高于300万元或高

于上市公司最近经审计净资产值的 5% 的关联交易）应由独立董事认可后，提
交董事会讨论；独立董事作出判断前，可以聘请中介机构出具独立财务顾问报
告，作为其判断的依据。

2. 向董事会提议聘用或解聘会计师事务所；

3. 向董事会提请召开临时股东大会；

4. 提议召开董事会；

5. 独立聘请外部审计机构和咨询机构；

6. 可以在股东大会召开前公开向股东征集投票权。

（二）独立董事行使上述职权应当取得全体独立董事的 1/2 以上同意。

（三）如上述提议未被采纳或上述职权不能正常行使，上市公司应将有关
情况予以披露。

（四）如果上市公司董事会下设薪酬、审计、提名等委员会的，独立董事
应当在委员会成员中占有 1/2 以上的比例。

六、独立董事应当对上市公司重大事项发表独立意见

（一）独立董事除履行上述职责外，还应当对以下事项向董事会或股东大
会发表独立意见：

1. 提名、任免董事；

2. 聘任或解聘高级管理人员；

3. 公司董事、高级管理人员的薪酬；

4. 上市公司的股东、实际控制人及其关联企业对上市公司现有或新发生
的总额高于 300 万元或高于上市公司最近经审计净资产值的 5% 的借款或其他
资金往来，以及公司是否采取有效措施回收欠款；

5. 独立董事认为可能损害中小股东权益的事项；

6. 公司章程规定的其他事项。

（二）独立董事应当就上述事项发表以下几类意见之一：同意；保留意见
及其理由；反对意见及其理由；无法发表意见及其障碍。

（三）如有关事项属于需要披露的事项，上市公司应当将独立董事的意见
予以公告，独立董事出现意见分歧无法达成一致时，董事会应将各独立董事的
意见分别披露。

**七、为了保证独立董事有效行使职权，上市公司应当为独立董事提供必要
的条件**

（一）上市公司应当保证独立董事享有与其他董事同等的知情权。凡须经

董事会决策的事项，上市公司必须按法定的时间提前通知独立董事并同时提供足够的资料，独立董事认为资料不充分的，可以要求补充。当 2 名或 2 名以上独立董事认为资料不充分或论证不明确时，可联名书面向董事会提出延期召开董事会会议或延期审议该事项，董事会应予以采纳。

上市公司向独立董事提供的资料，上市公司及独立董事本人应当至少保存 5 年。

（二）上市公司应提供独立董事履行职责所必需的工作条件。上市公司董事会秘书应积极为独立董事履行职责提供协助，如介绍情况、提供材料等。独立董事发表的独立意见、提案及书面说明应当公告的，董事会秘书应及时到证券交易所办理公告事宜。

（三）独立董事行使职权时，上市公司有关人员应当积极配合，不得拒绝、阻碍或隐瞒，不得干预其独立行使职权。

（四）独立董事聘请中介机构的费用及其他行使职权时所需的费用由上市公司承担。

（五）上市公司应当给予独立董事适当的津贴。津贴的标准应当由董事会制定预案，股东大会审议通过，并在公司年报中进行披露。

除上述津贴外，独立董事不应从该上市公司及其主要股东或有利害关系的机构和人员取得额外的、未予披露的其他利益。

（六）上市公司可以建立必要的独立董事责任保险制度，以降低独立董事正常履行职责可能引致的风险。

（本《指导意见》由中国证监会于 2001 年 8 月 16 日发布执行）

参 考 文 献

[1] 蔡庆丰, 陈娇. 证券分析师缘何复述市场信息——基于市场反应的实证检验与治理探讨 [J]. 中国工业经济, 2011 (7): 140-149.

[2] 蔡卫星, 曾诚. 公司多元化对证券分析师关注度的影响——基于证券分析师决策行为视角的经验分析 [J]. 南开管理评论, 2010 (4): 125-133.

[3] 蔡志岳, 吴世农. 董事会特征影响上市公司违规行为的实证研究 [J]. 南开管理评论, 2008, 10 (6): 62-68.

[4] 陈国进, 林辉, 王磊. 公司治理、声誉机制和上市公司违法违规行为分析 [J]. 南开管理评论, 2005 (6): 35-40.

[5] 陈睿, 王治, 段从清. 独立董事"逆淘汰"效应研究——基于独立意见的经验证据. 中国工业经济, 2015 (8): 145-160

[6] 陈仕华, 陈钢. 企业间高管联结与财务重述行为扩散 [J]. 经济管理, 2013, 35 (8): 134-143.

[7] 陈运森, 谢德仁. 网络位置、独立董事治理与投资效率 [J]. 管理世界, 2011 (7): 113-127.

[8] 陈运森, 王汝花. 产品市场竞争、公司违规与商业信用 [J]. 会计与经济研究, 2014 (5): 26-40.

[9] 戴亦一, 陈冠霖, 潘健平. 独立董事辞职、政治关系与公司治理缺陷 [J]. 会计研究, 2014 (11): 16-23.

[10] 邓晓飞, 辛宇, 滕飞. 官员独立董事强制辞职与政治关联丧失 [J]. 中国工业经济, 2016 (2): 130-145.

[11] 杜胜利, 张杰. 独立董事薪酬影响因素的实证研究 [J]. 会计研究, 2004 (9): 82-88.

[12] 樊纲, 王小鲁, 朱恒鹏. 中国市场化指数——各地区市场化相对进程报告 (2009) [M]. 北京: 经济科学出版社, 2011: 42.

［13］方军雄. 我国上市公司高管的薪酬存在粘性吗？［J］. 经济研究，2009（3）：110－124.

［14］方军雄. 我国上市公司信息披露透明度与证券分析师预测［J］. 金融研究，2007（6）：136－142.

［15］冯旭南，陈工孟. 什么样的上市公司更容易出现信息披露违规——来自中国的证据和启示［J］. 财贸经济，2011（8）：51－58.

［16］何贤杰，孙淑伟，朱红军，牛建军. 证券背景独立董事、信息优势与券商持股［J］. 管理世界，2014（3）：148－162.

［17］胡延平，陈超. 上市公司信息披露违规处罚分析［J］. 南方金融，2004（2）：41－42.

［18］胡奕明，唐松莲. 独立董事与上市公司盈余信息质量［J］. 管理世界，2008（9）：149－160.

［19］胡奕明，林文雄，王玮璐. 证券分析师的信息来源、关注域与分析工具［J］. 金融研究，2003（12）：52－63.

［20］胡元木. 技术独立董事可以提高 R&D 产出效率吗？——来自中国证券市场的研究［J］. 南开管理评论，2012，15（2）：136－142.

［21］李建伟. 独立董事制度研究：从法学与管理学的双重角度［M］. 北京：中国人民大学出版社，2004.

［22］刘成立，韩新新. 风险导向审计、内部控制风险与审计定价决策［J］. 会计与经济研究，2012，26（5）：50－58.

［23］刘浩，唐松，楼俊. 独立董事：监督还是咨询？——银行背景独立董事对企业信贷融资影响研究［J］. 管理世界，2012（1）：141－156.

［24］刘启亮，陈冬，罗乐等. 高管腐败、传染效应与投资者保护——基于白培中腐败案的实证分析［J］. 中国会计与财务研究，2014（9）：63－120.

［25］娄芳，原红旗. 独立董事制度：西方的研究和中国实践中的问题［J］. 改革，2002（2）：51－57.

［26］芦海滨，赖崇斌. 谁在担任独立董事［M］. 北京：中国法制出版社，2010.

［27］罗进辉. 独立董事的明星效应：基于高管薪酬——业绩敏感性的考察［J］. 南开管理评论，2014，17（3）：62－73.

［28］钱穆. 晚学盲言［M］. 北京：生活·读书·新知三联书店，2010.

［29］全怡，陈冬华，李真. 独立董事身份提高了分析师的预测质量吗？

[J]．财经研究，2014，40（11）：97－107.

[30] 孙亮，刘春．公司为什么聘请异地独立董事［J］．管理世界，2014（9）：131－142.

[31] 孙轶，武亚军．战略规划、高管任职经验与企业绩效：基于中国转型经济的研究［J］．经济科学，2009（4）：104－117.

[32] 孙泽蕤，朱晓妹．上市公司独立董事薪酬制度的理论研究及现状分析［J］．南开管理评论，2005，8（1）：21－29.

[33] 谭劲松，郑国坚，周繁．独立董事辞职的影响因素：理论框架与实证分析［J］．中国会计与财务研究，2006（2）：119－162.

[34] 谭劲松．独立董事与公司治理——基于我国上市公司的研究［M］．北京：中国财政经济出版社，2003.

[35] 唐清泉，罗党论，王莉．上市公司独立董事辞职行为研究——基于前景理论的分析［J］．南开管理评论，2006，9（1）：74－83.

[36] 唐清泉，罗党论，张学勤．独立董事职业背景与公司业绩关系的实证研究［J］．当代经济管理，2005，27（1）：97－101.

[37] 唐雪松，杜军，申慧．独立董事监督中的动机——基于独立意见的经验证据［J］．管理世界，2010（9）：138－149.

[38] 唐雪松，马畅．独立董事背景特征、辞职行为与企业价值［J］．会计与经济研究，2012，26（4）：3－13.

[39] 万良勇，邓路，郑小玲．网络位置、独立董事治理与公司违规——基于部分可观测 Bivariate Probit 模型［J］．系统工程理论实践，2014，34（12）：3091－3102.

[40] 王跃堂，赵子夜，魏晓雁．董事会的独立性是否影响公司绩效？［J］．经济研究，2006（5）：62－73.

[41] 魏刚，肖泽忠，Nick Travlos，邹宏．独立董事背景与公司经营绩效［J］．经济研究，2007（3）：92－105.

[42] 吴东辉，薛祖云．对中国 A 股市场上证券分析师盈余预测的实证分析［J］．中国会计与财务研究，2005（1）：1－27.

[43] 吴冬梅，刘运国．捆绑披露是隐藏坏消息吗——来自独立董事辞职公告的证据［J］．会计研究，2012（12）：19－25.

[44] 吴联生，林景艺，王亚平．薪酬外部公平性、股权性质与公司业绩［J］．管理世界，2010（3）：117－126.

［45］吴清华，王平心．公司盈余质量：董事会微观治理绩效之考察——来自我国独立董事制度强制性变迁的经验证据［J］．数理统计与管理，2007，26（1）：30 – 40.

［46］伍利娜，高强．处罚公告的市场反应研究［J］．经济科学，2002：62 – 73.

［47］伍燕然，潘可，胡松明，江婕．行业分析师盈利预测偏差的新解释［J］．经济研究，2012（4）：149 – 160.

［48］谢德仁，陈运森．董事网络：定义、特征和计量［J］．会计研究，2012（3）：44 – 51.

［49］辛清泉，黄曼丽，易浩然．上市公司虚假陈述与独立董事监管处罚——基于独立董事个体视角的分析［J］．管理世界，2013（5）：131 – 143.

［50］许年行，江轩宇，伊志宏，徐信忠．分析师利益冲突、乐观偏差与股价崩盘风险［J］．经济研究，2012（7）：127 – 140.

［51］杨典．公司治理与企业绩效——基于中国经验的社会学分析［J］．中国社会科学，2013（1）：72 – 94.

［52］杨俊，韩炜，张玉利．工作经验隶属性、市场化程度与创业行为速度［J］．管理科学学报，2014，17（8）：10 – 22.

［53］杨玉凤，曹琼，吴晓明．上市公司信息披露违规市场反应差异研究——2002 – 2006 年的实证分析［J］．审计研究，2008（5）：68 – 73.

［54］叶康涛，陆正飞，张志华．独立董事能否抑制大股东的"掏空"？［J］．经济研究，2007（4）：101 – 111.

［55］叶康涛，祝继高，陆正飞，张然．独立董事的独立性：基于董事会投票的证据［J］．经济研究，2011（1）：126 – 139.

［56］游家兴，邱世远，刘淳．证券分析师预测"变脸"行为研究——基于分析师声誉的博弈模型与实证检验［J］．管理科学学报，2013，16（6）：67 – 84.

［57］于东智．董事会、公司治理与绩效——对中国上市公司的经验分析［J］．中国社会科学，2003（3）：29 – 41.

［58］俞欣，郑颖，张鹏．上市公司丑闻的溢出效应——基于五粮液公司的案例研究［J］．山西财经大学学报，2011：80 – 87.

［59］岳衡，林小驰．证券分析师 vs 统计模型：证券分析师盈余预测的相对准确性及其决定因素［J］．会计研究，2008（8）：40 – 49.

［60］张程睿，蹇静.我国上市公司违规信息披露的影响因素研究［J］.审计研究，2008（1）：75－81.

［61］张玉利，杨俊，任兵.社会资本、先前经验与创业机会——一个交互效应模型及其启示［J］.管理世界，2008（7）：91－102.

［62］赵璨，曹伟，朱锦余.治理环境、产权性质与内部控制治理效应——基于公司违规视角的研究［J］.经济与管理评论，2013（6）：124－131.

［63］赵昌文，唐英凯，周静，邹晖.家族企业独立董事与企业价值——对中国上市公司独立董事制度合理性的检验［J］.管理世界，2008（8）：119－126.

［64］赵子夜."无过"和"有功"：独立董事意见中的文字信号［J］.管理世界，2014（5）：131－141.

［65］郑路航."名人"独立董事履行职责状况分析——来自中国上市公司的证据［J］.中南财经政法大学学报，2011（3）：31－37.

［66］郑志刚，吕秀华.董事会独立性的交互效应和中国资本市场独立董事制度政策效果的评估［J］.管理世界，2009（7）：133－144.

［67］郑志刚，孙娟娟，Rui Oliver.任人唯亲的董事会文化和经理人超额薪酬问题［J］.经济研究，2012（12）：111－124.

［68］支晓强，童盼.盈余管理、控制权转移与独立董事变更——兼论独立董事治理作用的发挥［J］.管理世界，2005（11）：137－144.

［69］周繁，谭劲松，简宇寅.声誉激励还是经济激励——独立董事"跳槽"的实证研究［J］.中国会计评论，2008（2）：177－192.

［70］周建波，孙菊生.经营者股权激励的治理效应研究——来自中国上市公司的经验证据［J］.经济研究，2003（5）：74－82.

［71］朱红军，何贤杰，陶林.中国的证券分析师能够提高资本市场的效率吗？——基于股价同步性和股价信息含量的经验证据［J］.金融研究，2007（2）：110－121.

［72］Adams R. B., Ferreira D. Do directors perform for pay? ［J］. Journal of Accounting and Economics, 2008, 46（1）：154－171.

［73］Adams R. B., Hermalin B. E., Weisbach M S. The role of boards of directors in corporate governance：A conceptual framework and survey ［J］. Journal of Economic Literature, 2010, 48（1）：58－107.

［74］Agarwal V., Ma L. Managerial multitasking in the mutual fund industry

［J］. Social Science Electronic Publishing, 2012.

［75］ Agrawal A., Chadha S. Corporate governance and accounting scandals ［J］. Journal of Law and Economics, 2005, 48 (2): 371 – 406.

［76］ Agrawal A., Charles R. Knoeber. Do some outside directors play a political role? ［J］. Journal of Law and Economics, 2001, 44 (1): 179 – 98.

［77］ Agrawal R., R. Echambadi A. M. Franco, and M. Sarkar. Knowledge transfer through inheritance: Spin-out generation, development and survival ［J］. Academy of Management Journal, 2005, 47 (4): 501 – 522.

［78］ Almeida P., Kogut B. The exploration of technological diversity and the geographic localization of innovation ［J］. Small Business Economics, 1997, 9 (1): 21 – 31.

［79］ Alvarez S. A., Barney J. B. Organizing rent generation and appropriation: toward a theory of the entrepreneurial firm ［J］. Journal of Business Venturing, 2004, 19 (5): 621 – 635.

［80］ Anderson R. C., Reeb D. M., Upadhyay A. The economics of director heterogeneity ［J］. Financial Management, 2011, 40 (1): 5 – 38.

［81］ Audretsch D. B., Lehmann E. Entrepreneurial access and absorption of knowledge spillovers: Strategic board and managerial composition for competitive advantage ［J］. Journal of Small Business Management, 2006, 44 (2): 155 – 166.

［82］ Audretsch D. B., Stephan P. E. Company-scientist locational links: The case of biotechnology ［J］. American Economic Review, 1996, 86 (3): 641 – 652.

［83］ Balsmeier B., Buchwald A., Stiebale J. Outside directors on the board and innovative firm performance ［J］. Research Policy, 2014, 43 (10): 1800 – 1815.

［84］ Beasley M. An empirical analysis of the relation between the board of director composition and financial statement fraud ［J］. The Accounting Review, 1996, 71 (4): 443 – 465.

［85］ Booth J. R., Deli D. N. On executives of financial institutions as outside directors ［J］. Journal of Corporate Finance, 1999, 5 (3): 227 – 250.

［86］ Brickley J. A., James C. M. The takeover market, corporate board composition, and ownership structure: The case of banking ［J］. Journal of Law and Economics, 1987, 30 (1): 161 – 180.

[87] Burak Güner A. , Malmendier U. , Tate G. Financial expertise of directors [J]. Journal of Financial Economics, 2008, 88 (2): 323 – 354.

[88] Byrd J. W. , Hickman K. A. Do outside directors monitor managers? Evidence from tender offer bids [J]. Journal of financial Economics, 1992, 32 (2): 195 – 221.

[89] Cashman G. D. , Gillan S. L. , Jun C. Going overboard? On busy directors and firm value [J]. Journal of Banking and Finance, 2012, 36 (12): 3248 – 3259.

[90] Child J. , McGrath R. G. Organizations unfettered: Organizational form in an information-intensive economy [J]. Academy of management journal, 2001, 44 (6): 1135 – 1148.

[91] Child J. Organizational structure, environment and performance: The role of strategic choice [J]. Sociology, 1972, 6 (1): 1 – 22.

[92] Clement M. B. , TseS Y. Financial Analyst Characteristics and Herding Behavior in Forecasting [J]. Journal of Finance, 2005, 60 (1): 307 – 341.

[93] Cliff J. E. , Jennings P. D. , Greenwood R. New to the game and questioning the rules: The experiences and beliefs of founders who start imitative versus innovative firms [J]. Journal of Business Venturing, 2006, 21 (5): 633 – 663.

[94] Cohen L. , Frazzini A. , Malloy C. Hiring Cheerleaders: Board Appointments of "Independent" Directors [J]. Management Science, 2012, 58 (6): 1039 – 1058.

[95] Cohen W. M. , Levinthal D. A. Absorptive capacity: a new perspective on learning and innovation [J]. Administrative science quarterly, 1990, 35 (1): 128 – 152.

[96] Coles J. L. , Daniel N. D. , Naveen L. Boards: Does one size fit all? [J]. Journal of Financial Economics, 2008, 87 (2): 329 – 356.

[97] Conyon M. J. , Read L. E. A model of the supply of executives for outside directorships [J]. Journal of Corporate Finance, 2006, 12 (3): 645 – 659.

[98] Cooper R. A. , Day T. E. , Lewis C. M. Following the Leader: a Study of Individual Analysts' Earnings Forecasts [J]. Journal of Financial Economics, 2001, 61: 383 – 416.

[99] Core J. E., Holthausen R. W., Larcker D. F. Corporate governance, chief executive officer compensation, and firm performance [J]. Journal of Financial Economics, 1999, 51 (3): 371 – 406.

[100] Cotter J. F., Shivdasani A., Zenner M. Do independent directors enhance target shareholder wealth during tender offers? [J]. Journal of Financial Economics, 1997, 43 (2): 195 – 218.

[101] DeFond M. L., Hann R. N., Hu X. Does the market value financial expertise on audit committees of boards of directors? [J]. Journal of Accounting Research, 2005, 43 (2): 153 – 193.

[102] Denis D. J., Sarin A. Ownership and board structures in publicly traded corporations [J]. Journal of Financial Economics, 1999, 52 (2): 187 – 223.

[103] Dhaliwal D., Naiker V., Navissi F. The association between accruals quality and the characteristics of accounting experts and mix of expertise on audit committees [J]. Contemporary Accounting Research, 2010, 27 (3): 787 – 827.

[104] Fahlenbrach R., Low A., Stulz R. M. Why do firms appoint CEOs as outside directors? [J]. Journal of Financial Economics, 2010, 97 (1): 12 – 32.

[105] Fama E. F., Jensen M. C. Separation of ownership and control [J]. Journal of Law and Economics, 1983, 26 (2): 301 – 325.

[106] Fama E. F. Agency problems and the theory of the firm [J] Journal of Political Economy, 1980, 88 (2): 288 – 307.

[107] Ferris S. P., Jagannathan M., Pritchard A. C. Too busy to mind the business? Monitoring by directors with multiple board appointments [J]. The Journal of Finance, 2003, 58 (3): 1087 – 1112.

[108] Fich E. M., Shivdasani A. Are busy boards effective monitors? [J]. Journal of Finance, 2006, 61 (2): 689 – 724.

[109] Fich E. M., Shivdasani A. Financial fraud, director reputation, and shareholder wealth [J]. Journal of Financial Economics, 2007, 86 (2): 306 – 336.

[110] Fich E. M. Are Some outside directors better than others? Evidence from director appointments by fortune 1000 firms [J]. Journal of Business, 2005, 78 (5): 1943 – 1972.

[111] Field L. C. , Lowry M. , Mkrtchyan A. Are busy boards detrimental? [J]. Journal of Financial Economics, 2013, 109 (1): 63 -82.

[112] Firth M. , Lin C. , Liu P. The Client Is King: Do Mutual Fund Relationships Bias Analyst Recommendations? [J]. Journal of Accounting Research, 2013, 51 (1): 165 -200.

[113] Francis B. B. , Hasan I. , Sun X. Political connections and the process of going public: evidence from China [J]. Research Discussion Papers, 2009, 28 (4): 696 -719.

[114] Francis B. , Hasan I. , Wu Q. Professors in the boardroom and their impact on corporate governance and firm performance [J]. Financial Management, 2015, 44 (3): 547 -581.

[115] Fredrickson J. W. The comprehensiveness of strategic decision processes: Extension, observations, future directions [J]. Academy of Management Journal, 1984, 27 (3): 445 -466.

[116] Gilson S. C. Bankruptcy, boards, banks, and blockholders: Evidence on changes in corporate ownership and control when firms default [J]. Journal of Financial Economics, 1990, 27 (2): 355 -387.

[117] Grossman S. J. , Stiglitz J. E. On the Impossibility of Informationally Efficient Markets [J]. American Economic Review, 1980, (70): 393 -408.

[118] Gu C. Y. , Li Z. Q. , Yang Y. G. Monitors or Predators: The Influence of Institutional Investors on Sell-Side Analysts [J]. The Accounting Review, 2013, 88 (1): 137 -169.

[119] Guner A. B. , Malmendier U. , Tate G. A. Financial Expertise of Directors [J]. Journal of Financial Economics, 2008, 88: 323 -354.

[120] Güner A. B. , Malmendier U. , Tate G. Financial expertise of directors [J]. Journal of Financial Economics, 2008, 88 (2): 323 -354.

[121] Hamilton R. W. Reliance and Liability Standards for Outside Directors [J]. Wake Forest Law Review, 1989, 5: 9 -12.

[122] Hermalin B. E. , Weisbach M. S. Boards of directors as an endogenously determined institution: A survey of the economic literature [R]. National Bureau of Economic Research, 2001.

[123] Hermalin B. E. , Weisbach M. S. Endogenously chosen boards of di-

rectors and their monitoring of the CEO [J]. American Economic Review, 1998, 88 (1): 96 – 118.

[124] Hunter J. E. , Hunter R. F. Validity and utility of alternative predictors of job performance [J]. Psychological Bulletin, 1984, 96 (1): 72 – 98.

[125] Hunton J. E. , Rose J. M. Effects of anonymous whistle-blowing and perceived reputation threats on investigations of whistle-blowing allegations by audit committee members [J]. Journal of Management Studies, 2011, 48 (1): 75 – 98.

[126] Jiang B. , Murphy P. J. Do business school professors make good executive managers? [J]. The Academy of Management Perspectives, 2007, 21 (3): 29 – 50.

[127] Jiraporn P. , Davidson III W. N. , DaDalt P. Too busy to show up? An analysis of directors' absences [J]. The Quarterly Review of Economics and Finance, 2009, 49 (3): 1159 – 1171.

[128] Johnson J. L. , Daily C. M. , Ellstrand A. E. Boards of directors: A review and research agenda [J]. Journal of Management, 1996, 22 (3): 409 – 438.

[129] Kaplan S. N. , Reishus D. Outside directorships and corporate performance [J]. Journal of Financial Economics, 1990, 27 (90): 389 – 410.

[130] Keener I. F. , Victor B. , Lamont B. T. Board composition and the commission of illegal acts: An investigation of fortune 500 companies [J]. Academy of Management Journal, 1986, 29 (4): 789 – 799.

[131] Knyazeva A. , Knyazeva D. , Masulis R. The supply of corporate directors and board independence [J]. Review of Financial Studies, 2013, 26 (6): 1561 – 1605.

[132] Kolz A. R. , McFarland L. A. , Sliverman S. B. Cognitive ability and job experience as predictors of work performance [J]. Journal of Psychology Interdisciplinary & Applied, 1998, 132 (5): 539 – 548.

[133] Krishnan G. V. , Visvanathan G. Does the SOX definition of an accounting expert matter? The association between audit committee directors' accounting expertise and accounting conservatism [J]. Contemporary Accounting Research, 2008, 25 (3): 827 – 858.

[134] Krishnan J., Wen Y., Zhao W. Legal expertise on corporate audit committees and financial reporting quality [J]. The Accounting Review, 2011, 86 (6): 2099 – 2130.

[135] La Porta R. F., Lopez-de-Silanes, A. Shleifer, and R. Vishny. Law and Finance [J]. Journal of Political Economy, 1998, 106 (6), 1113 – 1155.

[136] Linck J. S., Netter J. M., Yang T. The Effects and Unintended Consequences of the Sarbanes-Oxley Act on the Supply and Demand for Directors [J]. Review of Financial Studies, 2009, 22 (8): 3287 – 3328.

[137] Litov L. P., Sepe S. M., Whitehead, Charles K. Lawyers and fools: Lawyer-directors in public corporations [J]. Georgetown Law Journal, 2013, 102 (2): 413 – 480.

[138] Malloy C. J. The geography of equity analysis [J]. Journal of Finance, 2005, 60 (2): 719 – 755.

[139] Masulis R. W., Mobbs S. Independent director incentives: Where do talented directors spend their limited time and energy? [J]. Journal of Financial Economics, 2014, 111 (2): 406 – 429.

[140] Myles L. Mace. Directors: Myth and Reality [M]. Boston: Harvard Business School Press, 1986.

[141] O'Brien P. C., Mcnichols M. F., Hsiou-WeiL. Analyst Impartiality and Investment Banking Relationships [J]. Journal of Accounting Research, 2005, 43 (4): 623 – 650.

[142] O'Brien P. C., Tan H. Geographic proximity and analyst coverage decisions: evidence from IPOs [J]. Journal of Accounting and Economics, 2015, 59 (1): 41 – 59.

[143] Peng-Chia Chiu, Siew Hong Teoh, Feng Tian. Board interlocks and earnings management contagion [J]. The Accounting Review, 2012, 88 (3): 915 – 944.

[144] Pfeffer J., Salancik G. R. The external control of organizations: A resource dependence perspective [M]. Stanford University Press, 2003.

[145] Pfeffer J., Salancik G. R. The External Control of Organizations: A Resource Dependence Perspective [M]. New York: Harper & Row, 1978.

[146] Pfeffer J. Size and composition of corporate boards of directors: The or-

ganization and its environment [J]. Administrative Science Quarterly, 1972 (2): 218 – 228.

[147] Reuber A. R. , Fischer E. Understanding the consequences of founders' experience [J]. Journal of Small Business Management, 1999, 37 (2): 30 – 45.

[148] Ronstadt R. The corridor principle [J]. Journal of Business Venturing, 1988, 3 (1): 31 – 40.

[149] Ryan H. , Wiggins R. , 2004. Who is in whose pocket? Director compensation, board independence, and barriers to effective monitoring. Journal of Financial Economics, 73 (3): 497 – 524

[150] Schipper K. Analysts' Forecasts [J]. Accounting Horizons, 1991, 5 (4): 105 – 121.

[151] Schwartz-Ziv M. , Weisbach M. S. What do board really do? Evidence from minutes of board meetings [J]. Journal of Financial Economics, 2013, 108 (2): 349 – 366.

[152] Shivdasani A. , Yermack D. CEO involvement in the selection of new board members: An empirical analysis [J]. Journal of Finance, 1999, 54 (5): 1829 – 1853.

[153] Shivdasani A. Board composition, ownership structure, and hostile takeovers [J]. Journal of Accounting and Economics, 1993, 16 (93): 167 – 198.

[154] Srinivasan S. Consequences of Financial Reporting Failure for Outside Directors: Evidence from Accounting Restatements and Audit Committee Members [J]. Journal of Accounting Research, 2005, 43 (02): 291 – 334.

[155] Tricker R. I. Corporate Governance [M]. Gower publishing company limited, 1984.

[156] Uzun H. , Szewczyk S. H. , Varma R. Board composition and corporate fraud [J]. Financial Analysts Journal, 2004, 60 (3): 33 – 43.

[157] Vafeas N. Board meeting frequency and firm performance [J]. Journal of Financial Economics, 1999, 53 (99): 113 – 142.

[158] Wade J. , Charles A. , Chandratat I. Golden parachutes: CEOs and the exercise of social influence [J]. Administrative Science Quarterly, 1990,

(4): 587 – 603.

[159] Weisbach M. S. Outside directors and CEO turnover [J]. Journal of Financial Economics, 1988, 20 (88): 431 – 460.

[160] Wernerfelt B. A resource-based view of the firm [J]. Strategic Management Journal, 1984, 5 (2): 171 – 180.

[161] White J. T., Woidtke T., Black H. A., et al. Appointments of academic directors [J]. Journal of Corporate Finance, 2014, 28 (C): 135 – 151.

[162] Wintoki M. B. Corporate boards and regulation: The effect of the Sarbanes-Oxley Act and the exchange listing requirements on firm value [J]. Journal of Corporate Finance, 2007, 13 (2): 229 – 250.

[163] Yelle L. E. The learning curve: Historical review and comprehensive survey. Decision Sci [J]. Decision Sciences, 1979, 10 (2): 302 – 328.

[164] Yermack D. Remuneration, retention, and reputation incentives for outside directors [J]. General Information, 2004, 59 (5): 2281 – 2308.

[165] Zahra S. A., Pearce J. A. Boards of directors and corporate financial performance: A review and integrative model [J]. Journal of Management, 1989, 15 (2): 291 – 334.